D 527

Beleuchter (Best Boy): ist für die Lichtausrüstung am Drehort zuständig; muss gelernter Elektriker sein.

Regieassistent: arbeitet eng mit dem Regisseur bei der Vorbereitung einer Produktion zusammen, erstellt Probenpläne und führt ein genaues Regiebuch.

Kameramann (Director of Photography): hat die Verantwortung für den Bildausschnitt und die Ausleuchtung der Szenen. Das Kamera- und Beleuchtun[...] direkt [...] sind ihm

W0278347

Regisseur (Direktor): Er ist der Hauptverantwortliche für den Film, sucht sich Mitarbeiter aus und koordiniert alle künstlerischen Beiträge. Er hat Einfluss auf die Auswahl der Darsteller.

Maskenbildner (Make-up-Artist): ist für das normale Make-up der Schauspieler, aber auch für ihre kosmetische Veränderung zuständig. Neben Schminke verwendet er Materialien wie Latex, Gummi, Stoff, Prothesen und Filmblut.

Landesinstitut für Lehrerbildung
Außenstelle Bernau
Breitscheidstraße 46
16321 Bernau

deutsch.kombi 4

Sprach- und Lesebuch

Erarbeitet von:

Hans-Werner Huneke
Gerd Schemel
Horst Schierhorn
Burkhard Vollmers

Ernst Klett Schulbuchverlage
Stuttgart · Leipzig

deutsch.kombi 4

Sprach- und Lesebuch

2. Auflage 2 6 5 4 3 2 | 2010 2009 2008 2007 2006

Alle Drucke dieser Auflage sind unverändert und können im Unterricht nebeneinander verwendet werden. Die letzte Zahl bezeichnet das Jahr dieses Druckes.

Das Werk und seine Teile sind urheberrechtlich geschützt. Jede Nutzung in anderen als den gesetzlich zugelassenen Fällen bedarf der vorherigen schriftlichen Einwilligung des Verlages. Hinweis zu § 52 a UrhG: Weder das Werk noch seine Teile dürfen ohne eine solche Einwilligung eingescannt und in ein Netzwerk eingestellt werden. Dies gilt auch für Intranets von Schulen und sonstigen Bildungseinrichtungen.

© Ernst Klett Schulbuchverlag Leipzig GmbH, Leipzig 2006.
Alle Rechte vorbehalten.

Internetadresse: www.klett.de

Redaktion: Sabine Liskow, Sabine Utheß

Layoutkonzeption: Krause Büro, Leipzig
Illustrationen: Beate Bittner, Berlin; Antje Kahl, Berlin; Cleo-Petra Kurze, Berlin; Inge Voets, Berlin; Katja Wehner, Leipzig
Herstellung: Sandra Schneider

Satz: SOFAROBOTNIK, Augsburg & München
Reproduktion: Meyle+Müller, Medien Management, Pforzheim
Druck: Aprinta, Wemding
Printed in Germany

ISBN-13: 978- 3-12-313140-0
ISBN-10: 3-12-313140-8

9 783123 131400

So arbeitet ihr mit diesem Buch:

Das Buch ist in fünf Lernbereiche gegliedert:

Sprechen, Zuhören, Spielen

Schreiben

Lesen und Literatur

Rechtschreibung

Grammatik und Sprachbetrachtung

Sie sind an den farbigen Balken zu erkennen. Auf diesen steht auch der Name des Lernbereichs.
Die Lernbereiche sind in kleinere Kapitel gegliedert.

Am Anfang des Buches zeigt euch ein **Inhaltsverzeichnis**, welche Lernbereiche es gibt und welche Kapitel dazugehören.

Am Ende findet ihr mehrere Übersichten zum Nachschlagen:

- *Grammatische Begriffe und Regeln*
- *Arbeitstechniken*
- *Informationen über Autoren, Personen, Textarten und Themen*
- *Kleines Computerlexikon*
- *Register und Glossar*
- *Text- und Bildquellenverzeichnis*

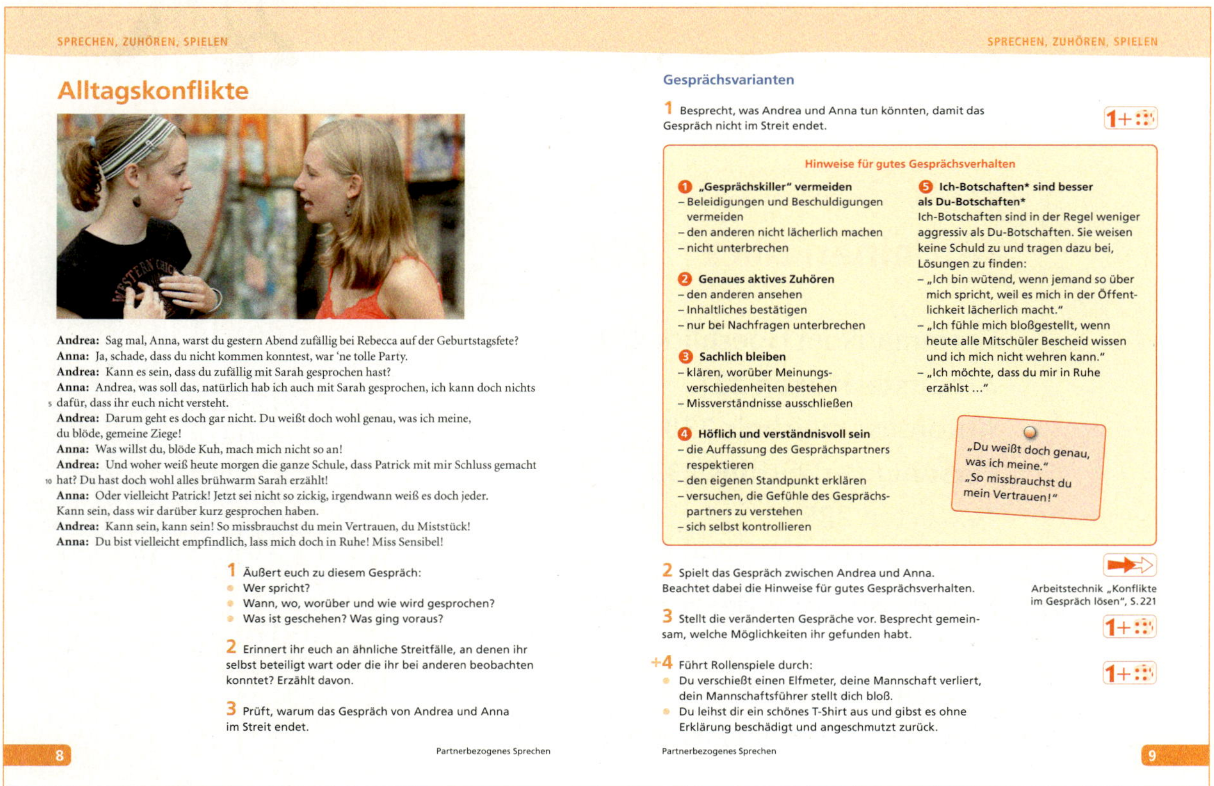

SPRECHEN, ZUHÖREN, SPIELEN

Alltagskonflikte

Andrea: Sag mal, Anna, warst du gestern Abend zufällig bei Rebecca auf der Geburtstagsfete?
Anna: Ja, schade, dass du nicht kommen konntest, war 'ne tolle Party.
Andrea: Kann es sein, dass du zufällig mit Sarah gesprochen hast?
Anna: Andrea, was soll das, natürlich hab ich auch mit Sarah gesprochen, ich kann doch nichts dafür, dass ihr euch nicht versteht.
Andrea: Darum geht es doch gar nicht. Du weißt doch wohl genau, was ich meine, du blöde, gemeine Ziege!
Anna: Was willst du, blöde Kuh, mach mich nicht so an!
Andrea: Und woher weiß heute morgen die ganze Schule, dass Patrick mit mir Schluss gemacht hat? Du hast doch wohl alles brühwarm Sarah erzählt!
Anna: Oder vielleicht Patrick! Jetzt sei nicht so zickig, irgendwann weiß es doch jeder. Kann sein, dass wir darüber kurz gesprochen haben.
Andrea: Kann sein, kann sein! So missbrauchst du mein Vertrauen, du Miststück!
Anna: Du bist vielleicht empfindlich, lass mich doch in Ruhe! Miss Sensibel!

1 Äußert euch zu diesem Gespräch:
- Wer spricht?
- Wann, wo, worüber und wie wird gesprochen?
- Was ist geschehen? Was ging voraus?

2 Erinnert ihr euch an ähnliche Streitfälle, an denen ihr selbst beteiligt wart oder die ihr bei anderen beobachten konntet? Erzählt davon.

3 Prüft, warum das Gespräch von Andrea und Anna im Streit endet.

8 Partnerbezogenes Sprechen

SPRECHEN, ZUHÖREN, SPIELEN

Gesprächsvarianten

1 Besprecht, was Andrea und Anna tun könnten, damit das Gespräch nicht im Streit endet. 1+

Hinweise für gutes Gesprächsverhalten

1 „Gesprächskiller" vermeiden
- Beleidigungen und Beschuldigungen vermeiden
- den anderen nicht lächerlich machen
- nicht unterbrechen

2 Genaues aktives Zuhören
- den anderen ansehen
- Inhaltliches bestätigen
- nur bei Nachfragen unterbrechen

3 Sachlich bleiben
- klären, worüber Meinungsverschiedenheiten bestehen
- Missverständnisse ausschließen

4 Höflich und verständnisvoll sein
- die Auffassung des Gesprächspartners respektieren
- den eigenen Standpunkt erklären
- versuchen, die Gefühle des Gesprächspartners zu verstehen
- sich selbst kontrollieren

5 Ich-Botschaften* sind besser als Du-Botschaften*
Ich-Botschaften sind in der Regel weniger aggressiv als Du-Botschaften. Sie weisen keine Schuld zu und tragen dazu bei, Lösungen zu finden:
- „Ich bin wütend, wenn jemand so über mich spricht, weil es mich in der Öffentlichkeit lächerlich macht."
- „Ich fühle mich bloßgestellt, wenn heute alle Mitschüler Bescheid wissen und ich mich nicht wehren kann."
- „Ich möchte, dass du mir in Ruhe erzählst ..."

„Du weißt doch genau, was ich meine."
„So missbrauchst du mein Vertrauen!"

2 Spielt das Gespräch zwischen Andrea und Anna. Beachtet dabei die Hinweise für gutes Gesprächsverhalten.

Arbeitstechnik „Konflikte im Gespräch lösen", S. 221

3 Stellt die veränderten Gespräche vor. Besprecht gemeinsam, welche Möglichkeiten ihr gefunden habt. 1+

+4 Führt Rollenspiele durch: 1+
- Du verschießt einen Elfmeter, deine Mannschaft verliert, dein Mannschaftsführer stellt dich bloß.
- Du leihst dir ein schönes T-Shirt aus und gibst es ohne Erklärung beschädigt und angeschmutzt zurück.

Partnerbezogenes Sprechen 9

Auf vielen Seiten des Buches findet ihr **Symbole** auf dem Seitenrand. Wenn ihr wisst, was sie bedeuten, könnt ihr die Aufgaben in den Kapiteln leichter lösen:

Info-Punkt – Hier findet ihr Erklärungen und Regeln.

TIPP! – Hier findet ihr Hilfen oder Hinweise zu Aufgaben.

Diagramme, S. 235 – Der Pfeil verweist auf Seiten, auf denen ihr mehr zum Thema findet.

+3 – Aufgaben, vor denen ein Plus steht, sind Zusatzaufgaben, vgl. S. 9.

1+ – Die Aufgabe könnt ihr in Gruppen bearbeiten.

1+1 – Die Aufgabe könnt ihr gemeinsam mit einem Partner/einer Partnerin bearbeiten.

KLICK – Die Aufgabe könnt ihr mithilfe eines Computers lösen.

Arbeitstechnik, vgl. S. 27.

Begriffe, die mit * gekennzeichnet sind, könnt ihr im Glossar, S. 251 bis 254, nachschlagen.

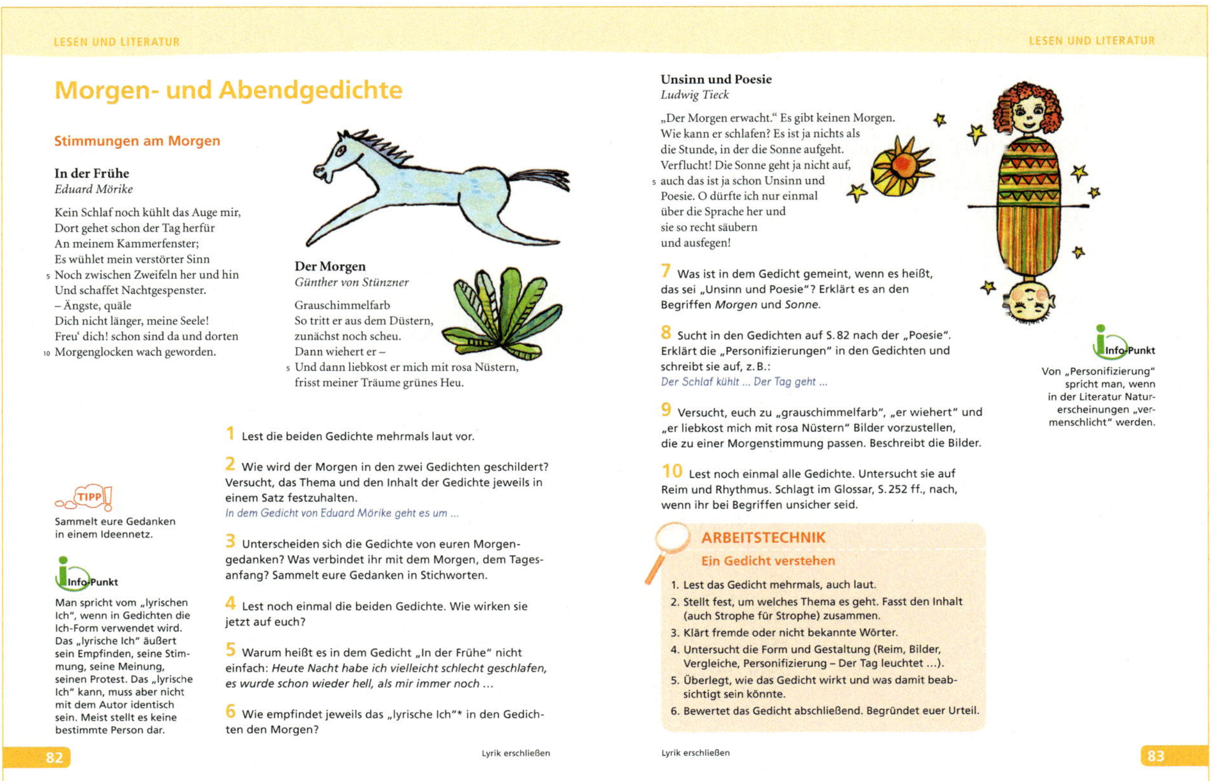

LESEN UND LITERATUR

Morgen- und Abendgedichte

Stimmungen am Morgen

In der Frühe
Eduard Mörike

Kein Schlaf noch kühlt das Auge mir,
Dort gehet schon der Tag herfür
An meinem Kammerfenster;
Es wühlet mein verstörter Sinn
Noch zwischen Zweifeln her und hin
Und schaffet Nachtgespenster.
– Ängste, quäle
Dich nicht länger, meine Seele!
Freu' dich! schon sind da und dorten
Morgenglocken wach geworden.

Der Morgen
Günther von Stünzner

Grauschimmelfarb
So tritt er aus dem Düstern,
zunächst noch scheu.
Dann wiehert er –
Und dann liebkost er mich mit rosa Nüstern,
frisst meiner Träume grünes Heu.

1 Lest die beiden Gedichte mehrmals laut vor.

2 Wie wird der Morgen in den zwei Gedichten geschildert? Versucht, das Thema und den Inhalt der Gedichte jeweils in einem Satz festzuhalten.
In dem Gedicht von Eduard Mörike geht es um ...

TIPP: Sammelt eure Gedanken in einem Ideennetz.

3 Unterscheiden sich die Gedichte von euren Morgengedanken? Was verbindet ihr mit dem Morgen, dem Tagesanfang? Sammelt eure Gedanken in Stichworten.

4 Lest noch einmal die beiden Gedichte. Wie wirken sie jetzt auf euch?

5 Warum heißt es in dem Gedicht „In der Frühe" nicht einfach: *Heute Nacht habe ich vielleicht schlecht geschlafen, es wurde schon wieder hell, als mir immer noch ...*

6 Wie empfindet jeweils das „lyrische Ich"* in den Gedichten den Morgen?

Info-Punkt: Man spricht vom „lyrischen Ich", wenn in Gedichten die Ich-Form verwendet wird. Das „lyrische Ich" äußert sein Empfinden, seine Stimmung, seine Meinung, seinen Protest. Das „lyrische Ich" kann, muss aber nicht mit dem Autor identisch sein. Meist stellt es keine bestimmte Person dar.

82 Lyrik erschließen

LESEN UND LITERATUR

Unsinn und Poesie
Ludwig Tieck

„Der Morgen erwacht." Es gibt keinen Morgen.
Wie kann er schlafen? Es ist ja nichts als
die Stunde, in der die Sonne aufgeht.
Verflucht! Die Sonne geht ja nicht auf,
auch das ist ja schon Unsinn und
Poesie. O dürfte ich nur einmal
über die Sprache her und
sie so recht säubern
und ausfegen!

7 Was ist in dem Gedicht gemeint, wenn es heißt, das sei „Unsinn und Poesie"? Erklärt es an den Begriffen *Morgen* und *Sonne*.

8 Sucht in den Gedichten auf S. 82 nach der „Poesie". Erklärt die „Personifizierungen" in den Gedichten und schreibt sie auf, z. B.:
Der Schlaf kühlt ... Der Tag geht ...

Info-Punkt: Von „Personifizierung" spricht man, wenn in der Literatur Naturerscheinungen „vermenschlicht" werden.

9 Versucht, euch zu „grauschimmelfarb", „er wiehert" und „er liebkost mich mit rosa Nüstern" Bilder vorzustellen, die zu einer Morgenstimmung passen. Beschreibt die Bilder.

10 Lest noch einmal alle Gedichte. Untersucht sie auf Reim und Rhythmus. Schlagt im Glossar, S. 252 ff., nach, wenn ihr bei Begriffen unsicher seid.

ARBEITSTECHNIK
Ein Gedicht verstehen

1. Lest das Gedicht mehrmals, auch laut.
2. Stellt fest, um welches Thema es geht. Fasst den Inhalt (auch Strophe für Strophe) zusammen.
3. Klärt fremde oder nicht bekannte Wörter.
4. Untersucht die Form und Gestaltung (Reim, Bilder, Vergleiche, Personifizierung – Der Tag leuchtet ...).
5. Überlegt, wie das Gedicht wirkt und was damit beabsichtigt sein könnte.
6. Bewertet das Gedicht abschließend. Begründet euer Urteil.

Lyrik erschließen 83

Alltagskonflikte

Andrea: Sag mal, Anna, warst du gestern Abend zufällig bei Rebecca auf der Geburtstagsfete?

Anna: Ja, schade, dass du nicht kommen konntest, war ‘ne tolle Party.

Andrea: Kann es sein, dass du zufällig mit Sarah gesprochen hast?

Anna: Andrea, was soll das, natürlich hab ich auch mit Sarah gesprochen, ich kann doch nichts dafür, dass ihr euch nicht versteht.

Andrea: Darum geht es doch gar nicht. Du weißt doch wohl genau, was ich meine, du blöde, gemeine Ziege!

Anna: Was willst du, blöde Kuh, mach mich nicht so an!

Andrea: Und woher weiß heute morgen die ganze Schule, dass Patrick mit mir Schluss gemacht hat? Du hast doch wohl alles brühwarm Sarah erzählt!

Anna: Oder vielleicht Patrick! Jetzt sei nicht so zickig, irgendwann weiß es doch jeder. Kann sein, dass wir darüber kurz gesprochen haben.

Andrea: Kann sein, kann sein! So missbrauchst du mein Vertrauen, du Miststück!

Anna: Du bist vielleicht empfindlich, lass mich doch in Ruhe! Miss Sensibel!

1 Äußert euch zu diesem Gespräch:
- Wer spricht?
- Wann, wo, worüber und wie wird gesprochen?
- Was ist geschehen? Was ging voraus?

2 Erinnert ihr euch an ähnliche Streitfälle, an denen ihr selbst beteiligt wart oder die ihr bei anderen beobachten konntet? Erzählt davon.

3 Prüft, warum das Gespräch von Andrea und Anna im Streit endet.

Gesprächsvarianten

1 Besprecht, was Andrea und Anna tun könnten, damit das Gespräch nicht im Streit endet.

1+

Hinweise für gutes Gesprächsverhalten

1 „Gesprächskiller" vermeiden
- Beleidigungen und Beschuldigungen vermeiden
- den anderen nicht lächerlich machen
- nicht unterbrechen

2 Genaues aktives Zuhören
- den anderen ansehen
- Inhaltliches bestätigen
- nur bei Nachfragen unterbrechen

3 Sachlich bleiben
- klären, worüber Meinungsverschiedenheiten bestehen
- Missverständnisse ausschließen

4 Höflich und verständnisvoll sein
- die Auffassung des Gesprächspartners respektieren
- den eigenen Standpunkt erklären
- versuchen, die Gefühle des Gesprächspartners zu verstehen
- sich selbst kontrollieren

5 Ich-Botschaften* sind besser als Du-Botschaften*
Ich-Botschaften sind in der Regel weniger aggressiv als Du-Botschaften. Sie weisen keine Schuld zu und tragen dazu bei, Lösungen zu finden:
- „Ich bin wütend, wenn jemand so über mich spricht, weil es mich in der Öffentlichkeit lächerlich macht."
- „Ich fühle mich bloßgestellt, wenn heute alle Mitschüler Besche d wissen und ich mich nicht wehren kann."
- „Ich möchte, dass du mir in Ruhe erzählst …"

„Du weißt doch genau, was ich meine."
„So missbrauchst du mein Vertrauen!"

2 Spielt das Gespräch zwischen Andrea und Anna. Beachtet dabei die Hinweise für gutes Gesprächsverhalten.

Arbeitstechnik „Konflikte im Gespräch lösen", S. 221

3 Stellt die veränderten Gespräche vor. Besprecht gemeinsam, welche Möglichkeiten ihr gefunden habt.

1+

+4 Führt Rollenspiele durch:
- Du verschießt einen Elfmeter, deine Mannschaft verliert, dein Mannschaftsführer stellt dich bloß.
- Du leihst dir ein schönes T-Shirt aus und gibst es ohne Erklärung beschädigt und angeschmutzt zurück.

1+

Gesprächstraining im Rollenspiel

1 Unterschiedliche Standpunkte gibt es natürlich nicht nur zwischen zwei Gesprächspartnern, sondern auch innerhalb einer Gruppe.
Wählt ein Thema aus, zu dem ihr unterschiedliche Standpunkte austauschen wollt, z. B.:
- *Love-Songs oder Techno-Musik in der Pause*
- *Gruppentische oder Partnertische in der Klasse*
- *Klassenfahrt in ein Sporttrainingslager oder ins Hochgebirge zum Wandern*

2 Bereitet ein Rollenspiel vor:
- Vier Paare müssen je ein Thema wählen. Sie sollen ihren Standpunkt vortragen und die Klasse überzeugen (höchstens 2 Minuten). Die vier Paare bereiten sich außerhalb des Klassenraumes an unterschiedlichen Orten vor und werden später nacheinander in die Klasse gerufen.
- Die restliche Klasse bereitet sich in der Zeit, in der die Paare draußen sind, auf die Gespräche mit ihnen vor. Es wird festgelegt:

1 *Einem Paar wird während und nach dem Vortrag **nur Zustimmung** entgegengebracht, es wird für seine Vorschläge und Forderungen gelobt, ihm wird gezeigt, dass die Klasse mit ihm einer Meinung ist.*

2 *Ein Paar wird **mit „Gesprächskillern" überschüttet**. Alles, was gesagt wird, lehnt ihr ab, auf Äußerungen wird unsachlich und provozierend reagiert.*

3 *Einem Paar wird **nicht zugehört**. Ihr schaut die Sprecher nicht an, schaut demonstrativ auf die Uhr oder aus dem Fenster, dreht euch um, wendet euch ab, unterbrecht den Redner oder wechselt das Thema.*

4 *Einem Paar wird **sachlich entgegnet** und die Klasse versucht mit Argumenten, andere Meinungen und Positionen zu vertreten. Dabei versucht ihr, mit Ich-Botschaften zu reagieren.*

3 Führt das Rollenspiel durch.

4 Wertet das Rollenspiel aus. Befragt dazu die vier Paare:
- Wie hat die Klasse auf eure Vorschläge reagiert?
- Wie habt ihr euch in der Situation gefühlt?
- Wie habt ihr euer Verhalten während des Vortrags verändert?
- (für die ersten Gruppen, die dann auch Zuhörer sind) Was habt ihr gedacht, als ihr die Reaktionen der Zuhörer auf die anderen Gruppen beobachtet habt?

5 Was haltet ihr von folgenden Redebeiträgen? Sprecht darüber.

Hört ihr mir bitte einen Moment zu! Ich möchte meine ganz persönliche Meinung dazu sagen.

Ich finde das schon richtig, was du sagst, aber meinst du nicht auch, wir sollten über den einen Punkt noch genauer sprechen?

In diesem Punkt bin ich ganz anderer Meinung als du, ich kann das auch begründen.

6 Sucht noch andere Beispiele für gute Gesprächsbeiträge. Beachtet dabei die Hinweise auf Seite 9.

+7 Nehmt Fernsehsendungen auf, in denen es in Gesprächen hoch hergeht. Spielt die Aufnahmen in der Klasse drei Minuten ohne Ton vor, lasst die anderen beobachten und vermuten,
- wer der Diskussionsleiter ist,
- wer gegensätzliche Meinungen vertritt,
- wer in der Diskussion laut wird,
- wer ruhig und sachlich teilnimmt,
- wer sich in den Vordergrund drängt.

+8 Was haltet ihr von folgenden Aussagen? Schreibt eure Meinung auf und belegt sie mit Beispielen.

Worte zerstören, wo sie nicht hingehören.

Der Ton macht die Musik.

Reden ist Silber, Schweigen ist Gold.

Schweigen ist auch eine Antwort.

Eine Gesprächsszene

aus: Loriot Das Frühstücksei
Copyright © 2003 Diogenes Verlag AG Zürich

Das Ei

Loriot

Das Ehepaar sitzt am Frühstückstisch. Der Ehemann hat sein Ei geöffnet und beginnt nach einer längeren Denkpause das Gespräch.

ER: Berta!

SIE: Ja …

ER: Das Ei ist hart!

SIE: (schweigt)

ER: Das Ei ist hart!

SIE: Ich habe es gehört …

ER: Wie lange hat das Ei denn gekocht …

SIE: Zu viel Eier sind gar nicht gesund …

ER: Ich meine, wie lange dieses Ei gekocht hat …

SIE: Du willst es doch immer viereinhalb Minuten haben …

ER: Das weiß ich …

SIE: Was fragst du denn dann?

ER: Weil dieses Ei nicht viereinhalb Minuten gekocht haben kann!

SIE: Ich koche es aber jeden Morgen viereinhalb Minuten!

ER: Wieso ist es dann mal zu hart und mal zu weich?

SIE: Ich weiß es nicht … ich bin kein Huhn! Ich nehme es nach viereinhalb Minuten heraus, mein Gott!

ER: Nach der Uhr oder wie?

SIE: Nach Gefühl … eine Hausfrau hat das im Gefühl …

ER: Im Gefühl? … Was hast du im Gefühl?

SIE: Ich habe es im Gefühl, wann das Ei weich ist …

ER: Aber es ist hart … vielleicht stimmt da mit deinem Gefühl was nicht …

SIE: Mit meinem Gefühl stimmt was nicht? Ich stehe den ganzen Tag in der Küche, mache die Wäsche, bring deine Sachen in Ordnung, mache die Wohnung gemütlich, ärgere mich mit den Kindern rum, und du sagst, mit meinem Gefühl stimmt was nicht?

ER: Jaja … jaja … jaja … wenn ein Ei nach Gefühl kocht, dann kocht es eben nur zufällig genau viereinhalb Minuten!

SIE: Es kann dir doch ganz egal sein, ob das Ei zufällig viereinhalb Minuten kocht … Hauptsache, es kocht viereinhalb Minuten!

ER: Ich hätte nur gern ein weiches Ei und nicht ein zufällig weiches Ei! Es ist mir egal, wie lange es kocht!

SIE: Aha! Das ist dir egal … es ist dir also egal, ob ich viereinhalb Minuten in der Küche schufte!

ER: Nein-nein …

SIE: Aber es ist nicht egal … das Ei muß nämlich viereinhalb Minuten kochen …

ER: Das habe ich doch gesagt …

SIE: Aber eben hast du doch gesagt, es ist dir egal!

ER: Ich hätte nur gern ein weiches Ei …

SIE: Gott, was sind Männer primitiv!

ER: *(düster vor sich hin)* Ich bringe sie um … morgen bringe ich sie um …

aus: Loriot Das Frühstücksei
Copyright © 2003 Diogenes Verlag AG Zürich

1 Lest das Gespräch mit verteilten Rollen.
Besprecht, wie die Denkpause vor dem Gespräch gestaltet werden könnte.

2 Spielt das Gespräch nach. Tauscht euch darüber aus, welche Requisiten ihr für einen Frühstückstisch benötigt.

Arbeitstechnik „Einen Rollentext auswendig lernen“, S. 222

Zivilcourage

SAAR-TRIBÜNE
Claudia Schleich

Norbert K. hat Zivilcourage bewiesen und sich dafür geprellte Rippen und verstauchte Handgelenke eingehandelt. Als Kurgast im Kurpark von Oberstaufen/Allgäu beobachtete der 1. Vorsitzende des Saarländischen Schwimm-Bundes, wie Punks einen älteren gehbehinderten Mann von einer Bank vertreiben wollten. Und er mischte sich ein. Erst trafen den 58-Jährigen verbale Angriffe, dann sprang ihn im Kung-Fu-Stil einer der vier Punks an, traf mit dem Fuß in die Rippen. Kugler wehrte sich mit Faustschlägen: „Seit 40 Jahren habe ich mich nicht mehr geprügelt.“
Doch Norbert Kuglers Einsatz war erfolgreich: Die Punks zogen ab, Kugler erstattete Anzeige. Die zwei aggressivsten der Viererbande wurden am Tag darauf dem Haftrichter in Kempten vorgeführt.

1 Sprecht über die auf den Fotos und in dem Text dargestellten Situationen. Was haben sie mit der Kapitelüberschrift „Zivilcourage“ zu tun?

Eine Diskussion vorbereiten und durchführen

1 In welchen Situationen sollte man sich eurer Meinung nach einmischen, in welchen besser nicht? Macht auch dazu Notizen, z. B.:

Hier sollte man sich einmischen	*Hier sollte man sich nicht einmischen*
◦ *bei Gefahr für das Leben eines Menschen*	◦ *bei privaten Problemen*
◦ *bei Tierquälerei*	◦ *bei Streit in der Familie*
◦ *...*	◦ *...*

2 Sucht Gründe, weshalb sich Menschen in den Situationen, die ihr gefunden habt, doch anders verhalten. Schreibt eure Begründungen passend dazu, z. B.:

Sie mischen sich nicht ein, weil sie nicht hineingezogen werden wollen.

3 Stellt euch folgende Situation vor und überlegt, ob man sich einmischen sollte oder nicht.

Arbeitstechnik „Sich auf eine Diskussion vorbereiten", S. 221

> Ein Schüler aus Klasse 5 wird von einem aus Klasse 9 angegriffen, weil er ihm im Weg steht. Der Junge aus der 9. Klasse fasst den Fünftklässler am Hals und schreit ihn an. Ihr steht daneben – was tun?

4 Bildet zwei Gruppen.

Wählt A oder B:

A: Ich würde mich einmischen (Pro).
B: Ich würde mich nicht einmischen (Kontra).

- Überlegt gemeinsam in der Gruppe, welche Argumente ihr für eure Meinung vorbringen könnt, um die andere Gruppe zu überzeugen.
- Notiert die Argumente.

Wir würden uns einmischen, weil ...

Wir würden uns nicht einmischen, da ...

5 Lest eure Argumente durch und besprecht in der Gruppe, welches das wichtigste für eure Meinung ist.

6 Argumente wirken überzeugender, wenn man sie zusätzlich mit Beispielen oder Erfahrungen unterstützt:

Vor ungefähr zwei Jahren, als ich im Bus so herumgestoßen und geschlagen wurde, war ich froh, dass sich zwei größere Jungs einmischten.

Wenn wir uns mit denen aus der 9. Klasse anlegen, gibt es meistens eine Schlägerei.

Sucht zu euren Argumenten ähnliche Beispiele und notiert sie.

Info-Punkt

Wenn man etwas durchdenkt und mit anderen bespricht sowie seine Meinung begründet, austauscht und intensiv diskutiert, nennt man das **ein Problem erörtern**.

7 Überlegt jetzt, welche Argumente die andere Gruppe in der Diskussion* vorbringen könnte und wie ihr diese entkräften könnt, z. B.:

Argument Pro-Gruppe: ⟷ Entkräftung und Gegenargument Kontra-Gruppe:

Der Kleine kann sich nicht alleine wehren.

Wir wissen zwar, dass der Junge sich nicht alleine wehren kann, wenn wir aber eingreifen, kommt es vielleicht zu einer größeren Schlägerei.

Argument Kontra-Gruppe: ⟷ Entkräftung und Gegenargument Pro-Gruppe:

Da bekommt man nur selbst auch noch Schläge ab.

Da kann man zwar auch etwas abbekommen, aber dieses Risiko gehen wir ein, denn sonst meint der Große, er könnte sich alles erlauben.

8 Notiert nun in Stichworten die Argumente und die passenden Beispiele, die ihr in der Diskussion vorbringen wollt.

9 Überlegt, wie ihr vorgehen wollt:
- Sollen ein oder zwei Vertreter für die ganze Gruppe sprechen?
- Sollen zu Beginn der Diskussion die Gründe für eure Entscheidung vorgetragen werden?
- Soll sich jeder an der Diskussion beteiligen und ein Argument vorbringen?
- Wie wollt ihr eure Argumente ordnen und mit welchen wollt ihr beginnen?

10 Einer von euch kann zu Beginn der Diskussion eure Position deutlich machen, z. B. so:

Wir sind nach eingehender Beratung auf jeden Fall dafür, dass wir uns auf dem Schulhof einmischen sollen, wenn jüngere Schüler angegriffen werden. Denn...

oder so:

Unserer Meinung nach ist es nicht gut, wenn wir uns in Streitereien einmischen. Wir glauben nämlich, dass ...

11 Setzt euch jetzt in zwei Gruppen gegenüber und führt die Diskussion durch. Wählt einen Diskussionsleiter. Er soll eingreifen, wenn der Meinungsaustausch nicht gut läuft, wenn es z. B. zu laut wird, jemand nicht zu Wort kommt oder die Diskussion stockt.

12 Wertet eure Diskussion aus:
- Konntet ihr andere von eurer Meinung überzeugen? Woran lag das?
- Hat die Diskussion dazu geführt, dass ihr jetzt Argumente und Dinge seht, an die ihr vorher nicht gedacht habt?

+13 Führt eine Diskussion zu einem aktuellen Ereignis durch, welches zu dem Thema „Sich einmischen oder nicht" passt.

TIPP!

Ihr könnt zwischendurch in die andere Gruppe wechseln, wenn euch deren Argumente überzeugen.

Mobbing

Mobbing in der Schule

Eigentlich sollte die Schule ja ein Ort sein, an dem man sich wohlfühlt. Leider gilt das nicht für alle Schüler. Manche beschleicht schon am Wochenende oder am Morgen ein flaues Gefühl, wenn sie an die nächste Schulstunde denken. Der Grund hierfür sind nicht immer schlechte Noten, oftmals werden einzelne Schüler von ihren Klassenkameraden zuerst ausgeguckt und dann schikaniert. Meist stehen sie dann ganz alleine, weil ihnen niemand hilft und andere Kinder sich nicht getrauen, einzuschreiten. Lehrer merken oft nichts von diesen Vorgängen.

1 Wie ist das in eurer Klasse, in den Pausen und auf dem Schulweg?

Mobbing in der Schule steht also für böswillige und bewusste Handlungen, die zum Ziel haben, den Mitschüler oder die Mitschülerin „fertig“ zu machen. Unter Fachleuten wird davon ausgegangen, dass einer von zehn Schülern in der Schule ernsthaft gemobbt (schikaniert) wird und mehr als eine(r) von zehn schikaniert selber. Nach einem Artikel des „Spiegel“ lassen sich verschiedene Arten des Mobbings unterscheiden:

- **Mobbing durch körperliche Gewalt:** Verprügeln, Sachbeschädigung, Erpressung oder Nötigung.
- **Verbales Mobbing:** Schüler werden wegen ihres Verhaltens, ihres Aussehens, ihrer Kleidung, ihrer Schulleistungen meist mit sehr bissigen Bemerkungen belegt. Dies geschieht auf dem Schulhof wie auch im Unterricht selbst. Die mildeste Methode dieses Mobbings ist das Lästern hinter dem Rücken. Vieles geschieht aber auch direkt und laut wie das Geraune und entnervte Stöhnen, wenn jemand etwas nicht versteht und es sich mehrfach erklären lässt.
- **Das stumme Mobbing:** Stillschweigendes Verachten, links Liegenlassen, Nichtbeachten bis Verachtung und Ausschluss aus der Gemeinschaft u. Ä. ist in den Klassen und den Kursen recht normal. Diese Form ist demütigend und verletzend.

2 Mischt ihr euch da ein oder schaut ihr weg?

3 Erörtert die Frage „Sollte man bei Mobbing in der Klasse Erwachsene um Hilfe bitten?“

4 Welche Art von Mobbing erscheint euch als die schlimmste? Erörtert die Frage.

Sich einmischen?

Sagt eure Meinung dazu!
Von Ann-Britt Petersen

Hamburg – Neun arbeitslose Jugendliche aus der Hochhaussiedlung Sonnenland in Billstedt errichteten ein Denkmal zur Erinnerung an ehemalige Zwangsarbeiter in ihrem Stadtteil. Drei Gymnasiastinnen zeigten in einer umfangreichen Arbeit mit der Analyse einer Stasi-Akte die Verfolgung von Oppositionellen in der DDR auf. Schüler der Haupt- und Realschule Möllner Landstraße sammelten Geld, um Stolpersteine für das von den Nazis ermordete jüdische Ehepaar Isenberg in ihrem Stadtteil verlegen zu lassen. Zwei Schüler des Berufsschulzentrums Bergedorf schlichteten eine gewalttätige Auseinandersetzung zwischen Tschetschenen und Afghanen an ihrer Schule.

Sie alle wurden für ihr Engagement belohnt. Weil sie nicht wegschauten, sondern sich einmischten, wurden sie mit dem Bertini-Preis 2003 ausgezeichnet.

1 Informiert euch über den Preis und die Aktionen der Preisträger.

2 Erörtert, ob es sinnvoll wäre, einen ähnlichen Preis an eurer Schule auszusetzen.

TIPP

Informationen könnt ihr unter dem Suchwort „bertini-preis" im Internet finden.

Gespräch über den Einbruch der Wirklichkeit
Ulli Hardt (1981)

Da klopft jemand ans Fenster
Öffne ihm doch.
  Spinnst du?
Da spricht jemand mit uns
Antworte ihm doch.
  Bist du verrückt?
Da schreit jemand erbärmlich
So hilf ihm doch.
  Bist du von allen guten Geistern verlassen?
Da wird jemand umgebracht
Vor unseren Augen
Da musst du doch eingreifen.
  Du bist vollkommen übergeschnappt.
  Es ist wirklich besser
  Ich schalte aufs andere Programm.

Edvard Munch
„Der Schrei", 1893

Thema: Autorenporträt

Vorüberlegungen zu einem Referat über Erich Kästner

Erich Kästner

Emil und die Detektive,
erschienen 1929;
verfilmt 1931, 1954, 2001

Das fliegende Klassenzimmer,
erschienen 1932;
verfilmt 1954, 1973

Das doppelte Lottchen,
erschienen 1949;
verfilmt 1950, 1993

Pünktchen und Anton,
erschienen 1953;
verfilmt 1953, 1998

Die Konferenz der Tiere,
erschienen 1949;
verfilmt 1969

1 Was wisst ihr über Erich Kästner, seine Bücher oder deren Verfilmungen? Vielleicht gibt es in eurer Klasse eine Expertin oder einen Experten?

Arbeitstechnik
„Ein Buch vorstellen“, S. 227

+2 Stellt ein Buch Erich Kästners, das euch besonders gefällt, in der Klasse vor.

Vier Schritte zum fertigen Referat:
- **Vorüberlegungen**
- **Material beschaffen, sichten und auswerten**
- **den Vortrag vorbereiten / einen Verlaufsplan anfertigen**
- **den Vortrag proben und halten**

TIPP!

Schreibt den Plan auf ein DIN-A4-Blatt und hängt ihn über den Schreibtisch. So erinnert er euch an die noch zu erledigenden Aufgaben.

3 Stellt einen Arbeitsplan auf. Das Beispiel und die Stichworte aus dem Kasten helfen euch dabei:

Arbeitsplan für das Referat ...

Vorüberlegungen	*erledigt*		*erledigt*
1. Referat bis zum .... fertigstellen	*✓*	*3. ....*	
2.			

Material beschaffen und auswerten	*erledigt*		*erledigt*
1.		*4. ....*	
2.		*5. ....*	
3.			

Den Vortrag vorbereiten / einen Verlaufsplan anfertigen	*erledigt*		*erledigt*
1.		*4. ....*	
2.		*5. ....*	
3.			

Den Vortrag proben und halten

Referat bis zum ... fertigstellen – in der Bücherei oder dem Internet nach Büchern suchen – Überschriften und Notizen auf einen Sprechzettel übertragen – Arbeitsbeginn am ..., um nicht in Zeitnot zu geraten – in Zeitschriften und Schulbüchern suchen – Fachbegriffe, die erklärt werden müssen – mit anderen über das Referat nachdenken – für Notizen Karteikarten besorgen – Texte auf Brauchbarkeit prüfen – Aufbau des Referats festlegen – wichtige Informationen auf Karteikarten festhalten – Einleitung und Schluss formulieren – Quellen angeben – Einsatz unterschiedlicher Medien: Folie, PC, Abzüge, Bilder, ...

4 Tragt zusammen, was die Zuhörer von einem Referat über einen Autor/eine Autorin erwarten, z. B.:

- *etwas über das Leben – eine Biografie* ...*

Man sollte unterschiedliche Medien einsetzen.

Man könnte einen Ausschnitt aus einem Film zeigen.

5 Diskutiert darüber, wie man die Zuhörer „fesseln" kann.

Material beschaffen und auswerten – Überblickslesen

1 Tauscht euch darüber aus, wo ihr Informationsmaterial zu eurem Thema finden könntet.

2 Nicht alle Materialien sind für ein Referat brauchbar. Wie geht ihr vor, wenn ihr z. B. ein Buch über Erich Kästner in der Hand haltet?

3 Lest die folgenden Texte über E. Kästner. Welche Begriffe und Daten findet ihr wichtig? Notiert sie auf einer Karteikarte.

Kästner, Erich, Pseudonyme Melchior Kurtz, Eric Kästner und Berthold Bürger, (1899–1974), Schriftsteller. Bekannt wurde er vor allem durch seine Beiträge zur Kinder- und Jugendliteratur, die in über 40 Sprachen erschienen.
Kästner wurde am 23. Februar 1899 in Dresden geboren und besuchte die Volksschule und anschließend auf Drängen seiner Mutter das Lehrerseminar in Dresden. Nachdem er im Ersten Weltkrieg gedient hatte, studierte er zwischen 1920 und 1925 Germanistik, Geschichte, Philosophie und Theaterwissenschaften in Leipzig, Rostock und Berlin. Er machte sich einen Namen mit Essays*, Gedichten, Kinderbüchern sowie zeitkritisch-bissigen Texten fürs Kabarett.

Erich Kästner wurde am 23. Februar 1899 geboren und verlebte seine Kindheit in Dresden. Viele der Besonderheiten dieser Stadt, aber auch andere Eindrücke aus seiner Kindheit, verarbeitet er in seinen Büchern.
Kästner wollte ursprünglich Lehrer werden. Kurz vor seinem Abschluss stellte er jedoch fest, dass er für den Lehrerberuf wohl doch nicht geeignet sei. In den 20er Jahren begann er, Gedichte und Jugendromane zu veröffentlichen. 1933 wurde ihm zwar verboten, zu veröffentlichen – seine Bücher wurden verbrannt – er durfte jedoch zunächst weiterschreiben. Nachdem er das Drehbuch für den Film „Münchhausen“ geschrieben hatte, erhielt er völliges Schreibverbot. Nach dem Zweiten Weltkrieg schloss Kästner an seine Vorkriegserfolge an. Noch unter dem Eindruck des Krieges schrieb er „Die Konferenz der Tiere“ (1949); in diesem Werk spiegeln sich seine Vorstellung vom Frieden besonders deutlich wider.

- *Geburtsjahr und Ort: 1889 ...*
- *Pseudonym ...*
- *...*

Biografisches

1 Auf dieser Seite findet ihr unterschiedliche Texte. Sie enthalten weitere wichtige und interessante Informationen über das Leben Erich Kästners. Lest sie und macht euch Notizen in Stichworten oder in kurzen Sätzen.

1917 Nimmt am Ersten Weltkrieg teil und kehrt mit schwerem Herzleiden zurück.
1937 – 1940 Kästner wird wiederholt verhaftet, aber immer wieder freigelassen.
1959 Auszeichnung mit dem Großen Bundesverdienstkreuz.
1970 Kästner erhält den kulturellen Ehrenpreis der Stadt München.

Am 23. Februar 1899, morgens gegen vier Uhr, nach fast siebenjähriger Ehe, brachte sie, in der Königsbrücker Straße 66, einen kleinen Jungen zur Welt, der den Kopf voller goldblonder Locken hatte. Und Frau Schröder, die resolute* Hebamme, meinte anerkennend: „Das ist aber ein hübsches Kind!“

Und ich freute mich schon auf den Tag, an dem ich zur Schule kommen sollte. Der Tag kam, und ich weinte. Die 4. Bürgerschule in der Tieckstraße, unweit der Elbe, war ein vornehm düsteres Gebäude mit einem Portal für die Mädchen und einem für die Knaben. In jener Zeit sahen alle Schulen düster aus …

Im engsten Kreis der Freunde begeht Kästner im Februar 1974 seinen fünfundsiebzigsten Geburtstag, zu diesem Zeitpunkt schon ein von der Krankheit gezeichneter Mann. Er verlässt die Wohnung nicht mehr, klagt, wenn er überhaupt klagt, über Appetitlosigkeit … Die ärztliche Diagnose* ergibt: Speiseröhrenkrebs … Am 25. Juli 1974 muss er ins Krankenhaus München-Neuperlach gebracht werden, wo er vier Tage später, am 29. Juli stirbt.

Das junge Ehepaar eröffnet in der Ritterstraße in Döbeln eine Sattlerei. Ida Kästner, geborene Augustin, ging, wenn es klingelte, in den Laden und verkaufte Portemonnaies, Brieftaschen, Schulranzen, Aktenmappen und Hundeleinen.
Emil Kästner saß in der Werkstatt und arbeitete.

Die wichtigsten Werke

Herz auf Taille 1928
Lärm im Spiegel 1929
Emil und die Detektive 1929
Ein Mann gibt Auskunft 1930
Fabian 1931
Das fliegende Klassenzimmer 1932
Drei Männer im Schnee 1934
Dr. Erich Kästners lyrische Hausapotheke 1935
Die verschwundene Miniatur 1936
Münchhausen 1943
Das doppelte Lottchen 1949
Die Konferenz der Tiere 1949
Die Schule der Diktatoren ... 1957
Als ich ein kleiner Junge war 1957
Notabene 45 1961
Der Zauberlehrling 1974

2 Stellt die Informationen zu einer kurzen Biografie zusammen. Verwendet auch die Informationen von Seite 22.

Erich Kästners Werk

1 Einen Schriftsteller kann man gut vorstellen, wenn man die Zuhörer mit Teilen seines Werkes bekannt macht. Lest die folgende Inhaltsangabe. Notiert einprägsame Wörter – Schlüsselwörter. Gebt mithilfe der Schlüsselwörter den Inhalt mit eigenen Worten wieder.

Das doppelte Lottchen

Lotte und Luise sind Zwillinge aus einem Künstlerhaushalt, in dem es ein bisschen durcheinander gegangen war. Die Eltern trennten sich, jede Hälfte nahm einen Zwilling mit, so dass die Mädchen getrennt aufwuchsen und keine von der anderen wusste. Sie entdecken das große Geheimnis ihrer Zusammengehörigkeit rein zufällig in einem Kinderheim, in dem sie die Ferien verbringen. Vereint entwerfen sie einen Schlachtplan, wie sie sich ihren sehnlichsten Wunsch, fortan als Schwestern unter einem Dache mit kompletten Eltern zu leben, erfüllen können. Ihr Trick besteht im Rollentausch. Jedes Kind kehrt am Ende der Ferien zu dem anderen, ihm bisher fremden Elternteil zurück, doch der eine Zwilling bricht bei der Bewältigung seelischer Probleme, die ihren Papa und eine hübsche fremde Frau betreffen, zusammen, was nun endlich die Eltern am Krankenbett ihres lieben Kindes wieder zur Vernunft bringt. Ende gut, alles gut!

2 Verfahrt mit diesem Text wie in Aufgabe 1.

Der Film aus dem Jahre 1950, in dem es zwei beherzten Mädchen gelingt, ihre geschiedenen Eltern wieder zusammenzubringen, war zunächst in Deutschland ein sehr großer Erfolg. Anschließend erwarben unter anderem Japan und die USA die Rechte für die Verfilmung des Stoffes.

Arbeitstechnik „Ein Gedicht wirkungsvoll vortragen", S. 225

TIPP

Notiert euch in ein oder zwei Sätzen, worum es in dem Gedicht geht. So könnt ihr den Zuhörern vor dem Gedichtvortrag etwas zum Inhalt mitteilen.

3 Lest das Gedicht und übt, es vorzutragen.

Besagter Lenz ist da
Erich Kästner

Es ist schon so. Der Frühling kommt in Gang.
Die Bäume räkeln sich. Die Fenster staunen.
Die Luft ist weich, als wäre sie aus Daunen.
Und alles andere ist nicht von Belang.

Man sollte wieder mal spazierengehn.
Das Blau und Grün und Rot war ganz verblichen.
Der Lenz ist da! Die Welt wird frisch gestrichen.
Die Menschen lächeln, bis sie sich verstehn.

4 Hier findet ihr Informationen zu einem weiteren noch heute bekannten Werk Kästners sowie einen Ausschnitt daraus. Entscheidet nach dem Lesen, welche Informationen ihr in eurem Referat verwenden wollt.

1949 entstand die Fabel „Die Konferenz der Tiere"; 1969 Veröffentlichung als Zeichentrickfilm. Die Tiere der Welt wollen sich nicht mehr damit abfinden, dass die Politiker zwar immer zu neuen Konferenzen zusammenkommen, deren Ergebnis aber doch nur Kriege, Revolutionen, Streiks, Hungersnöte und neue Krankheiten sind. Die Leidtragenden dieser Politik sind die Kinder, obwohl die Erwachsenen immer behaupten, sie täten dies alles, damit es die Kinder später einmal besser hätten.
Deshalb haben der Elefant Oskar, der Löwe Alois und die Giraffe Leopold die Konferenz der Tiere einberufen, um endlich im Interesse der Kinder etwas zu unternehmen. Zeitgleich mit der 87. Konferenz der Staatsoberhäupter in Kapstadt tagen die Tiere und fordern die Politiker auf, dafür zu sorgen, dass es nie wieder Krieg und Not auf der Welt gibt.

Die Konferenz der Tiere

[...] Die Versammlung der Tiere im großen Verhandlungssaal des Hochhauses bot einen denkwürdigen Anblick. Die Raubvögel hockten auf Stangen. Die Affen saßen auf Schaukelstühlen, und der Orang Utan paffte eine Zigarre. Die Fledermaus und der Fliegende Hund hingen kopfunter am Kronleuchter. Die Singvögel wiegten sich auf dem Geweih des Hirschs und den spitzen Hörnern der Antilope. Die Schlangen und Lurche lagen auf Teppichen. Der Skunk hatte aus den auf Seite 36 mitgeteilten Gründen am offenen Fenster Platz genommen. Die Fische drängten sich, großäugig und offnen Munds hinter der hohen Glaswand des Bassins, das linker Hand den Saal abschloss. Das Marienkäferchen kauerte, weil es kurzsichtig war, zwischen Oskars Rüssel und der Präsidentenglocke auf dem langen grünbelegten Verhandlungstisch. Die Stille war so feierlich, dass das Kaninchen, weil der Floh auf dem Mandrill umherhüpfte, ärgerlich „Pst!" machte. Hoch in der Luft wehte das Spruchband „Es geht um die Kinder!" und drunter saßen, frisch gewaschen und gekämmt, die fünf kleinen Ehrengäste. Auf den Lehnen ihrer Stühle schillerten bunte Schmetterlinge und Kolibris, und zu ihren Füßen spielten Micky Maus, Babar, Ferdinand, Reineke Fuchs, der Gestiefelte Kater und die anderen Bilderbuchtiere. Die Rednertribüne war von Mikrophonen und Fernsehkameras dicht umstellt, und als Oskar mit dem Rüssel die Glocke schwang und rief „Als Erstem erteile ich dem Eisbären Paul das Wort!" ging es wie ein Seufzen der Erleichterung durch den Saal. „Liebe Freunde!" rief Paul. „Ich will nicht viele Worte machen. Ich halte nichts davon. Außerdem bin ich erkältet. Also, – wir sind hier zusammengekommen, um den Kindern der Menschen zu helfen. Warum? Weil die Menschen selber diese ihre wichtigste Pflicht vernachlässigen! Wir verlangen einstimmig, dass es nie wieder Krieg, Not und Revolution geben darf! Sie müssen aufhören! Denn sie können aufhören! Und deshalb sollen sie aufhören!" An dieser Stelle brach im Saal ungeheurer Jubel los. Man stampfte mit den Hufen, schlug mit den Flügeln, klatschte mit den Flossen, klapperte mit den Schnäbeln, wieherte, krähte, zwitscherte, bellte, pfiff, röhrte, trompetete – es war toll! [...]

Den Vortrag vorbereiten – einen Verlaufsplan anfertigen

Womit soll begonnen werden?

- *Referatthema*
  → Tafel
- *mit einem Bild*
  → Folie, Beamer?
- *mit einem Textausschnitt*
  → kopiert und verteilt?
- *...*

Womit soll das Referat enden?

- *mit einem Filmausschnitt → DVD*
- *mit einer kleinen Ausstellung*
  → Büchertisch, DVDs
- *...*

1 Legt eine Reihenfolge für euer Referat fest. Sortiert eure Karteikarten entsprechend.

2 Um das Interesse der Zuhörerinnen und Zuhörer zu erhalten, sollte man verschiedene Medien einsetzen. Überlegt, welche ihr verwenden könnt, z. B.:
Tafel, Overheadprojektor, ...

3 Besprecht, warum man den ersten Satz eines Referates möglichst aufschreiben und mehrmals üben sollte.

4 Schreibt die Einleitung für euer Referat, z. B. so:
- *Ich möchte euch in meinem Referat den Schriftsteller ...*
- *Erich Kästner ist ein Schriftsteller, der Alt und Jung ...*

5 Fertigt jetzt einen Verlaufsplan für das Referat an, z. B.:

Verlaufsplan

1. Erich Kästner ist ein Schriftsteller, der Jung und Alt mit seinen Jugendbüchern und Gedichten begeistert hat.	*Tafel: Name*
2. Aufbau des Referates ◦ sein Leben ◦ ...	*Folie mit Daten*

Denkt an Thema – Einleitungssatz – Gliederung in Stichworten – Schlüsselwörter – Nummerierung – Medieneinsatz.

6 Überlegt, wie ihr das Referat beenden wollt. Notiert euch einen Schlusssatz, z. B. :
- *Zum Schluss möchte ich euch einen Ausschnitt aus dem Hörbuch ... vorspielen.*
- *Ich bedanke mich für eure Aufmerksamkeit und lade euch dazu ein, die kleine Ausstellung ... zu besichtigen.*

Den Vortrag proben

Ich mag nicht allein vor anderen reden.

Mir bleiben immer die Worte im Halse stecken.

Bei dem Gedanken, allein vorn zu stehen, werden mir die Handflächen jetzt schon feucht.

1 Wie geht es euch, wenn ihr frei sprechen sollt?

2 Übt das freie Sprechen einmal so:

① Kleine Vorträge immer wieder
Stellt zuerst alle Tische und Stühle an die Seite. Teilt die Klasse in zwei Gruppen. Bildet einen Außen- und einen Innenkreis. Blickt zueinander. Der Spielleiter stellt eine Frage, z. B.: „Wenn du ein Jahr woanders leben müsstest, wo würde das sein und warum?“ Jeder versucht seinem Partner/seiner Partnerin, die Frage in zwei Minuten zu beantworten. Auf Zeichen des Spielleiters machen alle im äußeren Kreis einen Schritt nach rechts und beantworten dem neuen Partner noch einmal dieselbe Frage, wieder zwei Minuten lang.

② Fragenauswahl für die Spielleiter
- Wer ist dein Vorbild und warum?
- Wenn du eine Stunde mit einer berühmten Persönlichkeit reden könntest, wer würde das sein und warum?
- Wenn du ein Jahr lang in Neuseeland leben dürftest, was würdest du aus deinem jetzigen Wohnort am meisten vermissen und warum?
- Was findest du an dir gut und warum?
- Was möchtest du am liebsten an dir ändern und warum?
- Welches ist dein Lieblingsfilm/Lieblingsbuch und warum?

3 Stellt jetzt in der Klasse einen Plan auf, wann ihr eure Referate haltet.

ARBEITSTECHNIK

Ein Referat halten

1. Vorbereitung:
   - Legt das genaue Thema fest.
   - Stellt einen Zeitplan für die Arbeit auf.
2. Arbeit am Referat:
   - Sammelt möglichst viel Material.
   - Wählt Wichtiges aus.
   - Verwendet für Notizen Karteikarten.
3. Den Vortrag vorbereiten/einen Verlaufsplan anfertigen:
   - Notiert in Stichworten, welche Informationen ihr weitergeben wollt.
   - Formuliert den Einleitungs- und den Schlusssatz.
4. Den Vortrag proben:
   - Übt den Vortrag so lange, bis ihr euch sicher fühlt.

TIPP!

Ihr haltet euer Referat sicherer und gelassener, wenn ihr es vorher mehrfach probt. Dazu muss jeder seinen eigenen Weg finden, z. B.:
- zu Hause allein vor dem Spiegel,
- vor einem Partner,
- mithilfe eines Aufnahmegerätes.

Liebe im Spiel

Eine Liebesgeschichte

Siegfried Lenz

Joseph Waldemar Gritzan, ein großer, schweigsamer Holzfäller, wurde heimgesucht von der Liebe. Und zwar hatte er nicht bloß so ein mageres Pfeilchen im Rücken sitzen, sondern, gleichsam seiner Branche angemessen, eine ausgewachsene Rundaxt. Empfangen hatte er diese Axt in dem Augenblick, als er Katharina Knack, ein ausnehmend gesundes, rosiges Mädchen, beim Spülen der Wäsche zu Gesicht bekam. Sie hatte auf ihren ansehnlichen Knien am Flüsschen gelegen, den Körper gebeugt, ein paar Härchen im roten Gesicht, während ihre beträchtlichen Arme herrlich mit der Wäsche hantierten. In diesem Augenblick, wie gesagt, ging Joseph Gritzan vorbei, und ehe er sich's versah, hatte er auch schon die Wunde im Rücken.

Demgemäß ging er nicht in den Wald, sondern fand sich, etwa um fünf Uhr morgens, beim Pfarrer von Suleyken ein, trommelte den Mann Gottes aus seinem Bett und sagte: „Mir ist es“, sagte er, „Herr Pastor, in den Sinn gekommen, zu heiraten. Deshalb möchte ich bitten um einen Taufschein.“

Der Pastor, aus mildem Traum geschreckt, besah sich den Joseph Gritzan ziemlich ungnädig und sagte: „Mein Sohn, wenn dich die Liebe schon nicht schlafen lässt, dann nimm zumindest Rücksicht auf andere Menschen. Komm später wieder, nach dem Frühstück. Aber wenn du Zeit hast, kannst du mir ein bisschen den Garten umgraben. Der Spaten steht im Stall.“

Der Holzfäller sah einmal rasch zum Stall hinüber und sprach: „Wenn der Garten umgegraben ist, darf ich dann bitten um den Taufschein?“

„Es wird alles genehmigt wie eh und je“, sagte der Pfarrer und empfahl sich.

Joseph Gritzan, beglückt über solche Auskunft, begann dergestalt den Spaten zu gebrauchen, dass der Garten schon nach kurzer Zeit umgegraben war. Dann zog er, nach Rücksprache mit dem Pfarrer, den Schweinen Drahtringe durch die Nasen, melkte eine Kuh, erntete zwei Johannisbeerbüsche ab, schlachtete eine Gans und hackte einen Berg Brennholz. Als er sich gerade daranmachte, den Schuppen auszubessern, rief der Pfarrer ihn zu sich, füllte den Taufschein aus und übergab ihn mit sanften Ermahnungen Joseph Waldemar Gritzan. Na, der faltete das Dokument mit umständlicher Sorgfalt zusammen, wickelte es in eine Seite des Masuren-Kalenders und verwahrte es irgendwo in der weitläufigen Gegend seiner Brust. Bedankte sich natürlich, wie man erwartet hat, und machte sich auf zu der Stelle am Flüsschen, wo die liebliche Axt Amors ihn getroffen hatte.

Katharina Knack, sie wusste noch nichts von seinem Zustand, und ebenso wenig wusste sie, was alles er bereits in die heimlichen Wege geleitet hatte. Sie kniete singend am Flüsschen, walkte und knetete die Wäsche und erlaubte sich in kurzen

Pausen, ihr gesundes Gesicht zu betrachten, was im Flüsschen möglich war.
Joseph umfing die rosige Gestalt – mit den Blicken, versteht sich –, rang ziemlich nach Luft, schluckte und würgte ein Weilchen, und nachdem er sich ausgeschluckt hatte, ging er an die Klattkä, das ist ein Steg, heran. Er hatte sich heftig und lange überlegt, welche Worte er sprechen sollte, und als er jetzt neben ihr stand, sprach er so: „Rutsch zur Seite."
Das war, ohne Zweifel, ein unmissverständlicher Satz. Katharina machte ihm denn auch schnell Platz auf der Klattkä, und er setzte sich, ohne ein weiteres Wort, neben sie. Sie saßen so – wie lange mag es gewesen sein? – ein halbes Stündchen vielleicht und schwiegen sich gehörig aneinander heran. Sie betrachteten das Flüsschen, das jenseitige Waldufer, sahen zu, wie kleine Gringel in den Grund stießen und kleine Schlammwolken emporrissen, und zuweilen verfolgten sie auch das Treiben der Enten. Plötzlich aber sprach Joseph Gritzan: „Bald sind die Erdbeeren so weit. Und schon gar nicht zu reden von den Blaubeeren im Wald." Das Mädchen, unvorbereitet auf seine Rede, schrak zusammen und antwortete: „Ja."

So, und jetzt saßen sie stumm wie Hühner nebeneinander, äugten über die Wiese, äugten zum Wald hinüber, guckten manchmal auch in die Sonne oder kratzten sich am Fuß oder am Hals.
Dann, nach angemessener Weile, erfolgte wieder etwas Ungewöhnliches: Joseph Gritzan langte in die Tasche, zog etwas Eingewickeltes heraus und sprach zu dem Mädchen Katharina Knack: „Willst", sprach er, „Lakritz?"
Sie nickte, und der Holzfäller wickelte zwei Lakritzstangen aus, gab ihr eine und sah zu, wie sie aß und lutschte. Es schien ihr gut zu schmecken. Sie wurde übermütig – wenn auch nicht so, dass sie zu reden begonnen hätte –, ließ ihre Beine ins

Wasser baumeln, machte kleine Wellen und sah hin und wieder in sein Gesicht. Er zog sich nicht die Schuhe aus.

So weit nahm alles einen ordnungsgemäßen Verlauf. Aber auf einmal – wie es zu gehen pflegt in solchen Lagen – rief die alte Guschke, trat vors Häuschen und rief: „Katinka, wo bleibt die Wäsch‘!“

Worauf das Mädchen verdattert aufsprang, den Eimer anfasste und mir nichts dir nichts, als ob die Lakritzstange gar nichts gewesen wäre, verschwinden wollte. Doch, Gott sei Dank, hatte Joseph Gritzan das weitläufige Gelände seiner Brust bereits durchforscht, hatte auch schon den Taufschein zur Hand, packte ihn sorgsam aus und winkte das Mädchen noch einmal zu sich heran.

„Kannst“, sprach er, „lesen?“ Sie nickte hastig.

Er reichte ihr den Taufschein und erhob sich. Er beobachtete, während sie las, ihr Gesicht und zitterte am ganzen Körper.

„Katinka!“, schrie die alte Guschke, „Katinka, haben die Enten die Wäsch‘ gefressen?!“

„Lies zu Ende“, sagte der Holzfäller drohend. Er versperrte ihr, weiß Gott, schon den Weg, dieser Mensch.

Katharina Knack vertiefte sich immer mehr in den Taufschein, vergaß Welt und Wäsche und stand da, sagen wir mal: wie ein träumendes Kälbchen, so stand sie da.

„Die Wäsch‘, die Wäsch‘“, keifte die alte Guschke von neuem.

„Lies zu Ende“, drohte Joseph Gritzan, und er war so erregt, dass er sich nicht einmal wunderte über seine Geschwätzigkeit. Plötzlich schoss die alte Guschke zwischen den Stachelbeeren hervor, ein geschwindes, üppiges Weib, schoss hervor und heran, trat ganz dicht neben Katharina Knack und rief: „Die Wäsch‘, Katinka!“ Und mit einem tatarischen Blick auf den Holzfäller: „Hier geht vor die Wäsch‘, Cholera!“

O Wunder der Liebe, insbesondere der masurischen; das Mädchen, das träumende, rosige, hob seinen Kopf, zeigte der alten Guschke den Taufschein und sprach: „Es ist“, sprach es, „besiegelt und beschlossen. Was für ein schöner Taufschein! Ich werde heiraten.“ Die alte Guschke, sie war zuerst wie vor den Kopf getreten, aber dann lachte sie und sprach: „Nein, nein“, sprach sie, „was die Wäsch‘ alles mit sich bringt! Beim Einweichen haben wir noch nichts gewusst. Und beim Plätten ist es schon so weit.“ Währenddessen hatte Joseph Gritzan wiederum etwas aus seiner Tasche gezogen, hielt es dem Mädchen hin und sagte: „Willst noch Lakritz?“

Arbeitstechnik „Eine Geschichte mit eigenen Worten nacherzählen“, S. 221

1 Was findet ihr an dieser Geschichte überraschend und ungewöhnlich?

Arbeitstechnik „Einen literarischen Text genau lesen und verstehen“, S. 225

2 Untersucht mithilfe der W-Fragen die Personen und die Handlung.

Wann und wo?	◦ *vor mehr als ... Jahren* ◦ *Masuren (Ostpreußen) ...*
Was erfahren wir von wem?	◦ *Joseph Waldemar Gritzan* – *kräftig, ruhig, fleißig* – *...* ◦ *Katharina Knack* – *Hausmädchen (Magd)* – *...* ◦ *die alte Guschke* – *...* ◦ *der Pfarrer* – *verlangt Arbeit für den Taufschein*
Was passiert? Wie passiert es? Warum?	◦ *...*

3 Wieso versteht Katharina Josephs Anliegen ohne Worte? Welche Rolle spielt dabei der Taufschein?

4 Teilt den Text in Abschnitte ein, die Szenen eines Theaterstücks oder eines Films sein könnten:

1. *Liebe auf den ersten Blick (Zeile ... bis ...)*
2. *Joseph Waldemar Gritzan beim Pfarrer (Zeile ... bis ...)*
3. *...*

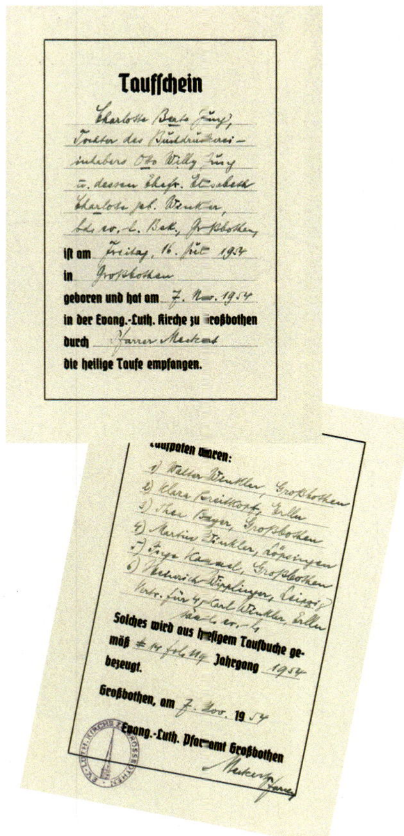
Taufschein

ist am Freitag, 16. Juli 1954
in Großbothen
geboren und hat am 7. Nov. 1954
in der Evang.-Luth. Kirche zu Großbothen
durch Pfarrer Merkert
die heilige Taufe empfangen.

Taufpaten waren:

Solches wird aus heiligem Taufbuche gemäß Jahrgang 1954 bezeugt.

Großbothen, am 7. Nov. 1954

Evang.-Luth. Pfarramt Großbothen

Gefühle zeigen

1 Spielt mehrmals kleine Szenen. Versucht die Gefühle auszudrücken, die die Personen haben. Achtet auf Mimik und Gestik.

Wählt A, B oder C:

A: Katharina sitzt am Ufer und spült die Wäsche. Joseph erblickt sie und verliebt sich augenblicklich in sie.
B: Joseph begibt sich mit dem Taufschein zu der nichts ahnenden Katharina und setzt sich neben sie.
C: Katharina nimmt den Taufschein und betrachtet ihn.

2 Drückt in weiteren Szenen besonders mit eurer Stimme die Gefühle der Beteiligten aus.

Wählt A, B oder C:

A: Der Pfarrer ist verärgert über Josephs Anliegen am frühen Morgen.
B: Die schreiende alte Guschke – die lachende Guschke.
C: Katharina sagt der Guschke, dass sie heiraten wird.

3 Stellt die Szenen der Geschichte als eine Folge von Standbildern dar. Geht dabei so vor:

1. Es wird ein Standbildbauer (Regisseur) bestimmt.
2. Der Regisseur sucht die Mitspieler aus, die zum Bauplan passen.
3. Das Bild wird langsam und schrittweise aufgebaut.
4. Alle Mitspieler verhalten sich passiv.
5. Der Regisseur formt Körperhaltung und Gesichtsausdruck (eventuell auch durch Vormachen).
6. Während der Bauphase wird nicht gesprochen!
7. Ist das Standbild fertig, erstarren alle Mitspieler 30 Sekunden lang
   (falls möglich, sollte dann ein Foto gemacht werden).
8. Der Regisseur erklärt seine Absichten.
9. Die Mitspieler berichten über ihre Erfahrungen.
10. Die Beobachter beschreiben genau, was sie gesehen haben, was sie dabei dachten usw.

- Baut zunächst die erste Szene auf, z. B.:

> Katharina „beim Spülen der Wäsche" – auf den Knien – den Körper gebeugt – mit der Wäsche hantierend – Joseph Waldemar erblickt sie und wird von Amors „Rundaxt" getroffen; Liebe auf den ersten Blick!

- Versucht, euch in die Personen hineinzuversetzen:
  - Was geht in ihnen vor?
  - Was fühlen sie?
  - Wie verhalten sie sich in dieser Situation?

Arbeitstechnik „Einen Rollentext auswendig lernen", S. 222

4 Führt die gesamte Liebesgeschichte auf.

Wählt für die Aufführung A, B, C oder D:

A: Ihr baut die Standbilder Szene für Szene vor dem Publikum auf. Ein Erzähler liest die passenden Textstellen dazu vor.
B: Ihr habt die Standbilder vorher fotografiert und sie erscheinen in der passenden Abfolge auf einer Leinwand. Ein Erzähler liest die passenden Textstellen dazu vor.
C: Ihr spielt ausgewählte Szenen als Pantomime.
D: Ihr spielt ausgewählte Szenen und lasst die Beteiligten sprechen.

+5 Schreibt Einladungen und gestaltet Plakate für die Theateraufführung.
Überlegt, wen ihr einladen wollt und welche Angaben dazu wichtig sind (z. B.: Ort, Tag, Uhrzeit, Eintritt).

+6 Damals war wohl der Taufschein etwas Besonderes, den man sich nur zu besonderen Anlässen ausstellen ließ. Wie würde man heute einen Heiratsantrag machen? Erfindet eine solche Szene und spielt sie.

+7 Fragt nach, wie es bei euren Eltern und Großeltern mit dem „Heiratsantrag" war. Berichtet darüber in der Klasse.

Die eigenen Chancen verbessern

TIPP!

Ein freundliches Auftreten, eine gute Vorbereitung und ein gepflegtes Äußeres sind entscheidend, wenn ihr in einem Betrieb einen Praktikumsplatz erhalten wollt.

1+1

1 Überlegt gemeinsam, was ihr in einem ersten informierenden Gespräch mit einem Mitarbeiter des Betriebes in Erfahrung bringen wollt, z. B.:

- *Kann man in dem Betrieb ein Praktikum durchführen?*
- *An wen muss ich mich wenden?*
- *Wann kann ich mich vorstellen?*
- *In welchem Beruf ...?*
- *...*

- Name, Schule
- Praktikum von – bis
- ...

2 Denkt auch darüber nach, was der Gesprächspartner von euch erfahren muss. Notiert Stichworte an der Tafel.

1+1

3 Übt mit einem Partner ein Telefongespräch, z. B.:

– Firma XY – Guten Tag, mein Name ist Barbara Klein, was kann ich für Sie tun?
– Guten Tag, mein Name ist ...
Unsere Schule ...
Ich möchte mich erkundigen, ob ...
– ...

TIPP!

Langsam sprechen!
Klar und deutlich sprechen!
Den Gesprächspartner aussprechen lassen!

Sich auf ein Gespräch vorbereiten

1 Erarbeitet in Gruppen, welchen Inhalt ein erstes Gespräch haben könnte, z. B.:

- *Begrüßung*
- *euer Anliegen*
- *mögliche Fragen vonseiten des Betriebes*
- *...*

2 Übt in einem Rollenspiel, wie ihr euch in dem Praktikumsbetrieb vorstellen wollt. Geht so vor:

- Der „Praktikant" geht aus dem Klassenraum und kommt dann zur Tür herein.
- Im Klassenraum wird ein Tisch als Schreibtisch aufgestellt. Dahinter sitzt der „Meister", davor steht ein Besucherstuhl.
- Die Beobachter machen sich Notizen zum Verhalten des „Praktikanten".

Praktikant/Praktikantin ⟷ Meister/Meisterin

Beobachter

Übt zuerst ohne Vorbereitung. Die Beobachter achten auf:

- die Sprache: Lautstärke, Deutlichkeit, ...
- die Gesten: Anklopfen, Handschlag, Blickrichtung

3 Wertet das Rollenspiel aus:

- Die Beobachter sagen, was verbessert werden muss.
- Die Darsteller sagen, wie sie sich in ihrer Rolle gefühlt haben.

4 Wechselt die Rollen und beobachtet wieder. Ändert euer Verhalten solange, bis ihr zufrieden seid.

5 Was gehört eurer Meinung nach zu einem gepflegten Äußeren? Tauscht euch darüber aus.

6 Welche Kleidung ist eurer Ansicht nach für den Anlass angemessen? Begründet eure Meinung.

Man ist doch kein Kind mehr!

1 Lest den folgenden Text still durch und beantwortet anschließend die Fragen zum Text auf den Seiten 39/40 schriftlich.

Sie werfen Steine ins Wasser

Franz Hiesel

Drei junge Burschen saßen an der Böschung des Donaukanals. Sie saßen und wussten nichts mit sich anzufangen. Zwischen Planken, Stadtbahnbogen und Donaukanal leben viele junge Kerle, die nichts mit sich anzufangen wissen. Sie leben in einer eigenen Welt und haben nichts zu tun. Man hat keine Verwendung für sie. Sie sind unnütz wie ein Stein oder wie das Wasser im Donaukanal. Dabei sind Steine gar nicht so unnütz. Man kann Straßen damit pflastern oder Häuser bauen. Das Wasser des Donaukanals kann man zur Not trinken.

Jenseits der Planken und des Stadtbahnbogens ist eine andere Welt. Die Nußdorfstraße und später der Gürtel und noch später die Währingerstraße. In diese Gegend darf man nur gehen, wenn man Uniform trägt. Die Uniform der zivilisierten Menschen: schöne, saubere Kleider und Schuhe an den Füßen. Hier am Donaukanal schert sich keiner darum, wenn einer keine Schuhe anhat oder einen zerschlissenen Rock trägt. Die Menschen in Uniform schauen spöttisch, wenn sie einen abgerissenen Kerl sehen. Dann sagen sie: „Ja, ja, die heutige Jugend!“

Am Donaukanal saßen drei junge Burschen und warfen Steine ins Wasser. Mancher schickte den Steinen einen Gedanken nach. Sie denken anders als wir, diese jungen Kerle. Ungefähr so denken sie:

„Ihr habt uns großgezogen und in die Schule geschickt. Ihr habt uns gesagt, was gut und schlecht ist. Von Liebe und Treue und Vaterland habt ihr gesprochen, von rechtschaffenen Menschen und einem Gott, der alle liebt. Was ist jetzt? Wir sitzen mit unserer Weisheit da und werfen Steine ins Wasser. Ihr habt uns als halbe Menschen allein gelassen. Dann schreit ihr und wundert euch, wenn in uns Böses wächst. Gebt uns doch erst eine Möglichkeit! Wir haben uns um eine Lehrstelle die Füße wund gelaufen.“

Oben auf der Böschung lag ein großer Randstein. Er hätte einmal einen Gehweg zur Straße hin abschließen sollen. Kleine Buben wären dann über ihn gelaufen und hätten Eisenbahn gespielt. „Sch!Sch!Sch!“

Jetzt diente der Randstein jungen Burschen als Sitzgelegenheit. Sie saßen da und schauten übers Wasser. Drüben war eine Autoreparaturwerkstätte. An alten und neuen Wagentypen arbeiteten einige Gesellen und Lehrbuben. Sie waren dreckig im Gesicht und an den Händen und hatten zerschundene Finger. Die drei Burschen lachten und rissen Witze über die da drüben und vergaßen, dass sie Hunger hatten. Nicht nur Hunger nach Wurst und Brot, auch Hunger nach einem anderen

Leben, nach einem neuen Anzug oder nach einem Spaziergang in der Gegend drüber dem Stadtbahnbogen. Man kann nach vielen Dingen Hunger haben.

Die Sonne hing trübe hinter einem Rauchschleier. Vom Kahlenberg wehte ein kalter Wind und die Burschen auf dem Randstein hatten die Hände in den Hosentaschen vergraben. Der Wind machte es, dass das Wasser nicht zu sehr stank.

Am Rande des Wassers spielte ein kleines Mädchen. Es tanzte auf den Steinen hin und her und beugte sich weit nach vorne. Plötzlich glitt es auf einem der Steine aus und fiel ins Wasser. Es sank sofort unter und es blieb nur mehr ein kleiner, schriller Schrei.

Die Burschen waren aufgesprungen. Einer jagte quer über die Böschung dem Wasser zu. Einige Meter unter der Unfallstelle war das Mädchen wieder aufgetaucht und der junge Kerl warf sich mit einem Hechtsprung ins Wasser.

Nach einigen Schwimmstößen hatte er das Mädchen erreicht und landete kaum eine Minute später drüben auf der andern Seite. Das Mädchen hing als nasses, lebloses Bündel in seinen Armen, und er wusste nichts damit anzufangen. Im Stadtgebiet hätte sich eine Menschenmenge angesammelt und man hätte „Bravo!“ gerufen. Zwischen Donaukanal und Stadtbahnbogen sind tagsüber wenig Menschen anzutreffen. Nur ein großer, hagerer Mann kam aus der Autoreparaturwerkstätte angelaufen und fuchtelte mit den Armen.

Jetzt wäre es schön, wenn das kleine Mädchen seine Tochter gewesen wäre. Sie war es aber nicht. Zwischen Stadtbahnbogen und Donaukanal geschehen keine Wunder. Vielleicht deshalb, weil dort nur einfache Menschen wohnen.

Das Mädchen war beiden ganz fremd. Der hagere Mann nahm es in seine Arme und sagte: „Komm mit.“

Im Hof der Autoreparaturwerkstätte standen die Arbeiter und schauten stumm herüber. Der hagere Mann ging auf eine niedere Bretterbude zu und trat mit dem Fuß die Tür auf. Weil der Junge nicht gleich folgte, sagte er barsch: „So komm schon!“

Die Sonne kam für einen Augenblick aus dem Dunstschleier und machte den Raum hell und angenehm. In der Ecke stand ein kleiner Kanonenofen und glühte. Der hagere Mann deutete mit dem Kinn nach einem Stuhl und sagte: „Nimm dir den Sessel und setz dich zum Ofen.“

Das Mädchen legte er auf ein Feldbett, das an der Längsseite der Bude stand. Langsam schlug es die Augen auf und fing an zu weinen. Der hagere Mann strich ihm mit sanften Bewegungen das Wasser aus dem Haar.

„Es wird schon gut werden. Es ist ja nicht so schlimm. Wer wird denn so weinen."
Das Mädchen beruhigte sich langsam und der Junge saß beim Ofen und starrte in die Glut. Er dachte: dass ein großer Mann so gute Hände haben kann. Dann schnäuzte er sich in das nasse Taschentuch. „Verflucht noch einmal, man ist doch kein Kind mehr oder ein weicher Hund!"
„Ich geh jetzt", sagte er zur Wand hin, „ich bin schon trocken."
Der große, hagere Mann kam quer durch die Stube auf ihn zu. Die Lampe hing so tief, dass er sich bücken musste.
„Brav hast du das gemacht", sagte er.
Der Junge schluckte und hatte auf einmal Tränen in den Augen. Der verfluchte Rauch und diese Luft hier. Ist doch eine Bruchbude das. Man darf sich nur nicht einspinnen lassen von blöden Gedanken. Draußen ist es schön. Zwischen Planken, Stadtbahnbogen und Donaukanal.
In einem Kochgeschirr auf dem kleinen Ofen fing Wasser zu kochen an. Es roch auf einmal nach Wurst. Der Junge sog den Geruch ein und blähte die Nasenlöcher. Der hagere Mann lachte und fischte mit einer Gabel die Wurst aus dem Kochgeschirr. Auf einem Blechteller schnitt er sie in zwei Teile.
„Da esst", und zu dem Jungen, „du hast es dir redlich verdient."
Der Junge machte nur eine abweisende Handbewegung. Zwischen Stadtbahnbogen und Donaukanal macht man nicht viel Wasser wegen so einer Kleinigkeit.
Später heulte das Mädchen wieder und wollte nach Hause. Der hagere Mann lachte es aus und gab ihm zum Abschied einen leichten Klaps. „Dass du besser aufpasst, das nächste Mal."
Als das Mädchen gegangen war, setzten sie sich auf das Feldbett und der Junge erzählte. Vom Vater erzählte er, der Hilfsarbeiter beim Bau ist, und von den fünf Geschwistern. Von seinen ergebnislosen Laufereien um eine Lehrstelle erzählte er und von Menschen, die nur über die Jugend schimpfen und doch nicht helfen wollen.
O ja, gearbeitet hat er schon, der Junge. Wie der Vater. Als Hilfsarbeiter beim Bau. In einer Akkordpartie[1]. Nach vierzehn Tagen ging's nicht mehr. Wirklich, es ging nicht mehr. Man kann nicht mit knapp vierzehn Jahren schwere Männerarbeit leisten.
Dann ging alles seinen Weg weiter. Hin und wieder ein bisschen Gelegenheitsarbeit, und die Sonne ist warm und das Wasser des Donaukanals fließt träge. Nicht immer bläst ein kalter Wind vom Kahlenberg. Das ist die letzte Hoffnung und eine sehr weise Weisheit.
Seit acht Tagen geht jetzt der Junge zu dem hageren Mann in die Lehre. Er hat noch einen Platz frei gemacht in seiner Werkstatt. Der Junge trägt einen Schlosseranzug, der ihm viel zu weit ist. Vom Smekal ist der, der im ersten Stock wohnt. Der braucht keinen Schlosseranzug mehr. Er hat im Krieg beide Beine verloren und ist achtundzwanzig Jahre alt.
Auf dem Randstein drüber dem Kanal sitzen nun mehr zwei junge Kerle. Sie werfen Steine ins Wasser oder schauen in den Hof der Autoreparaturwerkstätte hinüber. Als sie ihren Freund im Schlosseranzug erblickten, lachten sie laut. Höhnisch sollte es auch klingen. „Du armer Hund gehst jetzt in eine Bruchbude dort drüben."

[1] Akkord: Auf Schnelligkeit ausgerichtetes Arbeiten, bei dem nach der Menge der geleisteten Arbeit bezahlt wird

Der Hohn gelang nicht recht und es wurde ein ziemlich wehes Lachen. Das heißt, wenn es ein wehes Lachen überhaupt gibt. Nach einer Weile stupste der eine Kerl den andern an und sagte: „Wenn man auch so schwimmen könnte wie der Karl.“ Der andere sagte: „Kusch!“ Und sie warfen schweigend Steine in das träge Wasser des Donaukanals.

Textaufgaben

1 Welche der Aussagen ist jeweils wahr?
Schreibt die richtigen Sätze auf.

① Die Handlung spielt
- am Meer,
- in den Bergen,
- in einer Stadt.

② Es geht eigentlich um
- drei Jungen und einen Fischer,
- einen Autohändler und einen Touristen,
- einen entschlossenen Jungen und ein kleines Mädchen,
- einen Autoschlosser, seine kleine Tochter und ihren Lebensretter.

③ Der eine Junge
- schwimmt im Donaukanal,
- träumt vor sich hin,
- rettet ein Mädchen vor dem Ertrinken,
- verliert seine Arbeit.

④ Die Handlung besteht eigentlich nur
- aus der Lebensgeschichte eines armen Arbeiters und eines reichen Autohändlers,
- aus der Schilderung, wie aus einem armen Jungen ein reicher Fabrikbesitzer wurde,
- aus der mutigen Tat eines arbeitslosen Jungen und den Folgen für seine Zukunft.

2 An welchen Textstellen wird deutlich, wann etwa die Geschichte spielt? Schreibt sie heraus.

3 Was erfahrt ihr über den Vater des Jungen?

4 Warum hat der Junge in einer „Akkordpartie“ nicht weitergearbeitet?

5 In welchen Zeilen stehen die Worte „werfen Steine ins Wasser“? Was sagen sie euch über die Situation und die Gefühle der Jungen?

6 Erklärt, was mit „Uniform der zivilisierten Menschen“ gemeint ist.

+7 Schreibt zu der Geschichte den Einleitungssatz für eine Inhaltsangabe.

Arbeitstechnik „Eine Inhaltsangabe schreiben“, S. 107, 222

Beispiel für eine Inhaltsangabe, S. 24 oben, „Das doppelte Lottchen“

8 Bringt die folgenden Sätze in die richtige Reihenfolge und schreibt die Inhaltsangabe in euer Heft.

- Ein kleines Mädchen spielt am Wasser.
- Der Mann gibt ihnen heiße Wurst und das Mädchen geht nach Hause.
- Ein Junge hechtet ins Wasser und holt das Mädchen heraus.
- Sie sind traurig und unzufrieden mit sich und der Welt.
- Der Junge erzählt dem Mann sein Schicksal.
- Sie haben keine Lehrstelle, obwohl sie sich die Füße dafür „wundgelaufen" haben.
- Sie machen sich lustig über die Arbeiter in einer Autoreparaturwerkstätte am gegenüberliegenden Ufer.
- Plötzlich fällt es hinein und versinkt.
- Er hat noch fünf Geschwister, sein Vater ist Hilfsarbeiter.
- Seit acht Tagen geht der Junge in die Lehre bei dem hageren Mann.
- Das Mädchen kommt zu sich.
- Ein Mann kommt gelaufen und nimmt beide mit in eine Bretterbude auf dem Gelände der Werkstatt.
- Er hat auf dem Bau gearbeitet, hat aber die Arbeit körperlich nicht ausgehalten.
- Die anderen Jungen werfen Steine ins Wasser und machen sich lustig, aber eigentlich sind sie traurig.
- Drei junge Burschen sitzen am Ufer des Donaukanals – abseits der vornehmen Welt – und werfen Steine ins Wasser.

9 Der Besitzer der Autowerkstatt, der Junge, das Mädchen, einer der anderen Jungen erzählen einer anderen Person, was geschehen ist. Schreibt eine dieser Erzählungen auf.

10 Schreibt einen Zeitungsbericht* über den Vorfall.

+11 „Ihr habt uns als halbe Menschen allein gelassen. Dann schreit ihr und wundert euch, wenn in uns Böses wächst." So denken die drei Jungen. Was meinen sie damit?

+12 Der Text wurde in den 1950er Jahren geschrieben. Passen diese Gedanken auch in die heutige Zeit? Begründet eure Meinung.

Vom Lernen

Ich habe gehört, ihr wollt nichts lernen

Bertolt Brecht

Ich habe gehört, ihr wollt nichts lernen
Daraus entnehme ich: ihr seid Millionäre.
Eure Zukunft ist gesichert – sie liegt
Vor euch im Licht. Eure Eltern
Haben dafür gesorgt, daß eure Füße
An keinen Stein stoßen. Da mußt du
Nichts lernen. So wie du bist
Kannst du bleiben.

Sollte es dann noch Schwierigkeiten geben, da doch die Zeiten
Wie ich gehört habe, unsicher sind
Hast du deine Führer, die dir genau sagen
Was du zu machen hast, damit es euch gut geht.

Sie haben nachgelesen bei denen
Welche die Wahrheiten wissen
Die für alle Zeiten Gültigkeit haben
Und die Rezepte, die immer helfen.

Wo so viele für dich sind
Brauchst du keinen Finger zu rühren.
Freilich, wenn es anders wäre
Müßtest du lernen.

(Gedichte 1926–1933)

1 In dem Gedicht wird von zwei Wegen gesprochen, wie man das Leben meistern kann, ohne zu lernen.

- Welcher ist der häufigere? Trifft einer auf euch zu?
- Gibt es aus eurer Sicht noch weitere? Tauscht euch aus.

Arbeitstechnik „Ein Gedicht verstehen“, S. 83, 224

2 Schlagt nach, was man unter einer Satire versteht. Erklärt, warum das Gedicht satirisch gemeint ist.

+3 Setzt den Text fort, z. B.:

- *Ich glaube, es ist für mein Leben wichtig zu lernen, denn …*
- *Ich denke, ich brauche nicht zu lernen, weil …*

Gedanken zu Bildern

Automat

Edvard Hopper, 1927

1 Lasst das Bild auf euch wirken, ohne mit anderen darüber zu sprechen.
Schreibt dann Fragen auf, die euch zu dem Bild einfallen, z. B.:

Wer könnte die Frau sein? *Wo …?* *Warum …?*
Wann …? *Ist die Frau …?* *Was …?* *Wieso …?*

2 Notiert stichwortartig die Gedanken und Gefühle, die das Bild in euch auslöst.

3 Tauscht euch aus: Welche eurer Beobachtungen und Gedanken sind gleich und ähnlich, welche ganz anders?

1+

4 Schreibt Texte, die zu dem Bild passen.

Wählt A oder B:

A: Ihr schreibt auf, was die Person auf dem Bild denkt (innerer Monolog).

B: Ihr schreibt einen Brief, der etwas mit der Frau auf dem Bild zu tun hat.

A

1. Stellt die Szene als Standbild nach.
2. Versucht nacheinander, die Haltung der Frau möglichst genau einzunehmen.
3. Sprecht aus dieser Haltung heraus einen Satz, der euch passend erscheint.
4. Denkt euch in die Frau hinein und beantwortet Fragen aus der Gruppe, z. B.:

Wer bist du? *Wie alt bist du?*

Woher kommst du? *Was machst du hier?*

5. Schreibt auf, was die Frau in diesem Moment denkt.
6. Vergleicht eure Ergebnisse.

B

1. Stellt euch vor, die Frau erhebt sich und verlässt den Raum. Dabei fällt ihr ein Brief aus der Tasche. Ihr könnt fünf Worte erkennen. Schreibt diese Worte auf.
2. Die Frau kommt längere Zeit nicht wieder. Ihr seid neugierig geworden, hebt den Brief auf und lest ihn. Schreibt auf, was in dem Brief steht.
3. Vergleicht eure Ergebnisse. Habt ihr mehr lustige, spannende oder traurige Briefe geschrieben? Wie erklärt ihr euch die Ergebnisse?

+5 Warum hat der Maler das Bild wohl „Automat" genannt? Denkt euch einen anderen Namen für das Bild aus und begründet ihn.

Die Sanduhr

Michael Böhme, 1998

Bei der Betrachtung des oberen Teils der Sanduhr könnte man auf die Idee kommen, alles sei in Ordnung. Warum soll man sich Sorgen machen, solange es noch solche Idyllen gibt? Und verhalten wir uns nicht alle so wie die Betrachter des oberen Teils der Sanduhr? Aber schaut man etwas genauer hin, dann merkt man, dass da ein Prozess eingesetzt hat, der kaum noch aufzuhalten ist. Und wollen wir das Schlimmste verhindern, dann können wir keine Sekunde mehr zögern und müssen handeln.
(Michael Böhme, Juli 1998 zu seinem Bild „Die Sanduhr")

1 Was fällt euch spontan zu diesem Bild ein?

2 Haltet eure Gedanken in einem „Ideennetz" fest.

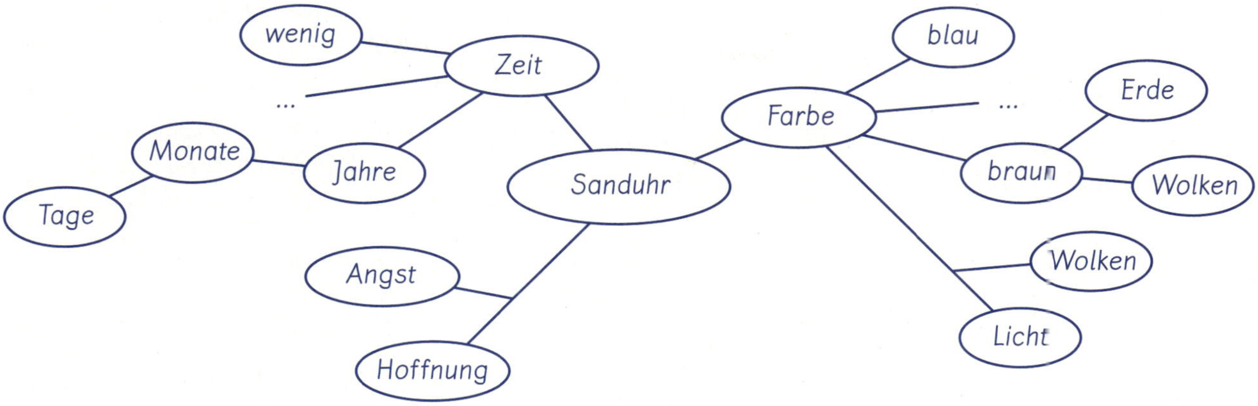

3 Schreibt zu dem Bild einen Text.

Wählt A, B oder C:

A: Ihr erfindet eine Geschichte, in der diese Sandhuhr real existiert. Ihr könntet z. B. so beginnen:

Geheimnisvolle Sandhuhr
An einem Samstagmorgen ging ich ...

B: Ihr schreibt auf, welche Gedanken euch bei dem Betrachten des Bildes gekommen sind. Verwendet dabei die Begriffe aus eurem Ideennetz. Ihr könntet z. B. so beginnen:

Die Uhr des Lebens
Mir macht das Bild etwas Angst, ...

C: Ihr schreibt ein Gedicht, das zu der Aussage des Bildes passt. Ihr könntet z. B. so beginnen:

Oh du Zeit! Du rinnst dahin.
Und hältst nie still ...

4 Auf der nächsten Seite findet ihr Ausschnitte aus Schülertexten zu dem Bild „Sanduhr". Vergleicht sie mit euren Texten. Hattet ihr ähnliche Gedanken?

Texte zu Bildern

... Es scheint, als könnte die Erde den Rest ihrer verbleibenden Existenz in Ruhe und Frieden verbringen. Doch irgendwann ist es vorbei und das letzte Korn rinnt durch die Engstelle. Wie es dann mit der Welt weitergeht, bleibt wie im Dunst der Wolken verborgen.
Alexander

Die Uhr des Lebens
Ein böser Zauberer hatte eine Eieruhr geschaffen. Darin war Sand in der Form der Erde. Der Sand läuft ab, wenn die Menschen böse Dinge tun, und wenn der Sand komplett weg ist, wird die Erde untergehn.
Der Zauberer hatte einige seiner Kobolde auf die Erde geschickt, damit sie dort Unheil anrichten ...
Thorsten

Ich habe das Gefühl, dass die Welt mit jedem neuen Krieg, jeder neuen Katastrophe, mit jedem Baum, der gefällt wird, ein wenig tiefer in ein schwarzes Loch fällt, das dieser Sanduhr gleicht ...
Alina

Die Jahreszeiten

Die bunten Farben
Das Pfeifen der Vögel
Das Wachsen der Pflanzen
Der erste Sonnenschein

Das saftige Grün
Das Lachen der Kinder
Der helle Himmel
Die natürliche Wärme

Das Rascheln der Blätter
Das Weinen der Wolken
Das Verstecken der Tiere
Das Sammeln von Essen

Alles ist weiß
Das Knirschen des Schnees
Das Frieren der Finger
Der Geruch von Plätzchen

Doch nichts bleibt,wie es ist
Der Wechsel der Jahreszeiten
Alles geht vorüber
und kommt wieder
Die Zeit verrinnt

Wie in einer Sanduhr

Jonas

Es war ein Tag wie jeder andere auch. Ich saß zu Hause an meinem Schreibtisch und lernte für die Schule. Dann kam meine Oma uns besuchen. Sie brachte mir ein Geschenk mit. Ich war glücklich und packte es aus. Es war eine Sanduhr. Zuerst fiel mir nichts auf. Doch dann ...
Alessia

5 Schaut euch jetzt noch einmal die beiden Bilder in Ruhe an. Welche neuen Empfindungen und Gedanken habt ihr? Tauscht euch aus.

Urwaldlandschaft mit untergehender Sonne

Henri Rousseau, 1910

Das Schloss in den Pyrenäen

René Magritte, 1959

Meine Meinung dazu ist …

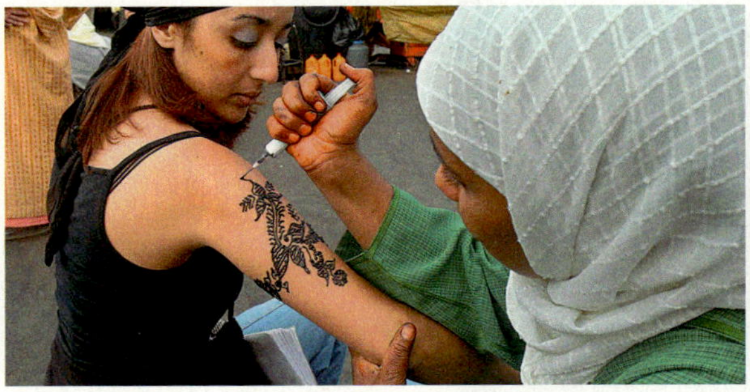

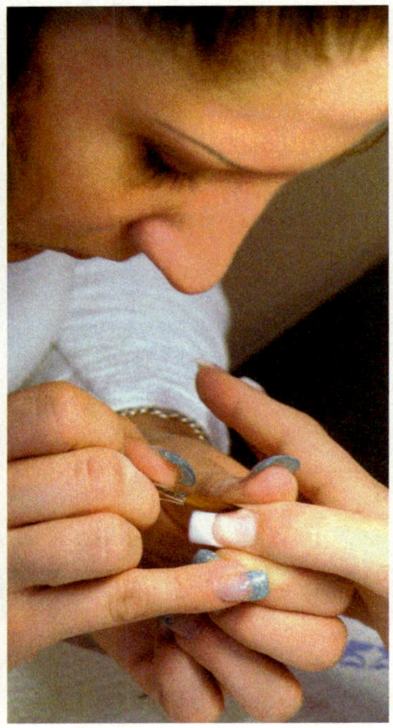

Saarbrücker Zeitung
AUF EINEN BLICK

Tätowierungen gibt es seit Menschengedenken. Schon der etwa 5300 Jahre alte Ötzi hatte welche, die angeblich heilende Wirkung hatten. Die Tattoo-Welle in Europa begann, als James Cook 1775 einen über und über tätowierten Tahitianer von seinen Reisen mitbrachte. Fortan waren es besonders die Seeleute, die sich tätowieren ließen, und ab diesem Zeitpunkt entwickelten sich Tattoos zu einem unaufhaltbaren Trend. Natürlich hat sich auch die Tätowiertechnik weiterentwickelt.
Wo früher einfach Kohle oder Erde in tiefe Schnitte eingerieben wurden, benutzen Tätowierer heute modernste Maschinen, die mit bis zu 3600 Nadelstichen pro Minute ein Tattoo in die Lederhaut stechen.

Das Ergebnis einer Umfrage: Würdest du dich piercen lassen?

Mädchen:
95 %: ja
5 %: nein

Jungen:
38 %: ja
62 %: nein

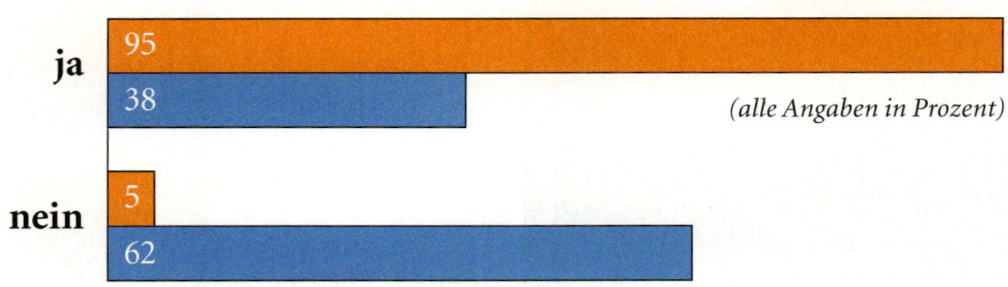

Auf immer und ewig

Über die Vor- und Nachteile einer Tätowierung

VON SZ-MITARBEITERIN SILKE ROSSMANN

Ein Tattoo hält ein Leben lang, und da die Entfernung eines Tattoos sehr teuer und schmerzhaft ist, sollte man sich wirklich gut überlegen, ob man bis ans Ende seiner Tage einen Totenkopf auf dem Arm haben will.

Saarlouis – Jeder kennt sie und fast jeder zehnte Deutsche hat schon eins. Was früher nur Seefahrern, Verbrechern und den unteren gesellschaftlichen Schichten eigen war, ist heute ein beliebter Modetrend in allen Alters- und Gehaltsschichten geworden. Ob an den gängigen Stellen Schulter, Nacken, Oberarm, Knöchel oder Steißbein, der Fantasie bei Stellen- und Motivwahl sind kaum Grenzen gesetzt.

Das Motiv sollte einem auf Anhieb gefallen. Wenn man lange überlegen oder sich ein Motiv erst schönreden muss, sollte man es vielleicht besser lassen. Fragt auch mal den Tätowierer, ob es geeignet ist für die Stelle, die ihr euch ausgesucht habt. Erkundigt euch genau, wie ihr das Tattoo nach dem Stechen pflegen müsst, denn die meisten Probleme mit Tattoos treten auf, wenn sie nicht richtig gepflegt werden. In den ersten Wochen solltet ihr besser nicht direkt in die Sonne gehen und auch Chlorwasser vermeiden. Nach ein paar Tagen fängt das Tattoo an zu jucken und die überschüssige Farbe löst sich ab. Die Tage müsst ihr möglichst ohne Kratzen überstehen, weil sonst Flecken im Tattoo entstehen und ihr eventuell zum Nachstechen müsst.

Aber was ist, wenn einem das Tattoo irgendwann nicht mehr gefällt? Die einzige Möglichkeit, ein Tattoo wieder loszuwerden, ist eine spezielle Lasertherapie. Die in der Haut eingekapselten Farbpigmente werden dabei mit einem Rubin-Laser beschossen und zertrümmert. Daraufhin erkennt das Immunsystem die einzelnen Trümmerteile als Fremdkörper und transportiert sie ab. Wie oft man sich diesen Laser-Sitzungen unterziehen muss, hängt davon ab, wie groß das Tattoo ist, wie tief und in welcher Farbe es gestochen wurde.

Der Entschluss zum Tattoo sollte auf jeden Fall gut überlegt sein. Wer sich aber sicher ist, ein schönes Motiv und ein gutes Tattoo-Studio gefunden zu haben, hat mit Sicherheit viel Freude an seiner Körperbemalung.

1 Was erfahrt ihr durch die Fotos und Texte auf diesen beiden Seiten über Körperschmuck und insbesondere über Tätowierungen? Tragt die Informationen zusammen und stellt sie in einer gemeinsamen Mind-Map* dar.

Arbeitstechniken „Einen Sachtext lesen und verstehen", S. 226; „Sich auf eine Diskussion vorbereiten", S. 221

2 Diskutiert:
- Was haltet ihr von Körperschmuck?
- Welchen Körperschmuck habt ihr oder wollt ihr haben?
- Welche Meinung haben eure Eltern und Lehrer zu diesem Thema?

Mind-Map, S. 252

Wenn Juckreiz und Bläschen die Lust am Körperschmuck verleiden

Gesundheitsrisiko Piercing: Viele Jugendliche landen mit Allergien, Nervenschäden und Entzündungen in Arztpraxen.

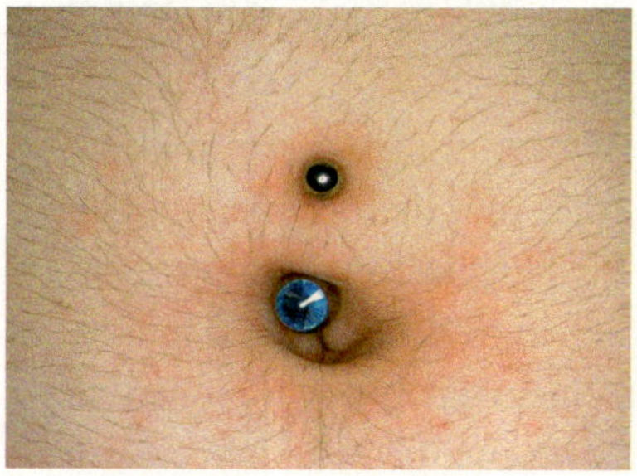

Gerade bei Jugendlichen liegt Piercing voll im Trend. Dabei ist das Durchstechen einzelner Körperteile zur Befestigung von Modeschmuck wie Ringen oder Stiften nicht ohne Risiko. Allergien, Nervenschäden oder Entzündungen bis zum Herauseitern des gepiercten Metalls können die Lust an der vermeintlichen Schönheit verleiden. Vor allem beim Einsetzen von nickelhaltigem Modeschmuck in die gepiercte Stelle reagiert der menschliche Körper oft mit einer Allergie.

„Meist kommt es bei einer Nickelallergie zu schwerem Juckreiz, Verdickung, Rötung und schuppender Haut", erklärt die Expertin. Auch Bläschen, blutende Einrisse und daraus folgende Ansteckungen durch Krankheitserreger seien möglich. Bestehe erst einmal eine bestimmte Empfindlichkeit, so bleibe sie ein Leben lang erhalten. Bei Hautkontakt mit nickelhaltigen Metallen wie beispielsweise Münzgeld könnten dann Allergien auftreten.
Bei einem Zungenpiercing besteht zudem die Gefahr von Zahnschäden, da das Schmuckstück kontinuierlich gegen den Zahnschmelz reiben kann. Zudem bestehe das Risiko, dass durch in Lösung gehende Bestandteile des Metalls Gewebeschäden hervorgerufen und Vergiftungserscheinungen ausgelöst werden.

Wird das Piercing unsachgemäß und unsauber durchgeführt, ist das Risiko von Gesundheitsschäden besonders hoch. So monierte die Stiftung Warentest bei einer Überprüfung von zehn Berliner Tätowier- und Piercing-Studios unsaubere Arbeitsgeräte oder verschmutzte Finger beim Personal. In der Hälfte der Studios liefen Hunde frei herum. Werde die Hygiene nicht eingehalten und würden unsaubere Geräte mehrfach verwendet, könnten lebensbedrohliche HIV-Erreger übertragen werden.

Grundsätzlich kritisierten die Tester, dass nur angelerntes Personal mit den offenen Wunden ihrer Kunden umgehe. Eine Ausbildung gebe es nicht. Ohne genaue Kenntnisse des menschlichen Körperbaus könnten beim Durchstechen von Zunge, Nasen oder Hautfalten jedoch leicht Nerven verletzt werden. Dann drohten Lähmungen von Körperteilen.

Bevor die Hohlnadel oder das Schussgerät zum Piercen angesetzt werden, muss der Kunde schriftlich in den Eingriff einwilligen. „Denn rechtlich gesehen ist Piercing Körperverletzung", sagt Markus Schimmelpfennig, ein Mitarbeiter im Gesundheitsamt Kassel. Jugendliche müssten daher immer auch die Erlaubnis ihrer Eltern vorweisen, sonst mache sich der Piercer strafbar.

Es wird empfohlen, den Körperschmuck in einer Hautarztpraxis anbringen zu lassen. Durch die Verwendung steriler Instrumente und Einmalartikel könnte die gesundheitliche Gefährdung gesenkt werden.

1 Erklärt folgende Fremdwörter: *monieren (Z. 24) – steril (Z. 44) – kontinuierlich (Z. 19) – reagieren (Z. 9).* Benutzt dazu die Begriffe: *aufeinander einwirken – keimfrei – beanstanden – ständig, unaufhörlich.*

Arbeitstechnik „Wörter (Begriffe) aus dem Zusammenhang erschließen", S. 226

2 Welche der Aussagen stehen sinngemäß so in dem Text?
1. Bei den Jugendlichen ist Körperschmuck immer weniger beliebt.
2. Ein Jugendlicher kann nicht selbst entscheiden, ob er sich piercen lässt oder nicht.
3. Eine Untersuchung hat ergeben, dass in vielen Piercing-Studios sehr schlechte hygienische Verhältnisse herrschen.
4. Das Personal in den Studios hat keine fachmännische Ausbildung für seine Tätigkeit.

3 In dem Text werden viele gesundheitliche Risiken genannt.
- Sucht sie heraus und fasst sie in Stichworten zusammen.
- Schreibt Maßnahmen auf, mit denen sich die gesundheitlichen Risiken bei Piercing verringern lassen.

4 Diskutiert, warum sich Menschen trotz der gesundheitlichen Risiken piercen lassen.

Arbeitstechnik „Sich auf eine Diskussion vorbereiten", S. 221

5 Wählt A oder B:

A: Eure Eltern sind gegen Piercing. Bittet in einem Brief um Erlaubnis, euch piercen zu lassen. Versucht, sie mit Argumenten zu überzeugen.

B: Eure Freundin / euer Freund will sich piercen lassen. Ihr seid dagegen. Überzeugt sie / ihn in einem Brief von eurer Meinung.

Gewalt auf dem Bildschirm

1 So wie ihr es mit dem Thema „Körperschmuck" gemacht habt, könnt ihr auch andere Themen erarbeiten. Bestimmt findet ihr in der Tageszeitung aktuelle Berichte, die euch reizen, etwas dazu zu sagen, z. B. „Gewalt im Fernsehen".

München (AP) Jürgen Barthelmes, Medienexperte beim Deutschen Jugendinstitut in München, appellierte am Montag an Eltern in ganz Deutschland, sich mehr Zeit für ihren Nachwuchs zu nehmen. Zu viel „Glotze" und Computer könnten einsame Kinder noch isolierter und aggressiver machen. Wenn die Eltern als Vorbilder ausfielen, wendeten sich die Kleinen immer stärker ihren Helden aus den elektronischen Medien zu, warnte auch Medienspezialist Jo Groebel von der Universität Utrecht. Zehn bis 15 Prozent der Kinder seien bereits in ihrer Entwicklung gefährdet …
Alltagsgewalt auf dem Schulhof, im Elternhaus oder auf den Straßen könne die Folge sein, gab Groebel zu bedenken: „Wenn der Held unbestraft morden oder den Gegner zerstören kann, spielt der Fußtritt in den Bauch eines Spielkameraden kaum mehr eine Rolle."
Barthelmes rief Mütter und Väter dazu auf, ihren eigenen elektronischen Medienkonsum immer wieder kritisch zu beobachten. „Vielsehende Kinder haben auch vielsehende Eltern", warnte er.

2 Sammelt zu eurem Thema Informationen und Meinungen und wertet sie aus.

3 Besorgt euch das Fernsehprogramm von 14 Tagen. Listet Sendungen und Filme auf,
- die eurer Meinung nach Gewalt darstellen,
- die keine Gewaltszenen enthalten,
- bei denen ihr unsicher seid.

4 Erstellt eine Übersicht, auf welchen Sendern besonders viel Gewalt gezeigt wird und wann diese Sendungen laufen.

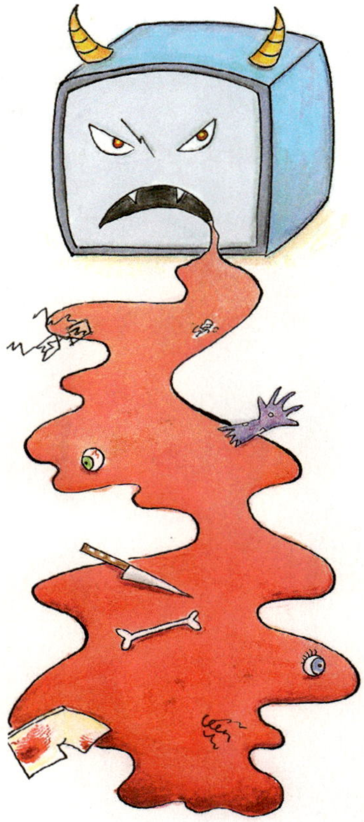

5 Untersucht das Programm an einem der folgenden Tage. Verteilt die Aufgaben so, dass möglichst unterschiedliche Sendungen überprüft werden. Schaut euch intensiv eine Stunde lang ein bestimmtes Programm an und notiert

- Titel, Sender, Uhrzeit,
- für wen die Sendung bestimmt ist,
- ob Gewalt dargestellt wird und wenn ja:
  - Um welche Art von Gewalt handelt es sich?
  - Von wem geht die Gewalt aus?
  - Wie lange dauern insgesamt Gewaltszenen?

6 Stellt in einer der nächsten Stunden euer Material zusammen. Zu welchen Ergebnissen kommt ihr? Habt ihr das vermutet?

7 Jetzt habt ihr schon sehr viele Informationen zu dem Thema gesammelt und zusammengestellt. Wie beurteilt ihr nun das, was täglich an Gewalt über die Bildschirme flimmert?

8 Lest eure Sätze vor und bildet Gruppen mit ähnlichen Meinungen. Überlegt euch Argumente* für eure Ansicht. Eines davon schreibt ihr auf ein Blatt Papier, das ihr den anderen Gruppen gebt. Ziel ist es, jemanden aus einer anderen Gruppe für eure Meinung zu gewinnen.

1+1

9 Wenn ihr die Argumente der anderen Gruppen erhalten habt, besprecht ihr sie. Vielleicht sind sie einleuchtend und jemand wechselt die Gruppe.
Die anderen versuchen, die Argumente zu entkräften. Schreibt eure Meinung dazu jeweils auf dasselbe Blatt und gebt das Schreiben wieder zurück. Diese „Schreibdiskussion" könnt ihr mit verschiedenen Argumenten mehrfach durchspielen.

10 Schreibt eure Meinung zu der folgenden Frage in einem zusammenhängenden Text auf:
Sollten Eltern ihren Kindern erlauben, alles im Fernsehen anzuschauen, was sie wollen?

11 Hängt eure Texte in der Klasse auf. Lest sie und diskutiert darüber.

Junge Menschen engagieren sich

Gedichte über das Leben im Alter

Friedeburg. Käthe Knoth weiß nicht, wie alt sie ist. Dafür kann sie aber eine ganze Menge von früher erzählen. Das beeindruckt die Schüler der achten Hauptschulklasse „Altes Amt Friedeburg" sehr. Im Dezember vergangenen Jahres waren sie im Rahmen eines Projektes des Deutschunterrichtes in der Seniorenbetreuung „Haus Friedeburg", um zu sehen, wie die älteren Menschen dort leben und wie sie ihren Tag verbringen. Sie spielten mit den Senioren Gesellschaftsspiele, sangen mit ihnen Weihnachtslieder, lasen Gedichte und Geschichten vor und fuhren die Leute, die nicht mehr laufen können, in ihren Rollstühlen spazieren. Ihre Eindrücke hielten sie in Gedichten fest.

Sie

Sie lernt das Sprechen
und wird älter

Sie lernt das Essen
und wird älter

Sie geht zur Schule,
lernt lesen und schreiben
und wird älter

Sie macht Karriere
und wird älter

Sie kommt nach einem Schlaganfall
ins Altenheim
und wird älter

und lernt alles wieder
von Anfang an
und wird älter und älter

A.S.

Kraft

Was tun wir
wenn wir alt und schwach sind
verziehen wir uns in die Ecke
und schauen uns an
was um uns geschieht
oder versuchen wir
alle Kraft
die wir noch haben
zu zeigen

F.K.

1 Man spricht oftmals vom „Kreislauf des Lebens". Wie spiegelt er sich in dem „Sie" Gedicht wider?

Arbeitstechnik „Ein Gedicht verstehen", S. 83, 224

2 Gebt den Inhalt des Gedichtes „Kraft" mit eigenen Worten wieder. Wie beantwortet ihr die Fragen, die darin gestellt werden?

3 „Junge Menschen engagieren sich" ist das Thema dieses Kapitels. Bereitet euch darauf vor, im Rahmen eines Projektes ältere Menschen in einem Seniorenheim zu besuchen. Entscheidet, wie ihr euch vorbereiten wollt:

- Alle bearbeiten gemeinsam die Arbeitsblätter ab Seite 57 und nach Absprache auch Wahlaufgaben von Seite 56.
- Ihr arbeitet frei nach einem Plan. Wie das geht, erfahrt ihr auf der nächsten Seite.

- *Kontakt aufnehmen*
- *Begegnungen proben*
- *Unternehmungen planen*
- *Texte schreiben*

Freies Arbeiten nach einem Plan

- Arbeitet selbstständig und fragt nur, wenn es nötig ist.
- Stört die anderen nicht bei ihrer Arbeit.
- Beendet erst eine Aufgabe, bevor ihr mit einer neuen beginnt.
- Nehmt für jede Aufgabe ein neues DIN-A4-Blatt, tragt die Überschrift und euren Namen ein.
- Legt die fertigen Blätter in den Kontroll- und Ablagekasten.

Hier bestimmt ihr selbst,

- welche Informationen ihr weitergeben wollt,
- mit welchem Arbeitsblatt ihr beginnt,
- in welchem Tempo ihr vorgeht,
- welche Wahlaufgaben ihr aussucht,
- ob ihr mit anderen zusammen oder alleine arbeitet.

1 Trefft die **Vorbereitungen:**

1. Bearbeitungszeitraum festlegen
2. Arbeitszonen einrichten, in denen nicht gesprochen werden darf
3. Schnellhefter und gelochtes DIN-A4-Papier für alle Schülerinnen und Schüler besorgen
4. Kontroll- und Ablagekasten für die Lehrerin oder den Lehrer einrichten

2 Stellt euren **Arbeitsplan** zum Projekt „Junge Leute engagieren sich" auf, z. B.:

Pflichtaufgaben

1. vier von fünf Arbeitsblättern auswählen und bearbeiten; die Arbeitsblätter 1 und 2 müssen von allen zuerst bearbeitet werden.
2. eine Seite als Titelseite gestalten
3. eine Aufgabe aus dem Wahlangebot aussuchen und bearbeiten
4. das Inhaltsverzeichnis anlegen und als zweite Seite einheften

Wahlaufgaben

1. einen Ablaufplan für eine Geburtstagsfeier erstellen
2. für ein Sommerfest das Programm entwerfen
3. Musik früher – heute gegenüberstellen
4. eine Einladung für ein Sommerfest, eine Geburtstagsfeier oder eine Weihnachtsfeier schreiben
5. einen Bericht über die Durchführung des Projektes verfassen

3 **Auswertung:**

- Besprecht den Verlauf des Projektes.
- Diskutiert, wie ihr andere informieren wollt, z. B. durch eine Zeitung, eine Homepage, …

Arbeitsblatt 1

Einen sachlichen Brief schreiben

1 Wenn man so ein Projekt durchführen will, muss man sich in dem Heim offiziell anmelden. Das geschieht meist mit einem Brief.
Notiert in Stichworten, welche Angaben in dem Brief nötig sind, und was ihr über euer Vorhaben mitteilen müsst, z. B.:
Anschrift, Absender, …

Gestaltung eines Anschreibens, S. 64 f.

2 Beim Schreiben eines sachlichen Briefes muss man formale und inhaltliche Vorschriften einhalten:

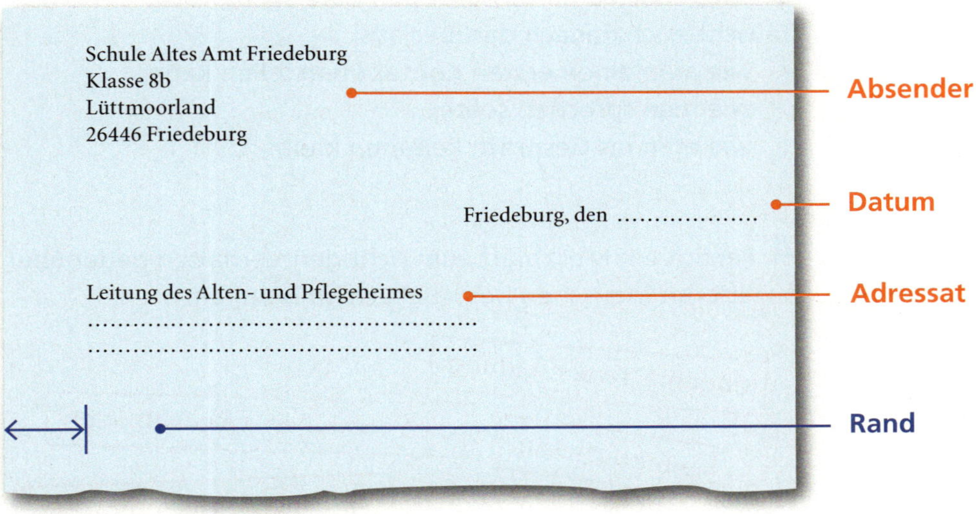

3 Verfasst einen Brief an ein Alten- und Pflegeheim eurer Wahl. Verwendet eure Notizen aus Aufgabe 1.

4 Vergleicht eure Briefe:
- Wurden die formalen Anforderungen erfüllt?
- Kann der Empfänger genau verstehen, was die Verfasser möchten?

1+1

5 Korrigiert eure Briefe, falls nötig. Schreibt sie danach sauber ab (mit der Hand oder mit dem Computer). Lasst die Rechtschreibung vom Rechtschreibprogramm und/oder einem Partner prüfen.

KLICK

6 Sprecht in der Klasse ab, welcher Brief tatsächlich abgeschickt werden soll. Legt zum Schluss alle Briefe in den Kontroll- und Ablagekasten.

Höflich sein ist „in“

1+1

1 Wie verhält man sich gegenüber älteren Menschen?
Übt in einem Rollenspiel, wie ihr euch gegenüber älteren Menschen beim ersten Besuch im Seniorenheim verhalten solltet.

2 Wechselt die Rollen, sprecht nach jedem Spiel über eure Verhaltensweisen:
anklopfen – grüßen – sich vorstellen, …

3 Spielt auch anderen Gruppen eure Szenen vor.
Tauscht euch danach darüber aus,
- wie man einen ersten Kontakt herstellen kann,
- wie man sprechen sollte,
- wie man ins Gespräch kommen kann,
- …

4 Fertigt ein Merkblatt zum richtigen Verhalten gegenüber älteren Menschen beim Besuch im Heim an.

angemessene Kleidung
pünktlich sein
sich vorstellen, verabschieden
zuhören
laut und deutlich sprechen
saubere Hände
Kaugummi
Frisur

Benimm-Regeln

- *Beim Essen*
  …
- *Ein Gespräch beginnen*
  …
- *Wenn ich etwas nicht verstanden habe*
  …

Arbeitsblatt 3

Eine Ballade vortragen

1 Viele ältere Menschen hören gern Gedichte. Sie erinnern sie an ihre Schulzeit und an ihre Jugend. Oft können sie noch viele Texte auswendig aufsagen.
Bereitet die folgende Ballade für einen Vortrag vor. Den vollständigen Text findet ihr auf Seite 104.

2 Besonders wirkungsvoll wird euer Vortrag, wenn ihr zu Beginn etwas über den Dichter und die Entstehung des Werkes sagen könnt.
Lest die Informationen über Fontane und über den Hintergrund des Schiffsunglücks. Fasst den Inhalt mit eigenen Worten zusammen.

John Maynard
Theodor Fontane

John Maynard!
„Wer ist John Maynard?“
„John Maynard war unser Steuermann,
Aus hielt er, bis er das Ufer gewann,
Er hat uns gerettet, er trägt die Kron‘,
Er starb für uns, unsre Liebe sein Lohn.
John Maynard.“

Theodor Fontane ist einer der bedeutendsten Dichter der deutschen Literatur. Er lebte von 1819–1898. In einigen Balladen gestaltete er Ereignisse, von denen er gelesen oder gehört hatte. So verwendete er auch die folgenden Informationen über ein Schiffsunglück auf dem Eriesee in einer Ballade:
Am 9. August 1841, abends kurz nach 8 Uhr, fing das Passagierschiff „Erie“ in der Nähe von Silver Creek im Eriesee Feuer. Kapitän Titus befahl dem Steuermann Luther Fuller, das Schiff auf Land zu setzen. Aber bevor das Schiff die Küste erreicht hatte, brannte die Steueranlage durch, und 249 Passagiere kamen ums Leben. Fuller verließ mit schweren Verbrennungen als letzter Mann das Schiff, überlebte jedoch das furchtbare Unglück. Er starb am 22. November 1900 als Trinker im Armenhaus Pennsylvania (Bezirk Erie) unter dem angenommenen Namen James Rafferty. Kapitän Titus, der ebenfalls überlebte, ließ den Steuermann allerdings unter den 249 Toten eintragen.

3 Ein Gedicht kann man umso wirkungsvoller vortragen, desto besser man den Inhalt verstanden hat. Worum geht es in der Ballade John Maynard?

Ballade „John Maynard“, S. 104

4 Kopiert das Gedicht. Markiert darin Stellen, wo ihr z. B. Pausen machen, stärker betonen, lauter oder leiser sprechen wollt.

Arbeitstechnik „Ein Gedicht wirkungsvoll vortragen“, S. 225

5 Schreibt das Gedicht ab. Gestaltet das Blatt als Schmuckblatt zum Verschenken.

Erlebnisse aufschreiben

1 Ältere Menschen erzählen oft gern aus ihrer Jugendzeit. Das ist eine gute Gelegenheit für euch, etwas aus früherer Zeit zu erfahren. Überlegt, welche Themen euch besonders interessieren, z. B.:
Kleidung, Musik, Maschinen, Ereignisse, …

2 Bereitet euch auf ein Gespräch vor.
Notiert Fragen zu den Themen, über die ihr etwas erfahren möchtet. Lasst dahinter Platz für die Antworten, z. B.:

Wir hören heute eine Musik, die Ihnen bestimmt ganz fremd erscheint. Wie war das eigentlich zu ihrer Jugendzeit?	*Zu meiner Zeit haben wir …*
Meinen Eltern gefällt meine Kleidung manchmal gar nicht. Gab es wegen der Kleidung auch früher Konflikte mit den Eltern?	*Naja, …*

TIPP!

Manchmal ist es auch gut, wenn man einfach nach dem Lebenslauf des Gesprächspartners fragt.

Lebenslauf, S. 66

3 Entscheidet, zu welchem Thema ihr ein Arbeitsblatt gestalten wollt, z. B.:

- Gegenüberstellung
  Musik gestern – Musik heute
- Gegenüberstellung
  Kleidung gestern – Kleidung heute
  Lebenslauf von Herrn …/Frau …

4 Gestaltet euer Arbeitsblatt. Nutzt dazu eure Notizen. Überlegt, welche Materialien ihr verwenden und wie ihr sie anordnen könnt.

TIPP!

Verwendet Fotos, Illustrationen, Zitate und interessante Zwischenüberschriften.

Arbeitsblatt 5

Gedichte schreiben

Greisin
Walter Helmut Fritz

Immer mehr Menschen.
Aber sie ist allein.

Die Welt überfüllt
Und doch leer.

Die Jahre kälter,
ein Korridor.

Schatten bleiben
Überall hängen,
sind deutlicher
als Fenster und Tür.

Alles weggerückt,
selbst der Tisch,
an dem sie sitzt.

1 Beschreibt die Alltagssituation der Greisin, die in dem Gedicht gezeigt wird.

2 Betrachtet das Foto der alten Frau. Welche Gedanken gehen euch dabei durch den Kopf? Sammelt sie in einem Ideennetz, z. B.:

starren
...

allein
einsam
...

Alter

Stille
Ruhe
...

...

3 Notiert eure Gedanken auch in Vergleichen, z. B.:
- *still wie im Wald*
- *leere Augen ...*

4 Schreibt mithilfe des Ideennetzes selbst ein Gedicht. Dabei könnt ihr euch an dem Gedicht „Die Greisin" und an den Gedichten auf Seite 55 orientieren.

TIPP!
Sammelt die Gedichte, gestaltet Schmuckblätter und veröffentlicht sie auf der Schulhomepage.

Deine Bewerbung – deine Chance

Schülerinnen und Schüler einer Schule arbeiten während eines vierwöchigen Betriebspraktikums in der Ausbildungswerkstatt eines großen Konzerns im Rhein-Main-Gebiet. Außerdem arbeiten sie dort an Praxistagen, die im gesamten Schuljahr stattfinden. Sie können dabei die unterschiedlichen Berufe im Metall- und Elektrobereich (z. B. Mechatroniker/in) sowie im kaufmännischen Bereich (z. B. Industriekaufleute oder Kaufleute für Bürokommunikation) kennen lernen. Darüber hinaus erhalten sie Einblicke in das Berufsbild Technischer Zeichner, wobei der Arbeitsschwerpunkt in der CAD-Detailkonstruktion (Computer Aided Design) liegt. Die Schüler profitieren von dieser Zusammenarbeit und können umfangreiche und wichtige Erfahrungen sammeln, die ihnen bei ihrer Berufswahl helfen. Allerdings machen einige von ihnen auch die ungewohnte Erfahrung, dass der Leiter der Abteilung Aus- und Weiterbildung nicht alle Schüler zum Praxistag zulässt. In einem Gespräch mit zwei Schülervertretern erläutert er seine Sichtweise.

1 Lest die Informationen und das folgende Gespräch.

Ein Gespräch mit dem Leiter der Abteilung „Aus- und Weiterbildung"

Schüler: Herr Kraft, wir bedanken uns zunächst bei Ihnen, dass Sie als Führungskraft Ihrer Firma heute Zeit für uns gefunden haben, um uns zu erklären, warum Sie drei Schülerinnen und Schüler aus dem 8. Jahrgang nicht zum Praxistag zugelassen haben.
Kraft: Zuerst einmal: Im Rahmen unserer Partnerschaft ist es eine Selbstverständlichkeit

für mich, dass wir heute zusammengekommen sind, um das einmal in Ruhe zu besprechen. Die drei waren zwar von eurer zuständigen Lehrerin angekündigt worden und wir hatten Plätze reserviert, aber alle drei waren nicht bereit oder nicht in der Lage, eine einigermaßen annehmbare Bewerbung vorzulegen.

Schüler: Das müssen Sie uns näher erklären!

Kraft: Wie gesagt, Tina hat überhaupt keine Bewerbungsunterlagen abgegeben und die Unterlagen von Tobias und Mario waren, na ja, ersparen wir uns das.

Schüler: Aber die beiden haben doch immerhin etwas abgegeben.

Kraft: Aber was und wie! Der Lebenslauf und das Zeugnis fehlten ganz. Das Bewerbungsschreiben war voller Fehler, der angestrebte Beruf war nicht erwähnt. Auf andere Unterlagen, Bescheinigungen und Nachweise verzichten wir ja jetzt noch in Absprache mit eurer Lehrerin. Die Bewerbungsmappen, die man sogar kaufen kann, finde ich sowieso zu aufwändig. Auch bei den „richtigen" Bewerbungen sind Klarsichtfolien und fertige Mappen nicht unbedingt die ausschlaggebenden Faktoren. Da genügt auch ein normaler Schnellhefter. Wichtig ist: Die Unterlagen müssen stimmen, d. h. sie müssen vollständig und wahrheitsgemäß sein: Das Bewerbungsschreiben, ein Lebenslauf, die letzten 3 Zeugnisse und eventuelle weitere wichtige Nachweise und Bescheinigungen. Ein gesondertes Deckblatt kann das Interesse beim Leser wecken.

Schüler: Und sagen Sie uns doch zum Schluss bitte auch noch etwas zu der Form des Lebenslaufs. Ein Lehrer aus dem 8. Jahrgangsteam hat einen handgeschriebenen ausformulierten Lebenslauf von den Schülern verlangt.

Kraft: Gut. Das Deckblatt ist erst bei der wirklichen Bewerbung in einem Jahr notwendig, aber wie gesagt, Bewerbungsschreiben, Lebenslauf und Zeugnisse sind Bedingung. Den Lebenslauf haben wir lieber in tabellarischer Form. Den Grund versteht ihr sofort. Wir haben über 1000 Bewerbungen für unsere Ausbildungsstellen. Da müssen wir uns schnell für eine erste Vorauswahl informieren. Bei Online-Bewerbungen müssen auf jeden Fall alle Unterlagen schriftlich nachgereicht werden. Kleinere Firmen wünschen manchmal einen handgeschriebenen Lebenslauf.

Schüler: Herr Kraft, Sie haben einiges geklärt, und wir werden das unseren Mitschülern weitergeben. Wir bedanken uns für dieses Gespräch.

2 Beantwortet folgende Fragen:

1. Welche Ausbildungsberufe werden im ersten Text genannt?
2. In welchem Zeitrahmen arbeiten die Schüler des 8. Schuljahres in diesem Betrieb?
3. Warum wurden die drei Schülerinnen und Schüler abgelehnt?
4. Was sind die wichtigsten Bestandteile der Bewerbungsunterlagen?
5. Welche Form des Lebenslaufs wird in der Regel gewünscht?

Bewerbungsschreiben für das Betriebspraktikum

Marius Mirow
Zum Jugendheim
84587 Gelsenkirchen
Tel. (033 35) 302 01

KH Wärmetechnik GmbH
Personalabteilung
Dieselstr. 44

44147 Dortmund

16. April 2006

Betriebspraktikum als Heizungsinstallateur
Liste der Ausbildungsbetriebe in unserer Schule

Sehr geehrte Damen und Herren,

ich bewerbe mich im Rahmen des Betriebspraktikums unserer Schule als Praktikant in Ihrem Betrieb, um die Arbeiten und die Ausbildung eines Heizungsinstallateurs kennen zu lernen.

Ich besuche zurzeit die Gesamtschule in Gelsenkirchen-Buer, die ich im Sommer 2007 mit dem Hauptschulabschluss verlassen werde.

Für das Praktikum in Ihrem Betrieb habe ich mich entschieden, weil ich gerne Reparatur- und Installationstätigkeiten durchführe.
Ich möchte mich gerne bei Ihnen vorstellen und würde mich sehr über eine Einladung zu einem Gespräch freuen.

Mit freundlichen Grüßen

Marius Mirow
Marius Mirow

Anlagen:
Lebenslauf mit Foto,
Zeugniskopie

1 Worum geht es in diesem Bewerbungsschreiben? Wie begründet der Verfasser seine Bewerbung?

2 Entwerft nach diesem Muster ein Bewerbungsschreiben mit euren Daten für ein Betriebspraktikum oder einen Praxistag.

In Form gebracht

Name und Anschrift des Absenders

Vollständige Anschrift der Firma

Aktuelles Datum

Betreff und Bezug
(Um welches Betriebspraktikum geht es, woher weiß man davon?)

Anrede
(Wenn kein Name bekannt ist, schreibt man: „Sehr geehrte Damen und Herren!“)

Bewerbungssatz im Text
Begründung für die Bewerbung
Darstellung der augenblicklichen Tätigkeit
Hinweis auf Vorstellungswunsch

Grußformel und handschriftliche Unterschrift

Anlagenhinweis

1 Erarbeitet eine endgültige Fassung eures Bewerbungsschreibens.

Arbeitstechnik „Korrektur lesen“, S. 167/229

Arbeitstechnik „Ein Bewerbungsschreiben verfassen“, S. 223

2 Tauscht die Schreiben untereinander aus und überprüft sie. Ihr könnt dazu die folgenden Checklisten nutzen:

1+1

Äußere Form

- sauberes weißes DIN-A4-Papier verwenden
- Seitenränder einhalten
- den Text gleichmäßig auf der Seite verteilen, in Absätze gliedern
- handschriftliche Fassung klar und sauber schreiben
- handschriftliche Unterschrift nicht vergessen

Sprache und Stil

- Rechtschreibung, Zeichensetzung und Worttrennung überprüfen
- Anredepronomen großschreiben
- Sätze auf Vollständigkeit überprüfen
- passende Ausdrücke wählen, Umgangssprache vermeiden
- alle Bezüge im Satz kontrollieren
- Wortwiederholungen eventuell durch andere Wörter ersetzen

Lebenslauf

Robert Kaeppel
Im Rosenbusch
89079 Ulm

Lebenslauf

Mein Name ist Robert Kaeppel. Ich wurde am 20.01.1992 in Stuttgart als zweiter Sohn des Einzelhandelskaufmanns Toni Kaeppel und seiner Frau Monika geboren.
Meine Schwester Sarah ist fünf Jahre älter und studiert in München.
Ich besuchte von 1998 bis 2002 die Grundschule in Stuttgart. Danach zogen meine Eltern nach Ulm um. Dort besuche ich seit 2002 die Franz-Josef-Strauss-Schule und bin im Moment in der 8. Klasse der Hauptschule. Ich spreche sehr gut Englisch (Note 1), und meine Noten sind insgesamt so gut, dass ich hoffe, den qualifizierten Hauptschulabschluss machen zu können. Ich spiele seit vier Jahren Saxophon und bin Mitglied des Ulmer Blasorchesters. Außerdem treibe ich gerne Sport. Ich bin Mitglied der Jugendfußballmannschaft TC Ulm und spiele auch in unserer Schulmannschaft mit. Seit 2003 helfe ich meinem Vater in seinem Handelsgeschäft bei der elektronischen Datenverarbeitung.

Ulm, im März 2005

Robert Kaeppel

Tabellarischer Lebenslauf

Name:	Robert Kaeppel
Anschrift:	
Geburtsdatum:	
Geburtsort:	
Familie:	Vater Mutter Schwester
Schulbildung:	
Sprachkenntnisse:	Englisch, Schulkenntnisse
Verschiedene Kenntnisse und Fähigkeiten:	Mithilfe im Handelsgeschäft meines Vaters bei …

Ulm, im März 2005

Robert Kaeppel

TIPP!

Für eine Bewerbung genügt in der Regel ein tabellarischer Lebenslauf.

1 Vergleicht die beiden Lebensläufe. Sprecht über Vor- und Nachteile der beiden Formen.

2 Übertragt den tabellarischen Lebenslauf auf ein DIN-A4-Blatt und ergänzt dabei die Lücken mithilfe des ausführlicheren Lebenslaufes. Vergleicht eure Ergebnisse.

3 Bereitet nun euren eigenen Lebenslauf vor. Notiert zuvor Stichworte.
- Ihr könnt die einzelnen tabellarischen Punkte aus dem Beispiel übernehmen, könnt aber auch eigene Punkte entwickeln.
- Achtet dabei auf diese Reihenfolge:
  zuerst die persönlichen Daten, danach die Schulbildung, am Ende besondere Kenntnisse und Hobbys.

- eure persönlichen Daten
- Schulbildung
- besondere Kenntnisse
- Fortbildungen
- zu Freizeitaktivitäten und Hobbys

4 Etwas knifflig ist die Tabelle am Ende, wenn es um die besonderen Kenntnisse und Freizeitaktivitäten geht.

- Stellt eure besonderen Kenntnisse, Aktivitäten und Vorzüge mündlich in der Klasse vor.
- Beratet euch gegenseitig, welche Kenntnisse, Aktivitäten und Vorzüge ihr in euren Lebenslauf aufnehmen könnt. Zum Beispiel können auch eine Vereinstätigkeit, ein Schwimmnachweis des DLRG oder ein Ferienjob aufgeführt werden.

TIPP

Hier könnt ihr auswählen:
Ehrenämter
besondere Fähigkeiten
Lieblingsfächer
zusätzliche Kenntnisse
Hobbys und Freizeit
Fortbildung
Vereinsmitgliedschaft
zusätzliche Qualifikationen
Tätigkeiten und Jobs

5 Jetzt könnt ihr euren tabellarischen Lebenslauf gestalten.

- Arbeitet am Computer mithilfe eines Textverarbeitungsprogramms oder schreibt äußerst sauber mit der Hand.
- Informiert euch, wie ihr euer Blatt einteilen müsst und was außerdem beachtet werden muss:

Diese Punkte müsst ihr beachten

- unliniertes weißes DIN-A4-Papier verwenden
- Linienpapier mit Markierung unterlegen
- Bewerbungsfoto (kein Urlaubsbild oder halbseitiges Porträtfoto) aussuchen
- den Text gleichmäßig auf der Seite verteilen, in Absätze gliedern
- Mindestränder beachten
- korrekte Angaben machen, keine zeitlichen Lücken lassen
- Schreib- oder Tippfehler unbedingt vermeiden – Korrekturprogramm verwenden
- Korrektur lesen
- Ort, Datum und handschriftliche Unterschrift nicht vergessen

Rand: 2,5 cm

Lebenslauf

Name:	Zelika Mandić
Anschrift:	Im Rosenbusch 24 89079 Ulm
Geburtsdatum:	20. Januar 1982
Geburtsort:	Zagreb
Familie:	Vater: Goran Mandić Mutter: Monika Mandić Schwester: Elena Mandić
Staatsangehörigkeit:	deutsch
Schulbildung:	1988 – 1991 Grundschule in Zagreb 1991 – 1993 Grundschule in Ulm 1993 – 1998 Hauptschule 1999 Realschulabschluss
Praktikum:	4 Wochen bei Holzblasinstrumentenbauer Anton Müller
Abschlüsse:	Hauptschulabschluss 1998, Realschulabschluss 1999
Sprachkenntnisse:	Kroatisch, fließend Englisch, Schulkenntnisse
Besondere Kenntnisse und Fähigkeiten:	Mithilfe im Geschäft meines Vaters bei der elektronischen Datenverarbeitung, Gitarre spielen seit 4 Jahren, Mitglied des Schulorchesters

Ulm, im März 1999
Zelika Mandić

+6 Manchmal wird ausdrücklich ein handschriftlicher ausführlicher Lebenslauf gefordert.
Versucht einmal, euren Lebenslauf fehlerfrei mit der Hand aufzuschreiben. Beachtet dabei auch die Einhaltung der richtigen Form.
Bei jedem Fehler müsst ihr neu beginnen.

TIPP

Besorgt euch billiges Kopierpapier. Vergesst nicht, den Papierkorb in die Mitte der Klasse zu stellen.

Arbeitstechnik „Korrektur lesen“, S. 167, 229

Aufgaben und Tätigkeiten

Kellner / Kellnerin

Koch / Köchin

Konditor / Konditorin

Fleischer

Landwirt / Landwirtin

Bürokaufmann / Bürokauffrau

Berufskraftfahrer

Gemüsehändler / Gemüsehändlerin

Bäcker

Fachkraft für Lebensmitteltechnik

Barkeeper

Sommelier

TIPP!

Informationen über diese Berufe findet ihr
- in dem Buch „Berufe aktuell"
- bei Arbeitsagenturen
- unter den Internetadressen:
  http://berufenet.arbeitsamt.de
  http://www.arbeitsagentur.de

1 Mitarbeiterinnen und Mitarbeiter aus vielen verschiedenen Berufen sind daran beteiligt, dass man in einem Restaurant speisen kann.
Welche Berufe sind das?

2 Was wisst ihr über Aufgaben und Tätigkeiten in diesen Berufen?

3 Lest, was eine Speisewagenkellnerin über ihren Beruf geäußert hat.

Katrin Faller, Speisewagenkellnerin, an ihrem Arbeitsplatz im ICE 502

1 Guten Tag. Ja, ich arbeite schon vier Jahre als Speisewagenkellnerin.

2 Nun, ich begrüße unsere Gäste, ich informiere sie über unser Angebot und empfehle ihnen Speisen und Getränke, ich nehme die Bestellungen auf und serviere dann. Natürlich muss ich auch kassieren und am Ende meiner Schicht die Abrechnung machen. Wir müssen auch den Überblick über den aktuellen Lagerbestand behalten und rechtzeitig nachbestellen. Die Organisation gehört halt auch dazu.

3 Ja, dann werben wir für unser Bordrestaurant. Da benutzen wir auch die Lautsprecheranlage. Da muss man sich vorher gut überlegen, was man sagen will.

4 Nein, die Ausbildung habe ich nicht im Zug, sondern in einem großen Innenstadt-Restaurant gemacht.

5 Drei Jahre. Man macht erst eine Zwischenprüfung, dann eine Abschlussprüfung.

6 Man lernt, wie man Speisen zubereitet, die Gästeräume und die Tische herrichtet, wie man Gäste betreut, wie die Arbeiten am Tisch zu verrichten sind. Man lernt allerhand über Speisenfolgen und Getränke, aber auch über die Abrechnung und die Organisation. Und man braucht auch eine ganze Menge an Theorie – Nahrungsmittelkunde, Ernährungskunde, Hygiene.

7 Man ist ja den ganzen Tag auf den Beinen, auch abends und nachts, da braucht man schon eine gewisse körperliche Fitness und Geschicklichkeit. Außerdem braucht man Takt und gute Umgangsformen, ein gutes Personengedächtnis, Teamfähigkeit, Hygienebewusstsein. Man muss auch mit schwierigen Gästen zurechtkommen. Und bei uns braucht man Fremdsprachenkenntnisse. Na, und wer schwach im Rechnen ist, der erlebt spätestens bei der Abrechnung sein blaues Wunder.

8 Na ja, im Restaurant tragen wir fünf Teller heiße Suppe auf einmal an den Tisch. Das ist im Zug schon etwas heikel.

9 Gern geschehen. Was darf ich Ihnen denn bringen?

4 Schreibt auf, was der Interviewer gefragt haben könnte.

5 Stellt Informationen über den Beruf der Restaurantfachkraft zusammen.
Ordnet die Informationen folgenden Stichworten zu:
Tätigkeiten – Anforderungen – Ausbildung – Betrieb.

Einen Erkundungsbogen vorbereiten

1 Wenn ihr in einem Betrieb einen Arbeitsplatz erkunden wollt, solltet ihr einen Erkundungsbogen vorbereiten. Darauf könnt ihr festhalten, was ihr über einen Arbeitsplatz erfahrt.
Hier findet ihr einen Vorschlag. Überlegt, was für euch passt und was ihr umstellen oder ergänzen wollt.

Erkundungsbogen

Datum der Erkundung: .... Uhrzeit: .... bis ....

	Persönlicher Eindruck
1. Tätigkeiten:	…
2. Anforderungen:	…
3. Ausbildung:	…
4. Betrieb:	…
5. …	…

2 Auch diese Informationen können wichtig sein.
Wählt Stichworte aus und ergänzt den Erkundungsbogen:

- Werkzeug, Geräte
- Beschreibung des Arbeitsplatzes
- Verdienst
- mögliche Belastungen
- Arbeitszeit
- das Interessante und Reizvolle an der Arbeit
- wichtige Fachbegriffe und ihre Erklärung
- Besonderheiten, Bemerkungen
- Arten der Informationen
  (Gesprächspartner, Rundgang, Zusehen, Mitarbeit)

3 Überlegt, welche Fragen ihr stellen müsst, um zu den Stichworten Informationen zu erhalten. Notiert sie.

Einen Arbeitsplatz beschreiben

1 Verfasst für eure Mitschüler eine Beschreibung des erkundeten Arbeitsplatzes. Klärt dazu folgende Fragen:

- Auf dem Erkundungsbogen habt ihr viele Informationen festgehalten. Welche sind für Leser interessant und wichtig, welche nicht?
- Was müsst ihr einleitend erklären, damit man einen ersten Überblick bekommt?
- Welche Fachbegriffe müsst ihr verwenden, wie kann man sie erklären?
- Wollt ihr zusätzlich zu den Sachinformationen auch eure persönlichen Eindrücke wiedergeben? An welcher Stelle passt das am besten?
- Könnt ihr eure Beschreibung mit Fotos, Zeichnungen oder anderen Materialien illustrieren?

2 Entscheidet euch nun für eine der drei Möglichkeiten:

Ausführliche Arbeitsplatzbescheibung

Die Aufgaben einer Speisewagenkellnerin sind vor allem Beratung, Bestellannahme, das Servieren und das Kassieren. Wie in einem Restaurant ...

Tabellarische Arbeitsplatzbeschreibung

Arbeitsplatz:	*Restaurantfachkraft im Gasthof „...“*
Aufgaben:	*Begrüßung und Betreuung*

Persönliche Arbeitsplatzbeschreibung (Ich-Form)

Ich wollte den Arbeitsplatz einer Restaurantfachkraft erkunden und habe mich dazu an Herrn Ebendorfer vom Burghotel Hirschen gewandt. Ich traf ihn vormittags gegen 11 Uhr bei der Vorbereitung ...

3 Bittet Mitarbeiter des Betriebes, in dem ihr zur Erkundung wart, eure Beschreibung zu prüfen. Korrigiert und ergänzt, wenn nötig, und schreibt euren Text gut lesbar auf.

KLICK

Arbeitstechnik „Korrektur lesen“, S. 167, 229

4 Besprecht, wie ihr die Beschreibungen anderen zugänglich machen könnt, z. B.:

- Aushang in der Klasse oder in der Schule,
- für die Klasse vervielfältigen,
- eine Infomappe anlegen.

Betriebspraktikum – jetzt geht es los!

1 Im 8. Schuljahr führt ihr euer erstes Betriebspraktikum durch. Tauscht euch darüber aus, was eurer Meinung nach alles zu einer guten Vor- und Nachbereitung gehört.

Unterschiedliche Tagesberichte kennen lernen

1 Eindrücke, die man während des Praktikums hat, und Erfahrungen die man in dieser Zeit sammelt, werden in Praktikumsberichten festgehalten.
Seht euch das folgende Beispiel an und besprecht, wen und worüber solche Berichte informieren sollen.

Praktikumsberichte (Aktiv/Passiv), S. 200 ff.

Tagesbericht Dienstag, den 09.03.20 . .

Zeit	Ort	Tätigkeiten	Arbeitsmittel	Arbeitsablauf
5.30–6.00	Friedeburg-Emden	Fahrt zur Arbeitsstätte		
6.30–10.00	Fa. Windkraft Emden, Fertigungshalle für Schaltanlagen	Schutzschlauch in die dafür vorgesehene Verschraubung eingeführt Verschraubung mit Rohrzange festgezogen	Verteilerkasten der Anemometerheizung Kabel Schutzschlauch Rohrzange	1. den Kabelschutzschlauch in den vorgesehenen Löchern des Verteilerkastens der Anemometerheizung verschrauben 2. mit einer Rohrzange festziehen
10.00–10.15	Aufenthaltsraum	Frühstückspause		
10.15–12.30	Fa. Windkraft Emden, Fertigungshalle für Schaltanlagen	Schutzschlauch zurechtgeschnitten Kabel durchgeführt Schrumpfschlauch über Schutzschlauch geschoben verschrumpft	Verteilerkasten der Anemometerheizung Spiralrohre Schutzschlauch Kabel (3-mal 1,5 Nym, 2-mal 1,0 Nym) Heißluftföhn	1. den Schutzschlauch zurechtschneiden (Maße: 150 cm) 2. den Schrumpfschlauch über den Schutzschlauch schieben 3. mit einem Heißluftföhn bei 400 Grad verschrumpfen
12.30–13.00	...	...	...	...

Simon Gastmann

Der dritte Tag 03.03.06

Heute begann mein Arbeitstag erst um 12.00 Uhr.

Zu Anfang kontrollierte ich gemeinsam mit Herrn Genske alle Umkleideschränke. Dabei achteten wir besonders auf Folgendes: Die Verankerung der Schränke, die Schlösser und die Schlüsselbänder. Um 11.00 Uhr ging ich in die Schwimmhalle; ich führte dort gemeinsam mit dem Schwimmmeister die Aufsicht. Eine Gruppe von kleinen Kindern wollte ihr Schwimmabzeichen ablegen. Zuerst schrieb ich alle Namen und das Geburtsjahr auf. Dann begannen die Kinder mit der ersten Übung, dem Zeitschwimmen. Ich stoppte die Zeit. Nach der ersten Übung und einer kleinen Pause warf ich für jedes Kind einen Ring ins Wasser, den es anschließend heraufholte. Alle Kinder erhielten ihr „Seepferdchen". Dies alles dauerte bis 17:30 Uhr. Danach hatte ich eine kleine Pause, bevor ich weiter Aufsicht führte. Meine Arbeitszeit endete um 18:30 Uhr.

Heike Dirks

heute · am Abend · bis · dann · endlich · bald · nachher · während · solange · nachdem · als · sobald · jetzt · bevor · darauf · danach · nach dem Mittagessen · um 12.00 Uhr · sooft

Arbeitstechnik „Einen Bericht schreiben", S. 222

2 Welche Berufe haben die Schüler (siehe auch Bericht, S. 73) in ihrem Praktikum vermutlich kennen gelernt?

3 Wodurch unterscheiden sich die beiden Berichte? Vergleicht z. B. Aufbau, Satzbau, Verbformen.

4 In einem ausführlichen Bericht ist es nicht immer ganz einfach, die einzelnen Sätze sinnvoll zu verknüpfen. Untersucht, welche verbindenden Wörter die Verfasserin des Berichtes, S. 74 oben, verwendet hat.

5 Verfasst mithilfe der folgenden Stichworte einen ausführlichen Tagesbericht. Verknüpft eure Sätze sinnvoll, z. B.:
Heute begann mein Arbeitstag im Supermarkt bereits um 7.30 Uhr. Nachdem ich mir meinen Kittel angezogen hatte, ...

- Ankunft im Supermarkt um 7.30 Uhr
- Kittel anziehen
- die angelieferte Ware in die richtigen Regale einräumen
- Frühstückspause um 10.00 Uhr
- weiter Regale einräumen
- Ware aus dem Lager holen
- einer Kundin Tasche zum Auto tragen

Die passende Form finden

1 Es gibt unterschiedliche Möglichkeiten, Tagesberichte zu schreiben. Fertigt zwei verschiedene Vordrucke an, z. B.:

KLICK

Tagesbericht vom: ....

Zeit	Ort	Tätigkeiten	Arbeitsmittel	Arbeitsablauf

Praktikumstagebuch
Name: ....
In Firma: ....
Datum vom .... bis .... Arbeitszeit von .... bis ....
...

2 Verfasst mithilfe der Angaben in dem Kasten einen Tagesbericht. Verwendet für den Bericht einen eurer Vordrucke. Ihr könnt ihn auch durch selbst erfundene Angaben ergänzen.

Arbeitstechnik „Einen Bericht schreiben", S. 222

... – Arbeitsbeginn 07.00 Uhr – Blaumann – Besprechung mit dem Meister – Reifenwechsel/Waschen eines PKWs – Geselle Wagen zur Hebebühne – Werkzeugwagen – Entfernen der Radkappen – Lösen der Muttern – Heben des Wagens – Entfernen der Muttern – Wechseln der Reifen – Einschrauben der Muttern – Senken des Wagens – Festziehen der Muttern mit Drehmomentschlüssel – Befestigung der Radkappen – Geselle Wagen zum Parkplatz – Aufräumen des Arbeitsplatzes – Wagenwäsche – Frühstückspause – ...

3 Tauscht eure Ergebnisse aus. Korrigiert, wenn nötig. Achtet dabei besonders auf
- die Verbformen im tabellarischen Tagesbericht,
- die Verknüpfungen der einzelnen Sätze im ausführlichen Tagesbericht.

1+1

4 Schreibt zu Hause den Tagesbericht noch einmal. Verwendet jetzt den anderen Vordruck.

5 Entscheidet anschließend, welche Vordrucke ihr in eurem Praktikum verwenden wollt.

Einen Abschlussbericht verfassen

+1 Am Ende eines Praktikums sollt ihr einen Abschlussbericht schreiben, z. B.:

Abschlussbericht

Die Schule „Altes Amt Friedeburg" führte vom 1. bis 16. April 2006 ein Betriebspraktikum für den Jahrgang 8 durch. Ich arbeitete im Bauunternehmen „Schmidt-Bau" und lernte dort unter anderem den Beruf des Maurers kennen.
Die Firma beschäftigt insgesamt sieben Mitarbeiter und Mitarbeiterinnen: Vier Maurer, zwei Zimmerleute und eine Sekretärin. Hauptsächlich werden Einfamilienhäuser gebaut; dadurch hatte ich auch die Gelegenheit, die anderen Berufe ein wenig kennen zu lernen.

Gleich am ersten Tag wurde ich ...
- ...
- ...

Insgesamt hat mir das Praktikum gut gefallen. Die Mitarbeiter und Mitarbeiterinnen nahmen mich vom ersten Tag an sehr freundlich auf. Ich durfte ...
Ich könnte mir vorstellen, den Beruf ...

+2 Tragt zusammen, welche Informationen ein Abschlussbericht eurer Meinung enthalten sollte, z. B.:

Name
Zeit
Welchen Beruf habe ich kennen gelernt?
Welche anderen Berufe habe ich im Betrieb angesehen?
Welche Schwierigkeiten traten bei der Umstellung von Schule auf den Beruf auf?
War ich ausreichend vorbereitet?
Wie nützlich war das Praktikum für die eigene Berufswahl?
Welche Wissenslücken habe ich festgestellt, ...

+3 Besprecht, wie ein Bericht aufgebaut werden muss.

+4 Legt fest, was in der Einleitung, im Hauptteil und was im Schluss stehen soll. Seht euch das Beispiel auf S. 77 oben an.

Einleitung:	Name der Schule des Praktikanten, Zeitraum des Praktikums, …
Hauptteil:	Tätigkeiten, Umstellung Schule – Betrieb, …
Schluss:	Nutzen für die Berufswahl, Beurteilung des Praktikums, …

Arbeitstechnik „Einen Bericht schreiben“, S. 222

+5 Die Tagesberichte sind eine gute Grundlage für den Abschlussbericht. Überlegt, welche Informationen aus den Tagesberichten in einen Abschlussbericht aufgenommen werden sollen und welche nicht.

+6 Formuliert mithilfe der Angaben am Rand unterschiedliche Einleitungssätze, z. B.:

In der Zeit vom ... führte ...
Ich erhielt einen Platz ...

- *Zeitraum*
- *Name eurer Schule*
- *Betriebspraktikum der 8. Klassen*
- *Beruf*

+7 Schreibt jetzt den vollständigen Abschlussbericht.

Für diejenigen, die mit der Hand schreiben:
- unliniertes Papier und Linienpapier verwenden
- Rand links und oben ca. 3 cm
- Rand rechts und unten ca. 5 cm
- lesbar schreiben
- Absätze einfügen
- Rechtschreibung und Zeichensetzung kontrollieren lassen
- Achtung: Präteritum verwenden

Für diejenigen, die mit dem Computer schreiben:
- Schriftgröße 11 oder 12 Punkt
- formatieren: z. B. Ränder einstellen, nur Überschrift größer und fett
- Absätze einfügen
- Rechtschreibprogramm nutzen
- ausdrucken, noch einmal Rechtschreibung und Zeichensetzung kontrollieren lassen
- Achtung: Präteritum verwenden

+8 Stellt Hinweise für künftige Praktika zusammen, z. B.:

Hinweise für künftige Praktika

Das hat mir gut gefallen	*Verbesserungsvorschläge*
Das Betriebsklima ...	*Betriebserkundung vor Beginn des Praktikums durchführen ...*

Wie war das eigentlich?

Stundenprotokoll

Fach: *Deutsch*
Klasse: *8b*
Thema: *Planung eines Projektes*
Datum: *17.01.2006*
Zeit: *3. Stunde (09.55–10.40 Uhr)*
Protokollführer: *Steffen Peters*

1. *Begrüßung und Kontrolle der Anwesenheit: Es fehlten Paul und Laura.*
2. *Kontrolle der Hausaufgaben*
3. *Diskussion: Besuch des Alten- und Pflegeheims – Durchführung eines Unterrichtsprojektes*
   - *Zusammenfassung der letzten Stunde: Kapitel aus deutsch.kombi 4, Seite 34–35*
   - *Klassengespräch*

   Nach längerer Diskussion beschließt die Klasse mit 16 : 7 Stimmen, das Projekt „Junge Menschen engagieren sich" zu Beginn des 2. Schulhalbjahres durchzuführen.
4. *Aufstellung einer Liste, wer welche vorbereitenden Arbeiten übernimmt. Die Liste liegt dem Protokoll als Anlage bei.*

18.01.2006 *Steffen Peters*

1 Was versteht man unter einem Protokoll? Schlagt auch in einem Lexikon oder im Glossar nach.

2 Sammelt und erklärt Wörter und Wortverbindungen, die mit dem Wort Protokoll zusammenhängen, z. B.:
- *Protokollant*
- *zu Protokoll geben*
- *...*

3 Überlegt, zu welchen Anlässen häufig Protokolle geschrieben werden:
- *Gerichtsverhandlungen*
- *SV-Sitzungen*
- *...*

4 Klärt, warum und für wen die jeweiligen Protokolle geschrieben werden.

Ein Protokoll schreiben

1 Ordnet zu. Schaut euch dazu das Stundenprotokoll auf Seite 78 genau an.

Unterpunkte | Klasse | Beschlüsse | Beginn – Ende | Unterschrift | Fach/Anlass | Datum der Anfertigung | Gliederungspunkte | Datum (der Stunde) | Name des Protokollierenden | Thema

- **Protokollkopf**
- **Hauptteil**
- **Schluss**

2 Stellt euch vor, ihr sollt die gerade laufende Unterrichtsstunde protokollieren. Formuliert dazu den Protokollkopf.

3 Entwerft für diese Stunde eine Gliederung.

1. Begrüßung und ...
2. ...

ARBEITSTECHNIK

Ein Protokoll schreiben

1. Gebt im Protokollkopf an:
   - das Fach/den Anlass,
   - die Klasse (Teilnehmer),
   - das Thema,
   - das Datum und die Zeit sowie
   - den Namen des Protokollierenden.
2. Gliedert den Hauptteil.
   - Trennt Wichtiges von Unwichtigem.
   - Beachtet die Reihenfolge der Unterpunkte.
   - Haltet wichtige Ergebnisse fest.
   - Formuliert knapp, aber genau.
   - Verwendet das Präsens.
3. Beendet das Protokoll mit Datum und Unterschrift.

Regelmäßig Unterrichtsstunden protokollieren

1+1

TIPP!

Ihr könnt den Vordruck für ein Stundenprotokoll
- mit der Hand schreiben und kopieren,
- mit dem PC schreiben und ausdrucken,
- als Formatvorlage erstellen und abspeichern.

1 Es kann zweckmäßig sein, für Protokolle einen Vordruck zu verwenden, z. B., wenn man regelmäßig Unterrichtsstunden protokolliert. Überlegt, wie solch ein Vordruck aussehen könnte, und gestaltet ihn.

Fach: ...
Klasse: 8a
Thema: ...

2 Stellt eure Vordrucke in der Klasse vor und besprecht, welchen Vordruck alle verwenden sollen.

3 Stellt einen Plan auf, wer in welchen Stunden das Protokoll führt. Informiert die betreffenden Fachlehrer.

4 Als Protokollant/Protokollantin müsst ihr mitschreiben. Stellt Tipps und Tricks zusammen, z. B.:
- *gut zuhören*
- *Notizen machen*
- *nicht alles mitschreiben*
- *...*

5 Lasst euch von eurem Lehrer/eurer Lehrerin einen Text vorlesen. Macht euch dazu Notizen.

6 Geht nach eurem Plan (Aufgabe 3) vor. Beginnt jede Unterrichtsstunde mit dem Verlesen des Protokolls der letzten Stunde.

ARBEITSTECHNIK

Etwas mitschreiben

1. Schreibt in Stichworten mit.
2. Verwendet Abkürzungen.
3. Unterstreicht Wichtiges in euren Notizen.
4. Notiert verkürzte Sätze, die ihr aber später noch versteht.
5. Lasst auf dem Blatt einen breiten Rand für spätere Zusammenfassungen.

Das Ergebnisprotokoll

1 Lest den Ausschnitt aus dem Ergebnisprotokoll und vergleicht ihn mit dem Stundenprotokoll auf Seite 78. Worin ähneln, wodurch unterscheiden sich die Protokollformen?

2 Lest die beiden Diskussionsausschnitte und fasst sie zusammen.

Protokoll der SV-Sitzung

Datum:	*23. 02. 2006*
Zeit:	*6. Stunde*
Ort:	*Klassenraum der 6b*
Teilnehmer:	*alle Klassensprecher*
Protokollführerin:	*Sabrina Wallmann*

TOP 1: Eröffnung der Sitzung durch die Schulsprecherin
Genehmigung des Protokolls der letzten Sitzung ...

Auszüge aus einer SV-Sitzung

Sven: Ich unterstütze den Vorschlag, dass jede Klasse einmal den Aufräumdienst in der Cafeteria übernehmen sollte.
Mareike: Der Meinung bin ich auch, dann achten vielleicht alle mehr auf Ordnung.
Peter: Das geht aber nur, wenn wir einen verbindlichen Plan aufstellen.
Eike: Ich denke, wir sollten die Diskussion an dieser Stelle beenden und abstimmen.
Zwischenrufe: Richtig, abstimmen!
Eike: Wer für den Antrag ist, hebe die Hand. Ich stelle fest, das ist die Mehrheit.
...
Eike: Als letzter Punkt unserer heutigen Sitzung steht das nächste Schulfest auf der Tagesordnung. Wer möchte etwas dazu sagen? Ja, Matthias!
Mathias: Ich bin für ein Verschieben des Schulfestes in den Herbst, dann haben wir wenigstens genügend Zeit, um zu planen.
Kathrin: Ich spreche mich gegen eine Verschiebung aus! Lasst uns eine Arbeitsgruppe einsetzen, die bis zur nächsten Sitzung einen Organisationsplan ausarbeitet. Dann können wir immer noch über eine Verschiebung nachdenken.
Michael: Das finde ich auch, ich würde auch in der Gruppe mitarbeiten.
Eike: Wenn alle einverstanden sind, übertragen wir die Planung einer Gruppe.

So könnt ihr arbeiten:

Notizen	*Protokollformulierungen*
jede Klasse Aufräumdienst in der Cafeteria *mehr Ordnung* *Plan aufstellen* *Abstimmung*	*Vorschlag: Jede Klasse übernimmt abwechselnd nach einem festen Plan den Aufräumdienst in der Cafeteria.* *Die Mehrheit stimmt dem Vorschlag zu.*

3 Gebt jedem der beiden Tagesordnungspunkte eine Überschrift, z. B.:
TOP 1: Ordnung ...

Morgen- und Abendgedichte

Stimmungen am Morgen

In der Frühe
Eduard Mörike

Kein Schlaf noch kühlt das Auge mir,
Dort gehet schon der Tag herfür
An meinem Kammerfenster.
Es wühlet mein verstörter Sinn
Noch zwischen Zweifeln her und hin
Und schaffet Nachtgespenster.
– Ängste, quäle
Dich nicht länger, meine Seele!
Freu dich! schon sind da und dorten
Morgenglocken wach geworden.

Der Morgen
Günther von Stünzner

Grauschimmelfarb
So tritt er aus dem Düstern,
zunächst noch scheu.
Dann wiehert er –
Und dann liebkost er mich mit rosa Nüstern,
frisst meiner Träume grünes Heu.

1 Lest die beiden Gedichte mehrmals laut vor.

2 Wie wird der Morgen in den zwei Gedichten geschildert? Versucht, das Thema und den Inhalt der Gedichte jeweils in einem Satz festzuhalten.
In dem Gedicht von Eduard Mörike geht es um …

TIPP!
Sammelt eure Gedanken in einem Ideennetz.

3 Unterscheiden sich die Gedichte von euren Morgengedanken? Was verbindet ihr mit dem Morgen, dem Tagesanfang? Sammelt eure Gedanken in Stichworten.

4 Lest noch einmal die beiden Gedichte. Wie wirken sie jetzt auf euch?

5 Warum heißt es in dem Gedicht „In der Frühe" nicht einfach: *Heute Nacht habe ich vielleicht schlecht geschlafen, es wurde schon wieder hell, als mir immer noch …*

6 Wie empfindet jeweils das „lyrische Ich"* in den Gedichten den Morgen?

Info-Punkt
Man spricht vom „lyrischen Ich", wenn in Gedichten die Ich-Form verwendet wird. Das „lyrische Ich" äußert sein Empfinden, seine Stimmung, seine Meinung, seinen Protest. Das „lyrische Ich" kann, muss aber nicht mit dem Autor identisch sein. Meist stellt es keine bestimmte Person dar.

Unsinn und Poesie
Ludwig Tieck

„Der Morgen erwacht.“ Es gibt keinen Morgen.
Wie kann er schlafen? Es ist ja nichts als
die Stunde, in der die Sonne aufgeht.
Verflucht! Die Sonne geht ja nicht auf,
auch das ist ja schon Unsinn und
Poesie. O dürfte ich nur einmal
über die Sprache her und
sie so recht säubern
und ausfegen!

7 Was ist in dem Gedicht gemeint, wenn es heißt, das sei „Unsinn und Poesie“? Erklärt es an den Begriffen *Morgen* und *Sonne.*

8 Sucht in den Gedichten auf S. 82 nach der „Poesie“. Erklärt die „Personifizierungen“ in den Gedichten und schreibt sie auf, z. B.:
Der Schlaf kühlt ... Der Tag geht ...

Info-Punkt
Von „Personifizierung“ spricht man, wenn in der Literatur Naturerscheinungen „vermenschlicht“ werden.

9 Versucht, euch zu „grauschimmelfarb“, „er wiehert“ und „er liebkost mich mit rosa Nüstern“ Bilder vorzustellen, die zu einer Morgenstimmung passen. Beschreibt die Bilder.

10 Lest noch einmal alle Gedichte. Untersucht sie auf Reim und Rhythmus. Schlagt im Glossar, S. 252 ff., nach, wenn ihr bei Begriffen unsicher seid.

ARBEITSTECHNIK

Ein Gedicht verstehen

1. Lest das Gedicht mehrmals, auch laut.
2. Stellt fest, um welches Thema es geht. Fasst den Inhalt (auch Strophe für Strophe) zusammen.
3. Klärt fremde oder nicht bekannte Wörter.
4. Untersucht die Form und Gestaltung (Reim, Bilder, Vergleiche, Personifizierung – Der Tag leuchtet, ...).
5. Überlegt, wie das Gedicht wirkt und was damit beabsichtigt sein könnte.
6. Bewertet das Gedicht abschließend. Begründet euer Urteil.

Gefühle in der Nacht

Nachts
Peter Härtling

Nachts
Türmen sich Hügel auf
Und verschwinden wieder.
Sterne wandern,
ordnen sich zu neuen Bildern:
der Kleine Wolf und
der Alte Bär.
Mühelos gelingt es mir
Mein Kinderdorf aus dem Schlaf
Zu rufen.
Die Schwester,
die ich vergaß,
halte ich plötzlich
an der Hand:
Sie kommt,
wenn es tagt.

Ich musste immer auf meine Schwester aufpassen.

Meine große Schwester hat mich immer an der Hand gehalten und mich beschützt.

Als wir Kinder waren, bin ich mit meiner Schwester an der Hand durch dick und dünn gegangen.

1 Wendet die Hinweise zur Arbeitstechnik von Seite 83 an und sammelt eure Ergebnisse in einem Kreisgespräch.

2 Stellt euch vor, ihr schaut nachts den Himmel an. Hügel können sich ja nicht „auftürmen". Was ist gemeint?

3 Woran erinnert sich das „lyrische Ich", wenn es meint, es halte seine Schwester an der Hand? Was meint ihr?

4 Schreibt die Sätze des Gedichts hintereinander auf. Besprecht: Ist es nur ein Gedicht, weil der Autor es in diesen Zeilen angeordnet hat?

5 Welches der Gedichte in diesem Kapitel spricht euch besonders an? Warum?

+6 Wählt eines der Gedichte aus und lernt es auswendig.

Arbeitstechnik „Ein Gedicht auswendig lernen", S. 225

Morgenwonne

Joachim Ringelnatz

Ich bin so knallvergnügt erwacht.
Ich klatsche meine Hüften.
Das Wasser lockt. Die Seife lacht.
Es dürstet mich nach Lüften.

Ein schmuckes Laken macht einen Knicks
Und gratuliert mir zum Baden.
Zwei schwarze Schuhe in blankem Wichs
Betiteln mich „Euer Gnaden“.

Aus meiner tiefsten Seele zieht
Mit Nasenflügelbeben
Ein ungeheurer Appetit
Nach Frühstück und nach Leben.

Abends am Fenster

Hans Herbert Ohms

Abends, wenn die Polterstadt
langsam leiser wird
und die gelbe Straßenbahn
nur noch selten klirrt,

abends mag ich gern allein
noch am Fenster stehen.
Unten schläft die Straße ein,
doch ich kann nun sehen:

Lichter, Lichter! Tausendmal
gelbe Fenstersterne.
Autoblitze, lang und schmal,
nah und in der Ferne.

Funkelschlange Eisenbahn
seh ich drüben ziehn,
manchmal auch ein Flugzeug nahn,
immer Rot und Grün.

Wo am hohen Rundfunkmast
rot die Kugel wacht,
glaubt ich an den Vollmond fast,
doch ich hab gelacht:

Denn ich sah ihn hinterm Park
aus den Bäumen schweben,
groß und rund und viel zu stark
um am Mast zu kleben.

Blaue Worte gehen an,
auch ein Bild darüber;
schöner als man träumen kann.
Nein – ich träume lieber.

Zueinander stehen

1 Seht euch die Fotos an, lest die Überschrift und den ersten Satz des Textes. Stellt jetzt Vermutungen über den Inhalt der Kurzgeschichte an.

Zwei Männer

Günther Weisenborn

Als der Wolkenbruch, den sich der argentinische Himmel damals im Februar leistete, ein Ende gefunden hatte, stand das ganze Land unter Wasser. Und unter Wasser standen die Hoffnungen des Pflanzers von Santa Sabina. Wo ein saftgrünes Vermögen in Gestalt von endlosen Teefeldern mit mannshohen Yerbabüschen[1] gestanden hatte, dehnte sich morgens ein endloses Meer. Der Farmer war vernichtet, das wusste er. Er saß auf einer Maiskiste neben seinem Haus und zählte die fetten Blasen, die an seine Schuhe trieben und dort zerplatzten. Das Maisfeld glich einem See. Der Rancho[2] des Peons[3] war darin verschwunden. Sein Schilfdach trieb im Strom davon, eine nickende Straußenleiche vor sich herschiebend. Der Peon hatte sich zu seinem Herrn geflüchtet und saß neben ihm. Es war ein Indio, der mit breitem, eisernem Gesicht ins Leere starrte. Seine Frau war ertrunken, als sie sich losließ, um ihre Hände zur Madonna zu erheben. Der Peon hatte drei Blasen gezählt. Ihre Hand hatte die letzte Blase zerschlagen. Der Farmer hatte seine Frau in der Stadt. Sie würde vergeblich auf seinen Schritt vor der Tür warten. Denn der Farmer gab sich noch eine Nacht. Es ist unter Männern Brauch, dass man sich in gewissen Lagen die letzte Zigarette teilt.

1 Minzeart

2 Farm

3 eingeborener Tagelöhner in Mexiko und Südamerika

Der Farmer, im Begriff, nach Mannes Art zu handeln, wurde von seinem Peon unterbrochen. „Herr!“, rief der Indio. „Der Parana! Der Strom kommt …“ Er hatte Recht. Man hörte in der Ferne ein furchtbares Donnern. Der Parana, angeschwollen von Wasser und Wind, brach in die Teeprovinzen ein. Parana, so heißt der größte Strom Argentiniens. Dieses Donnern war das Todesurteil für die Männer von Santa Sabina. Sie verstanden sich auf diese Sprache, die Männer. Sie hatten tausendmal dem Tod ins Auge gesehen.

Sie hatten das Weiße im Auge des Pumas gesehen und der Korallenschlange ins kaltstrahlende Gesicht. Sie hatten dem Jaguar gegenübergestanden und der großen Kobra, die sich blähte. Sie hatten alle diese Begegnungen für sich entschieden, denn ihr Auge war kalt und gelassen ihre Hand.

Jetzt aber halfen keine Patronen und kein scharfes Auge. Dieser Feind hier, das Wasser, war bösartig wie hundert Schlangen, die heranzischen, und todesdurstig wie der größte Puma auf dem Ast. Man konnte das Wasser schlagen, es wuchs. Man konnte hineinschießen, es griff an. Es biss nicht, es stach nicht, das Wasser. Es suchte sich nur mit kalten Fingern eine Stelle am Mann, seinen Mund, um ihn anzufüllen, bis Blasen aus der Lunge quollen. Das Wasser war gelb und lautlos. Und man sah vor Regen den Himmel nicht.

Auf einer kleinen Insel, halb unsichtbar in der triefenden Finsternis, saß der Farmer mit seinem Peon vor seinem Haus.

Dann kam der große Parana. Er kam nicht mit Pauken und Posaunen. Nein, man merkte ihn gar nicht. Aber plötzlich stand der Schuh des Farmers im Wasser. Er zog ihn zurück. Aber nach einer Weile stand der Schuh wieder im Wasser, weiß der Teufel … Und wenn man die Maiskiste zurücksetzte, so musste man sie bald noch ein wenig zurücksetzen, denn kein Mann sitzt gern im Wasser. Das war alles, aber das war der Parana.

Gegen Abend fiel das Hühnerhaus um. Man hörte das halberstickte Kreischen der Vögel, dann war es wieder still. Später zischte es plötzlich im Wohnhaus auf, denn das Wasser war in den Herd gedrungen.

Als es dunkel wurde, standen der Farmer und sein Peon bereits bis zum Bauch im Wasser.

Sie kletterten auf das Schilfdach. Dort auf dem Gipfel saßen sie schweigend, dunkle Schatten in der dunkelsten aller Nächte, indes Töpfe und Kästen aus den Häusern hinausschwammen.

Ein Stuhl stieß unten das Glasfenster in Scherben. Das Wasser rauschte. Die Blasen platzten. Ein totes Huhn schwamm im Kreise vor der Haustür.

Als das Wasser das Dach erreicht hatte, stieß es die Hausmauern nachlässig um. Das Dach stürzte von den gebrochenen Pfosten, schaukelte und krachte; dann drehte es sich um sich selbst und trieb in die rauschende Finsternis hinaus. Das Dach ging einen langen Weg. Es fuhr kreisend zu Tal. Es trieb am Rande der großen Urwälder vorbei. Es segelte durch eine Herde von Rindern, die mit himmelwärts gestreckten Beinen totenstill auf dem wirbelnden Wasser trieben. Glotzäugige Fische schössen vor dem Schatten des Daches davon. Schwarze Aasgeier trieben, traubenweise an ein Pferd gekrallt, den Strom hinab. Sie blickten mordlustigen Auges herüber … Blüten, Möbel und Leichen vereinigten sich zu einem Zug des Todes, der talwärts fuhr, einem undurchsichtigen Ende entgegen. Gegen Morgen richtete sich der Farmer auf und befahl seinem Peon, nicht einzuschlafen. Der Indio verwunderte sich über die harte Stimme seines Herrn. Er wäre bedenkenlos dem Farmer um die Erde gefolgt. Er war Indio und wusste, was ein Mann ist. Aber er wusste auch, dass ein Mann ein schweres Gewicht hat.

Wenn nur ein Mann auf dem Dach sitzt, so hält es natürlich länger, nicht wahr, als wenn es unter dem schweren Gewicht zweier Männer auseinanderbricht und versinkt. Und dann gute Nacht …

Er glaubte nicht, dass der Farmer gutwillig das Dach verlassen würde; aber man konnte ihn hinunterkippen, denn es ging hier um Leben und Tod. Das dachte der Indio, und er rückte näher. Sein Gesicht war steinern, es troff vor Regen. Das Dach würde auf keinen Fall mehr bis zum Morgen schwimmen. Jetzt schon brachen einzelne Bündel ab und schwammen nebenher. Die Männer mitten auf dem furchtbaren Strom wussten nicht, wo sie waren. Dichter Nebel fuhr mit ihnen. Ringsum das Wasser schien stillzustehen. Fuhren sie im Kreis? Sie wussten es nicht. Sie sahen sich an. Da folgte der Farmer dem Brauch aller Männer, zog seine letzte Zigarette, brach sie in zwei Teile und bot dem Indio einen an. Sie rissen das Papier ab und kauten den Tabak, da sie kein Feuer hatten. Er ist ein guter Kamerad, dachte der Peon. Es hat keinen Zweck. Es soll alles seinen Weg gehen. Als er den würzigen Geschmack des Tabaks fühlte, wurde aus der Feindschaft langsam ein Gefühl der Treue. Was willst du? Der Peon hatte seine Frau verloren und sein Kind. Sie hatte die letzte Blase ihres Atems mit ihrer Hand zerschlagen. Er hatte nichts mehr, was ihn zu leben verlockte. Das Schilfdach sank immer tiefer. Wenn er selbst ins Wasser sprang, hielt das Dach vielleicht noch und trug seinen Herrn bis zum Morgen. Der Dienst ist aus, adios, Señor[1]! Der Peon kletterte über den Giebel bis an den Rand des Daches, als er plötzlich im dunklen Wasser Jaguare sah, die ihn aufmerksam anstarrten. Zum ersten Mal verzog der Indio sein Gesicht, dann hielt er den Atem an und sprang.

Aber er wurde im selben Moment von seinem Chef gehalten, der ihn wieder aus dem Wasser zog und seinen Peon zornglühend anschrie. Kreideweiß, mit rotgeränderten Augen und triefenden Haaren, beugte sich der Farmer über ihn, nannte ihn den Vater allen Unsinns und rüttelte ihn. Dann befahl er ihm, seinen Platz einzunehmen und den Mut nicht zu verlieren, verdammt noch mal …! Gegen Morgen trieben sie an Land, sprangen über Baumäste und wateten stundenlang, bis sie ins Trockene kamen. Sie klopften den Boden mit Stöcken nach Schlangen ab, und ehe sie sich zum Schlafen in das Maisfeld legten, sagte der Farmer:

„Morgen gehen wir zurück und fangen wieder an."

„Bueno[2]", sagte der Indio. Der Regen hörte auf.

[1] spanische Bezeichnung für *Herr*

[2] gut; in Ordnung

2 Hier findet ihr Fragen zu dem 1. Abschnitt.
Beantwortet sie mithilfe der Textstellen.

Frage	Textstelle	Antwort
1. Wo spielt die Handlung?	Als der Wolkenbruch, den sich der **argentinische** Himmel damals im Februar leistete, ein Ende gefunden hatte, stand das ganze Land unter Wasser … Der Parana! Der Strom kommt …	Argentinien
2. Welche Figuren spielen in der Geschichte eine Rolle?	Und unter Wasser standen die Hoffnungen **des Pflanzers** von Santa Sabina … **Der Peon** hatte sich zu seinem Herrn geflüchtet und saß neben ihm …	der Pflanzer …
3. Was beobachten die beiden?	Das Maisfeld glich einem See. Der Rancho* des Peons* war darin verschwunden. Sein Schilfdach trieb im Strom davon, eine nickende Straußenleiche vor sich herschiebend.	…
4. Was ist mit der Frau des Peons passiert?	**Seine Frau war ertrunken,** als sie sich losließ, um ihre Hände zur Madonna zu erheben. Der Peon hatte drei Blasen gezählt. Ihre Hand hatte die letzte Blase zerschlagen.	…

3 Verteilt die farbig gekennzeichneten Abschnitte auf Gruppen. Formuliert selbst Fragen zum Text.
- Stellt die Fragen anschließend der Klasse.
- Achtet darauf, dass die Antworten immer mit der entsprechenden Textstelle belegt werden, z. B.:

Arbeitstechnik „Einen literarischen Text genau lesen und verstehen", S. 225

Frage	Textstelle	Antwort
Woran erkennt der Peon, dass der Parana kommt?	Der Farmer, im Begriff, nach Mannes Art zu handeln, wurde von seinem Peon unterbrochen. „Herr!", rief der Indio. „Der Parana! Der Strom kommt …" Er hatte Recht. Man hörte in der Ferne ein furchtbares Donnern.	…

Arbeitstechnik „Eine Inhaltsangabe schreiben", S. 107/222

Beispiel für eine Inhaltsangabe: S. 24 oben zum Buch „Das doppelte Lottchen"

4 Formuliert einen Einleitungssatz für eine Inhaltsangabe zu der Kurzgeschichte.

Textsorte	*Kurzgeschichte*
Titel	?
Verfasser	?
Worum es geht	?

5 Gebt den Inhalt eines jeden Abschnittes in möglichst einem Satz wieder, z. B.:

- *Ein Farmer und sein Peon beobachten, wie durch die Überschwemmung ihr Besitz zerstört wird.*

6 Fasst die Sätze zu einer Inhaltsangabe zusammen.

7 Sprecht darüber, warum der Farmer seinen Peon zornglühend anschreit (Zeile 91).

8 Welche Rolle spielt das Teilen der Zigarette (Zeile 15, 77/78)?

Kurzgeschichte, S. 93, 238

9 Lest euch die letzten beiden Zeilen der Kurzgeschichte noch einmal durch. Was erfahrt ihr? Was bleibt offen?

10 Wie beurteilt ihr das Verhalten der beiden Figuren? Warum gehen sie das Risiko ein, beide zu ertrinken?

+11 Die Menschen und die Natur –
Wie beurteilt ihr das Verhältnis zueinander? Lest dazu auch den Satz (Zeile 28/29) „Dieser Feind hier, das Wasser ..."

„Jetzt werd bloß nicht sentimental!"

Fahrerflucht

Josef Reding

Ich habe nicht auf die neue Breite geachtet, dachte Ellebracht. Nur deswegen ist es so gekommen.

Der hemdsärmelige Mann nahm die rechte Hand vom Lenkrad und wischte sich hastig über die Brust. Als er die Hand zurücklegte, spürte er, dass sie noch immer schweißig war, so schweißig wie sein Gesicht und sein Körper. Schweißig vor Angst.

Nur wegen der Breite ist alles gekommen, dachte der Mann wieder. Er dachte es hastig. Er dachte es so, wie man stammelt. Die Breite des Wagens, diese neue, unbekannte Breite. Ich hätte das bedenken sollen.

Jäh drückte der Fuß Ellebrachts auf die Bremse. Der Wagen kreischte und stand. Eine Handbreit vor dem Rotlicht, das vor dem Eisenbahnübergang warnte.

Fehlte grade noch!, dachte Ellebracht. Fehlte grade noch, dass ich nun wegen einer so geringen Sache wie Überfahren eines Stopplichtes von der Polizei bemerkt werde. Das wäre entsetzlich. Nach der Sache von vorhin …

Mit hohlem Heulen raste ein D-Zug vorbei. Ein paar zerrissene Lichtreflexe, ein Stuckern, ein verwehter Pfiff. Die Ampel klickte auf Grün um. Ellebracht ließ seinen Wagen nach vorn schießen. Als er aufgeregt den Schalthebel in den dritten Gang hineinstieß, betätigte er die Kupplung zu nachlässig. Im Getriebe knirschte es hässlich.

Bei dem Geräusch bekam Ellebracht einen üblen Geschmack auf der Zunge. Hört sich an wie vorhin, dachte er. Hört sich an wie vorhin, als ich die Breite des Wagens nicht richtig eingeschätzt hatte. Dadurch ist es passiert. Aber das wäre jedem so gegangen. Bis gestern habe ich den Volkswagen gefahren. Immer nur den Volkswagen, sechs Jahre lang. Und heute morgen zum ersten Male diesen breiten Straßen-

kreuzer. Mit dem VW wäre ich an dem Radfahrer glatt vorbeigekommen. Aber so ... Fahr langsamer, kommandierte Ellebracht sich selbst. Schließlich passiert ein neues Unglück in den nächsten Minuten. Jetzt, wo du bald bei Karin bist und den Kindern. Karin und die Kinder. Ellebrachts Schläfen pochten. Er versuchte sich zu beruhigen: Du musstest weg von der Unfallstelle, gerade wegen Karin und der Kinder. Denn was wird, wenn du vor Gericht und ins Gefängnis musst? Die vier Glas Bier, die du während der Konferenz getrunken hast, hätten bei der Blutprobe für deine Schuld gezeugt, und dann? Der Aufstieg deines Geschäfts wäre abgeknickt worden. Nicht etwa darum, weil man etwas Ehrenrühriges in deinem Unfall gesehen hätte. Wie hatte doch der Geschäftsführer von Walterscheidt & Co. gesagt, als

er die alte Frau auf dem Zebrastreifen verletzt hatte? Kavaliersdelikt!

Nein, nicht vor der Schädigung meines Rufes fürchte ich mich. Aber die vier oder sechs Wochen, die ich vielleicht im Gefängnis sitzen muss, die verderben mir das Konzept! Während der Zeit schickt die Konkurrenz ganze Vertreterkolonnen in meinen Bezirk und würgt mich ab. Und was dann? Wie wird es dann mit diesem Wagen? Und mit dem neuen Haus? Und was sagt Ursula, die wir aufs Pensionat[1] in die Schweiz schicken wollten?

„Du hast richtig gehandelt!“, sagte Ellebracht jetzt laut, und er verstärkte den Druck auf das Gaspedal. „Du hast so gehandelt, so wie man es als Familienvater von dir erwartet.“

Verdammte Rotlichter!, dachte Ellebracht weiter und brachte den Wagen zum Stehen. Ich will nach Hause. Ich kann erst ruhig durchatmen, wenn der Wagen in der Garage steht und ich bei der Familie bin.

Und wann ist der Mann mit dem Fahrrad bei seiner Familie? Der Mann, der mit ausgebreiteten Armen wie ein Kreuz am Straßenrand gelegen hat? Der Mann, der nur ein wenig den Kopf herumdrehte – du hast es im Rückspiegel deutlich gesehen –, als du den bereits abgestoppten Wagen wieder anfahren ließest, weil dir die wahnsinnige Angst vor den Folgen dieses Unfalls im Nacken saß? Du, wann ist dieser Mann bei seiner Familie?

[1] Pensionat: Internatsschule für Mädchen

1 Wie beginnt diese Kurzgeschichte, was erfahrt ihr?
„Ich habe nicht auf die neue Breite geachtet, dachte Ellebracht. Nur deswegen ist es so gekommen …"

2 Stellt gegenüber, z. B.:

Was ist tatsächlich passiert?	*Was geht in Ellebracht vor?*
…	…

3 Warum hat Ellebracht nicht angehalten? Belegt eure Aussagen mit passenden Textstellen.

4 Wie endet die Geschichte? Was erfahrt ihr, was erfahrt ihr nicht?

5 Fasst den Inhalt dieser Kurzgeschichte in einem Satz zusammen.

6 Stellt euch vor, Ellebracht erzählt seiner Frau von dem Unfall. Wie könnte sie reagieren? Spielt die Szene der Klasse vor.

1+1

7 Diskutiert die gespielten Szenen:
- Wie beurteilt ihr abschließend Ellebrachts Verhalten?
- Wie hat dieser Vorfall das Leben der beteiligten Personen verändert?

Kurzgeschichte

Diese Merkmale sind für Kurzgeschichten typisch:
- Kürze
- Konzentration auf einen Ausschnitt des Geschehens
- Unvermittelter Beginn
- Wendepunkt
- Offener Schluss
- Alltagssprache

+8 Welche der Merkmale findet ihr in den zwei Kurzgeschichten jeweils wieder?

1,68 im Quadrat

Der Jugendroman „Jule filmreif“ von Beatrix Mannel

Jule ist ein fünfzehnjähriges Mädchen mit einer Figur, die sie selbst als 1,68 im Quadrat bezeichnet. Sie begleitet ihre attraktive Schwester Cindy zu einem Casting für die Rolle in der Daily Soap „Nachts ist die Liebe dunkler als draußen“. Der Produzent allerdings entdeckt bei dieser Gelegenheit Jule für die Rolle der Dicken; zum einen wegen ihres losen Mundwerkes, zum anderen weil er findet, dass sowieso eine Dicke in der Serie fehlt. Cindy hat sich eigentlich nur für das Casting gemeldet, um Ralf, dem Star der Serie, näher zu kommen. So muss Jule ihr jetzt versprechen, sie bei der nächsten Gelegenheit mit ihm bekannt zu machen.
Mit viel Humor, Selbstironie[1] und einer Portion Frechheit bewegt sich Jule in der Welt der Fernsehstars. Schon bald legt sie sich mit Ralf an, der sich als arroganter[2] Schönling entpuppt.
„Das Buch ist wie eine Soap“, schrieb die Süddeutsche Zeitung. „Jule filmreif“ kam auf die Liste der „besten 7 Bücher für junge Leser“ …

[1] Verspottung der eigenen Person

[2] eingebildet, hochnäsig

1 Klappentexte stellen den Lesern das Buch vor. Was erfahrt ihr hier über
- die Art des Buches,
- seinen Inhalt,
- die Personen,
- seine Bewertung?

Hexenkessel – Jules erster Drehtag

1 Jule lernt an ihrem ersten Drehtag viele Menschen mit unterschiedlichen Aufgaben kennen. Sucht entsprechende Textstellen heraus.

Arbeitstechnik „Einen literarischen Text genau lesen und verstehen", S. 225

Es ist so weit. Unglaublich, wie viele Leute hier herumlungern. Ich komme mir vor wie ein Alien im Ameisenhaufen. Alle scheinen sich zu kennen, begrüßen sich, lachen und klopfen sich auf die Schultern.
Ich bin froh, dass mich eine blasse, dünne Gestalt, die alle kurz Eff nennen, herumführen muss. Allein würde ich mich hier niemals zurechtfinden.
Zuerst bringt Eff mich zum Kostümbildner. Dort sieht es aus wie in der Umkleidekabine eines Faschingsvereins. Endlose Reihen mit Garderobenständern voller Kleider. Auf den hohen Fensterbänken stehen Köpfe mit Hüten und grinsen auf dieses bunte Chaos herab.
Der Kostümbildner, es ist derselbe, der bei uns zu Hause war, verpasst mir eine schreckliche grüne Latzhose und ein Psychedelic-T-Shirt. Als ich in den Spiegel sehe, wird mir fast schwindelig. Aber vielleicht bin ich auch nur aufgeregt.
Und schon klopft Eff ungeduldig an die Tür und fragt, ob wir endlich fertig seien, ich müsse dringend in die Maske. Der Kostümbildner schiebt mich raus, und Eff beeilt sich, mich in der Maske abzuliefern. Kaum hat er dort die Tür aufgerissen, werde ich von strahlend hellen Lichtern geblendet. Ich sehe nur noch Sternchen Als das Flimmern in meinem Kopf ein wenig nachlässt, kann ich die riesigen Spiegel erkennen. Und einen Mann und eine Frau. Sie bitten mich, auf einem der beiden Frisörstühle Platz zu nehmen. Der Mann, er heißt Olaf, beugt sich über mich und hält einen Stift vor mein Gesicht. Dann schüttelt er den Kopf und rührt mit einem Pinsel auf verschiedenen Pudern herum, stäubt den Puder auf seinen Handrücken, hebt die Hand neben meine Wange und murmelt unzufrieden vor sich hin. Schließlich beginnt er, etwas auf mein Gesicht aufzutragen. Dabei fachsimpelt er die ganze Zeit mit der Frau – sie heißt im Übrigen Mary und hat die anstrengende Aufgabe, sich um meine Haare zu kümmern – über meine schöne Haut. Und das, wo ich – ungelogen – in diesem Spiegel wie ein Zombie aus dem Friedhof der Kuscheltiere aussehe …
Außerdem gibt es eine Regisseurin*, sie ist mindestens einen Kopf kleiner als ich und sehr schlank. Sie hat langes, offenes Haar, das ihr fast bis zur Hüfte reicht. Ihr Gesicht ist von tiefen Falten durchzogen, und ihr voller Mund leuchtet johannisbeerrot.
Dann stellt sich der Regieassistent bei mir vor. Er hat eine astreine Hühnerbrust …
Und dann sind noch tausend andere Leute dort, Beleuchter, der Chefkameramann, Aufnahmeleitung, Aufnahmeleitungsassistent und der Assistent des Aufnahmeleitungsassistenten. Was der zu tun hat, habe ich schnell kapiert. Das ist der Kaffee- und Brötchenholer von Franziska.

Und natürlich ist auch Gilbert da. Gilbert, der mit richtigem Namen Ralf Klopstock heißt. In Wirklichkeit ist er überhaupt nicht so beeindruckend wie im Fernsehen. Obwohl, jetzt sieht er mich mit seinen unglaublich blauen Augen an. Augen wie ganz blaue Glasmurmeln. Oh Mann, das kribbelt sogar in meinem Bauch. Er kommt zu mir herüber und begrüßt mich. „Hallo, darf ich mich vorstellen? Ich bin Ralf Klopstock, und wer bist du?"

Ich bin so verdattert über diese förmliche Vorstellung, dass mir so schnell nichts einfällt, nichts außer Blödsinn.

„Ich bin die Gewinnerin des Gilbert-Bravofanclubs und darf dir heute bei den Dreharbeiten zuschauen. Später musst du mit mir dann schick essen gehen."

Ralf lächelt, dabei legen seine eher schmalen Lippen eine ganze Front strahlend arktisch-weißer Zähne frei. Er greift souverän in seine Hosentasche und holt eine Autogrammkarte raus. „Was soll ich denn draufschreiben? Für wen?"

Mist, er hat nicht begriffen, dass ich einen Witz machen will. Was habe ich da bloß wieder angerichtet? „Für Cindy, bitte, in Liebe, Gilbert." Ralf lächelt großherzig und schreibt mit starkem Rechtsdrall den gewünschten Text.

„Vielen Dank!"

„Bis später und viel Spaß!" Er geht graziös wie ein Tänzer zur Aufnahmeleitung. Dort verwandelt er sich unglaublich schnell in Rumpelstilzchen und tanzt um den Aufnahmeleitungsassistenten herum. Die beiden werden immer lauter, und ich höre Gesprächsbrocken.

Offensichtlich macht der schöne Ralf dem Aufnahmeleitungsassistenten die Hölle heiß, weil ihm keiner gesagt hat, dass hier eine Fanclubmieze rumhocken würde. Der Assistent, durch Ralfs Gebrüll weiß ich jetzt auch seinen Namen, Stefan, wird rot. Er versichert Ralf, dass er auch nicht informiert ist. Dann kommt Stefan zu mir. „Wer bist denn du?"

Ich bleibe ganz ruhig. Eigentlich sollten doch alle hier am Set wissen, wer ich bin.

Was würdet ihr an meiner Stelle tun? Genau! Ich mache auch erst mal so weiter. Ich bin ziemlich neugierig, wie sich das Ganze entwickeln wird. „Ich bin hier von der Bravo", geb ich kund. „Ist etwas nicht in Ordnung?"

Stefan erklärt mir unheimlich freundlich, dass leider keine Außenstehenden am Set sein dürfen und ob ich ihm in den Aufenthaltsraum folgen wolle, da gebe es auch was zu trinken. Er verbessert sich nach einem Blick auf meine Figur: „Und zu essen." Als er das sagt, schmatze ich total gierig mit den Lippen, wie ein Tiger, der schon lange kein Fleisch mehr gehabt hat. „Gibt's da auch Dickmänner, die ganz dicken?"

Stefan mustert mich genauer. Er sieht nicht aus wie ein Blödmann. Er hat eine große, ein bisschen rote Nase, dunkelbraune Augen und ist sehr muskulös. Er wirkt aber so, als hätte ihn ein Riese mit einem Hammer zusammen-

geschrumpft. Bei den vielen Muskeln müsste er irgendwie größer sein. Ich würde seine Arme gerne mal anfassen. Während er mich intensiv anschaut, registriert er die Schminke, und ihm geht ein Licht auf.
„Du bist nicht von der Bravo?“
„Nö.“ Ich starre verlegen auf meine Fußspitzen, obwohl ich sie wegen der dicken Latzhosen gar nicht sehen kann.
„Du hast mir tierischen Ärger eingebrockt.“ Stefan kann genauso schmelzend gucken wie Ralf, nur dass es bei ihm wärmer wirkt. Die Jungs hier sind ganz schön gefährlich. Sie schauen einem in die Augen, in die Seele, in den Magen und verbrennen die vorhandene Gehirnmasse. Ich werde sehr auf mich aufpassen müssen. Vielleicht wird die Serie von Aliens produziert, die im Laufe der Dreharbeiten echte Menschen durch Marionetten mit Feueraugen ersetzt haben?
„Tut mir leid.“
Stefan grinst ziemlich breit. „Wenn Ralf das erfährt, wird er richtig sauer. Er hasst es, wenn man ihn auf den Arm nimmt. Er hat nicht die Bohne Humor.“
Na wer sagt‘s denn: Ralf ist also wirklich ein Idiot! Oder wie nennt ihr Leute, die nie über sich lachen können? Ohne jede Überzeugung antworte ich, nur um überhaupt etwas zu sagen: „Tut mir echt noch mehr leid.“
„Und jetzt lüfte dein Geheimnis“, fordert Stefan mich auf. „Wer bist du?“
Jetzt will ich eine wirklich originelle Antwort geben und überlege, ob ich mich als Großmutter von Leonardo di Caprio outen soll. Aber da schnaubt schon der Aufnahmeleiter heran. „Was soll der Blödsinn? Liest denn eigentlich keiner von euch die Dispo oder die Stabsliste? Das hier ist die Neue: ‚Tina‘. Oh Stefan, wenn ich dich mal fünf Minuten allein lasse! So wirst du es nie zu was bringen.“
Der rotnasige schwitzende Aufnahmeleiter trägt eine Mini-Plie-Dauerwelle, von der ich gedacht habe, sie wäre mit den Zwergpudeln ausgestorben.

2 Was fällt Jule an Ralfs Aussehen auf:

- *blaue Augen, ...*

3 Macht euch Notizen.

1. Jules erster Eindruck von Ralf:
   Wirklichkeit anders als im Fernsehen, ...
2. Ralfs Verhalten gegenüber Jule:
   lächelt, souverän, ...

4 Wie verhält sich Jule gegenüber Ralf? Warum verhält sie sich so?

Szenenwechsel

Laut Drehbuch verlieben sich die Figuren Tina und Gilbert ineinander. Jule bekommt die Textänderungen für den Drehtag und liest entsetzt, dass sie in der nächsten Szene Ralf küssen soll.

Ralf und ich sollen uns dann leidenschaftlich küssen. Leidenschaftlich. Wie küsst man einen Kotzbrocken leidenschaftlich? Heißt das Speichelgesabber und Zungenkreisen mit dem Feind? Ralf hat ja schon tausende von Frauen geküsst, für ihn ist das bestimmt nicht schwer. Aber für mich, Jule, fett und fast ungeküsst, außer von Theo, ist das wie die Besteigung des Mount Everest ohne Bergführer. Noch dazu habe ich heute nichts Stinkendes gegessen.
„Bleib cool, Jule“, versuche ich mich zu beruhigen. Das ist erst mal das Wichtigste, dann wird mir bestimmt noch eine Lösung einfallen. Und tatsächlich – mir kommt eine Idee. Vielleicht ist Katrin aus der Personalabteilung da. Mit der kann ich bestimmt offen reden. Sie hat einen Freund, der auf Reizwäsche steht, und sicher genug Erfahrung, um mir ein paar Tipps zu geben.
Vielleicht findet ihr es komisch, dass ich mit fünfzehn Jahren so wenig mit Jungs zusammen gewesen bin, aber es hat sich einfach nie was ergeben. Die Jungs, die mir gut gefallen, interessieren sich nicht für mich. Na ja, um ehrlich zu sein, über das Kumpelsein hinaus hat sich noch nie einer für mich interessiert. Und ich weiß auch, wieso. Es ist mein Fett. Damit können die nicht umgehen. Jungs brauchen ein Girlie, mit dem sie angeben können. Echt, damit sie selbst besser dastehen. Neben einer Girlie-Tusse kommen ihnen die eigenen Pickel nicht so schlimm vor.

Plötzlich finde ich das alles überhaupt nicht mehr lustig. Versteht ihr das? Was ist nur mit mir los, ich bin doch sonst nicht so empfindlich? Und mit meinen eigenen Kommentaren halte ich mich ja auch nicht gerade zurück.
Franziska klatscht in die Hände. „So, und jetzt geht es mit der Testsequenz von Ralf und Jule weiter.“
Franziska erklärt uns zuerst, wie sie sich die Szene vorgestellt hat. Mir wird übel, richtig übel. Habe ich mir vielleicht den Magen verdorben von der ekligen Fresserei gestern?
Oder ist es doch nur die Aufregung? Gerade sagt Franziska: „Und dann, Jule,

drückst du so die Brust raus, und du, Ralf, hauchst ihr ein Küsschen auf den Hals.“

„Mir wird grad unheimlich schlecht. Entschuldigt“, würge ich heraus und renne aufs Klo. Ich knie vor der weißen Porzellanschüssel, aber ich muss mich nicht übergeben, nur Speichel ausspucken. Schweißperlen stehen auf meiner Stirn. Es ist bloß Angst. Ich, Jule, habe Angst.

Jetzt reiß dich mal zusammen, Jule! Du musst da durch. Ich spritze mir kaltes Wasser ins Gesicht. Das ist ein Fehler. Denn ich habe nicht an mein Make-up gedacht. Es zerläuft in schwarze und braune Rinnsale. Und als ich das im Spiegel sehe, da mischt sich diese Brühe noch mit meinen Tränen. Na prima, denke ich, heulen hilft jetzt auch nichts. Was war denn eigentlich so schlimm? Ralf ist schließlich kein Menschenfresser.

Franziska kommt herein. „Geh weg“, schluchze ich.

„Auf keinen Fall. Was ist denn eigentlich los mit dir?“

„Nichts.“ Ich schrubbe jetzt mein Gesicht, damit Olaf es wieder neu bemalen kann.

1 In dem Buch erzählt die Hauptperson Jule viel von sich selbst. Sucht die Textstellen zu folgenden Fragen heraus:

- Was denkt Jule über Ralf?
- Wie fühlt sie sich gerade?

2 Diskutiert über den Hauptdarsteller Ralf, den ihr nur aus Jules Sicht kennt. Was für ein Typ könnte er sein, wie könnte er zu Jule stehen?

3 Notiert, was Ralf in dieser Situation wohl denkt und fühlt, z. B.:

- *Er würde Jule gern küssen, ...*
- *Er ist wütend über das Drehbuch, ...*

4 Schreibt einen Text, in dem Ralfs Gedanken und Gefühle in dieser Situation zum Ausdruck kommen. Beginnt z. B. so:

Jule und ich sollen uns leidenschaftlich küssen? Da haben sie sich ja was Blödes einfallen lassen. Ständig wird das Drehbuch geändert ...

5 Lest die Texte nacheinander in der Klasse vor. Sprecht jedes Mal darüber, wie ihr Ralf dargestellt habt. Wird er unterschiedlich dargestellt, wirkt er immer arrogant?

Die Autorin

Beatrix Mannel
Beatrix Mannel wurde 1961 in Darmstadt geboren. Sie studierte Theater- und Literaturwissenschaften in Erlangen, München und Perugia. Anschließend war sie Redakteurin bei verschiedenen Fernsehproduktionsfirmen. Sie schrieb Drehbücher für Kindersendungen im Fernsehen, Kurzromane für eine Jugendzeitschrift und Texte für zahlreiche Comedy-Sendungen.

Seit 1999 arbeitet sie als freie Autorin. Sie verfasst Krimis für Erwachsene und ist auch als Jugendbuchautorin erfolgreich. Beatrix Mannel lebt gemeinsam mit ihrem Mann und Sohn Janosch in Bayern.
Bekannt wurde Beatrix Mannel vor allem mit den „Jule"-Büchern. Das erste erschien 2001, mittlerweile gibt es mehrere Bände. Ihr neuestes Anschlussprojekt ist die Krankenhausserie „Help", deren erste Folgen bereits erschienen sind.

TIPP!

Weitere Bücher der Jule-Reihe sind:
„Jule, kussecht"
„Jule, schwindelfrei"
„Jule, zartbitter".

1 Was erfahrt ihr aus der Kurzbiografie über die Autorin Beatrix Mannel?

– Daten – Ausbildung – Familie – bisherige Arbeiten

2 Lest das Interview, das *deutsch.kombi* mit Beatrix Mannel geführt hat.

d.k: Frau Mannel, inwieweit finden sich in „Jule, filmreif" autobiografische Züge?
Autorin: Ich glaube, dass jedes Buch irgendwie autobiografisch ist. Insofern, als man erlebte Dinge unbewusst weiterverarbeitet, daraus ganz andere Geschichten strickt … Ich habe beim Fernsehen gearbeitet, aber nie in einer Soap. Allerdings wurden in meiner unmittelbaren Umgebung (auf dem Bavariagelände in München) Soaps produziert, und ich habe mit vielen gesprochen, die dort gearbeitet haben.
d.k: Glauben Sie, dass Ihre Figuren in „Jule, filmreif" überzeichnet sind?
Autorin: Ein ganz klares Jein! Einige Figuren sind natürlich eher Karikaturen* als echte Menschen. Diese Übertreibung verdeutlicht meiner Meinung nach sehr schön, wie „gaga" eigentlich dieser Medienbetrieb ist …
d.k: Wieso ist die Hauptfigur in Ihrem Buch ausgerechnet Jule? Ein dickes Mädchen?

Autorin: Aus verschiedenen Gründen. Der wichtigste Grund ist der, dass mich Jule interessiert hat. Ich hätte keine Lust gehabt, zum Beispiel über Cindy ein ganzes Buch zu schreiben. Außerdem kenne ich sehr viele Mädchen, die magersüchtig oder bulimisch* sind oder waren. Diese Krankheiten nehmen immer noch zu. Ich wollte eine Heldin, die nicht den ganzen Tag über der Kloschüssel hängt und über ihre Figur nachdenkt. Ich fand es interessant, die Geschichte eines Mädchens zu erzählen, das seine innere Leere nicht mit Essen, sondern mit Ideen und Leben ausfüllt. Außerdem weiß ich, dass viele Mädchen verzweifeln, nur weil sie nicht einem wahnwitzigen Schönheitsideal entsprechen. Ich wollte zeigen, dass man auch als Dicke leben kann – gut leben kann …

d.k: Haben Sie für „Jule, filmreif“ spezielle Recherchen durchgeführt?

Autorin: Ja, insofern, als ich mich mit Menschen, die in Soaps arbeiten, ausführlich unterhalten habe. Da ich aber durch meine Zeit beim Fernsehen schon einiges Vorwissen mitgebracht habe, was zum Beispiel die Medienberufe angeht, war das nicht sehr aufwändig. Ich wusste, was ein Studio ist, was ein Maskenbildner tut, was eine „Dispo“ ist oder welche Probleme ein Aufnahmeleiter an seinem Arbeitsplatz für gewöhnlich hat usw. Für „Jule, zartbitter“, habe ich sehr viel mehr recherchieren müssen. Denn in diesem Band geht es um eine Reportage über Schokolade – und über Schokolade wusste ich nichts, nur dass sie mir gut schmeckt …

d.k: Welche Bücher haben Sie als Kind gern gelesen?

Autorin: Meinen Sie vor oder nach zehn Jahren?

d.k: Nachdem Sie zehn Jahre alt waren.

Autorin: Ich habe schon sehr früh sehr viel gelesen und mit elf habe ich damit angefangen, mir Bücher aus den Bücherregalen meiner Eltern zu holen. Da war alles dabei von Pearl S. Buck über Agatha Christie und Edgar Wallace bis Margaret Mitchell. Außerdem habe ich immer sehr gern Serien gelesen. Eine davon hieß übrigens „Susanne Barden“. Das war eine Trilogie um eine Krankenschwester, die damals noch typisch für Mädchen – einen Arzt heiratet.

d.k: Wären Sie selbst gern ein Serienstar?

Autorin: Nein. Ich finde es viel interessanter, mir Geschichten auszudenken, als die von anderen zu spielen.

d.k: Wir danken für dieses Gespräch und wünschen Ihnen alles Gute.

Autorin: Vielen Dank.

3 Warum wählt Beatrix Mannel ein dickes Mädchen als Hauptperson?

4 Gestaltet ein Informationsblatt über Beatrix Mannel.

- Daten
- berufliche Erfahrung
- Lektüre als Kind
- persönliche Vorlieben

+5 Stellt ein Buch eurer Wahl in der Klasse vor.

Arbeitstechnik „Ein Buch vorstellen“, S. 227

Unter uns

Verliebt in Berlin

Gute Zeiten, schlechte Zeiten

Daily Soaps

1 Das Buch „Jule, filmreif" spielt in der Daily-Soap-Szene. Wie ihr gelesen habt, hat eine deutsche Zeitung geschrieben: „Das Buch ist wie eine Soap". Sprecht darüber, was die Zeitung damit ausdrücken wollte.

Daily Soaps stammen aus dem Amerika der 1930er Jahre. Große Seifenkonzerne und Hersteller von Waschmitteln sorgten dafür, dass im Radio vor und nach der Waschmittelwerbung kurze Geschichten gesendet wurden. Die Inhalte dieser Geschichten bauten täglich aufeinander auf. So entstand eben der Name „daily soap". Die Themen der Episoden stammten aus dem alltäglichen Leben. Das amerikanische Fernsehen übernahm diese Form der Sendung als Seifenoper. Seit den 1980er Jahren laufen sie auch im deutschen Fernsehen. Gekennzeichnet sind die Daily Soaps dadurch, dass es keinen Anfang und kein Ende gibt. Dies unterscheidet sie von einer Serie.

2 Führt in eurer Klasse eine kurze Umfrage zu Daily Soaps durch. Erstellt dazu einen Fragebogen und füllt ihn anschließend anonym aus, z. B.:

Arbeitstechnik „Eine Umfrage vorbereiten", S. 224

☐ Junge ☐ Mädchen

1. Wie lange siehst du ungefähr am Tag fern?
....
2. Welche Soaps siehst du regelmäßig? (Nenne drei)
....
....
....
3. Welche Daily Soap siehst du am liebsten?
....
4. Wie oft siehst du sie in der Woche?
...... mal ....

Verbotene Liebe

3 Sammelt die Fragebögen ein. Wertet sie zunächst mithilfe von Strichlisten aus, z. B.:

Fernsehzeiten	Mädchen	Jungen
unter einer Stunde	III	II
ein bis zwei Stunden	𝍸	𝍸 I
mehr als zwei Stunden	𝍸 I	IIII
	14	12

4 Stellt die Ergebnisse der Umfrage in einem Diagramm dar. Wählt dafür entweder ein Säulendiagramm, ein Kreisdiagramm oder ein Balkendiagramm, z. B.:

Diagramme, S. 111 ff., 236

So lange sehen die Mädchen täglich fern

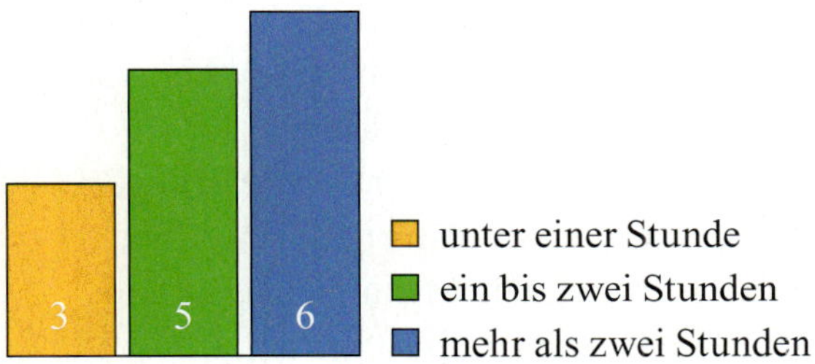

So lange sehen die Jungen täglich fern

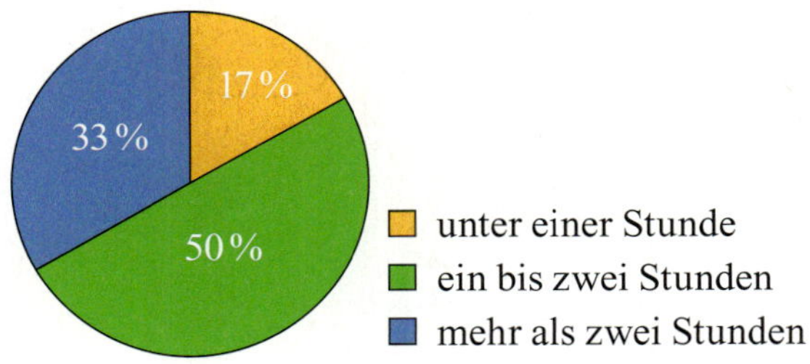

So lange sehen die Jungen täglich fern

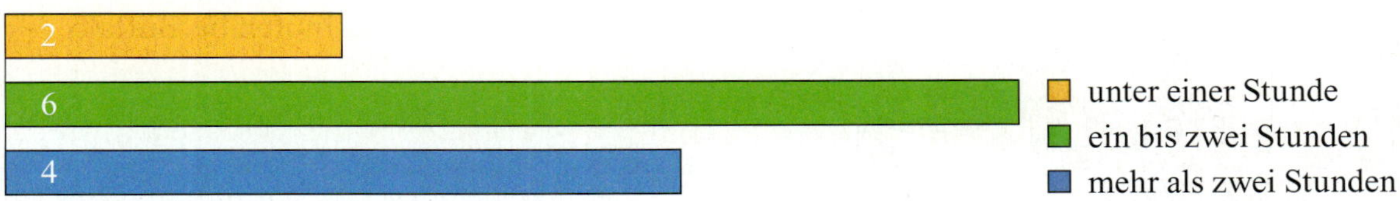

5 Stellt eure Ergebnisse in der Klasse vor. Erläutert die Diagramme.

+6 Diskutiert darüber, welche Bedeutung die Welt der Soaps für euch hat. Entspricht sie eurem Alltag? Was ist gleich, was ist unterschiedlich?

Rettung in höchster Not

John Maynard

Theodor Fontane

„Wer ist John Maynard?"
„John Maynard war unser Steuermann,
Aus hielt er, bis er das Ufer gewann,
Er hat uns gerettet, er trägt die Kron',
Er starb für uns, unsre Liebe sein Lohn.
John Maynard."

* * *

Die „Schwalbe" fliegt über den Eriesee,
Gischt schäumt um den Bug wie Flocken von Schnee,
Von Detroit fliegt sie nach Buffalo –
Die Herzen aber sind frei und froh,
Und die Passagiere mit Kindern und Fraun
Im Dämmerlicht schon das Ufer schaun,
Und plaudernd an John Maynard heran
Tritt alles: „Wie weit noch, Steuermann?"
Der schaut nach vorn und schaut in die Rund':
„Noch dreißig Minuten … Halbe Stund".

Alle Herzen sind froh, alle Herzen sind frei –
Da klingt's aus dem Schiffsraum her wie Schrei,
„Feuer!" war es, was da klang,
Ein Qualm aus Kajüt' und Luke drang,
Ein Qualm, dann Flammen lichterloh,
Und noch zwanzig Minuten bis Buffalo.
Und die Passagiere, buntgemengt,
Am Bugspriet stehn sie zusammengedrängt,
Am Bugspriet vorn ist noch Luft und Licht,
Am Steuer aber lagert sich's dicht,
Und ein Jammern wird laut: „Wo sind wir? Wo?"
Und noch fünfzehn Minuten bis Buffalo.

Der Zugwind wächst, doch die Qualmwolke steht,
Der Kapitän nach dem Steuer späht,
Er sieht nicht mehr seinen Steuermann,
Aber durchs Sprachrohr fragt er an:
„Noch da, John Maynard?"
„Ja, Herr. Ich bin."
„Auf den Strand! In die Brandung!"
„Ich halte drauf hin."
Und das Schiffsvolk jubelt: „Halt aus! Hallo!"
Und noch zehn Minuten bis Buffalo.

„Noch da, John Maynard?" Und Antwort schallt's
Mit ersterbender Stimme: „Ja, Herr, ich halt's!"
Und in die Brandung, was Klippe, was Stein,
Jagt er die „Schwalbe" mitten hinein.
Soll Rettung kommen, so kommt sie nur so.
Rettung: der Strand von Buffalo.

* * *

Das Schiff geborsten. Das Feuer verschwelt.
Gerettet alle. Nur einer fehlt!

* * *

Alle Glocken gehn; ihre Töne schwell'n
Himmelan aus Kirchen und Kapell'n,
Ein Klingen und Läuten, sonst schweigt die Stadt,
Ein Dienst nur, den sie heute hat:
Zehntausend folgen oder mehr,
Und kein Aug' im Zuge, das tränenleer.

Sie lassen den Sarg in Blumen hinab,
Mit Blumen schließen sie das Grab,
Und mit goldner Schrift in den Marmorstein
Schreibt die Stadt ihren Dankspruch ein:
„Hier ruht John Maynard! In Qualm und Brand
Hielt er das Steuer fest in der Hand,
Er hat uns gerettet, er trägt die Kron',
Er starb für uns, unsre Liebe sein Lohn.
John Maynard."

Arbeitstechniken
„Ein Gedicht verstehen", S. 83, 224
„Ein Gedicht auswendig lernen", S. 225

Die Ballade „John Maynard" hat der Schriftsteller Theodor Fontane zwischen 1875 und 1886 geschrieben, nachdem er zuvor vermutlich in einer New Yorker Zeitung ein anderes Gedicht über dieses besondere Ereignis gelesen hatte. Im Jahr 1841 ereignete sich wirklich ein solches Schiffsunglück auf dem Eriesee, bei dem allerdings viele Menschen umkamen, während der Steuermann schwer verletzt überlebte.

1 Lest die Ballade und versucht gemeinsam zu klären, worüber die Ballade erzählt.

2 Warum sind bestimmte Strophen der Ballade von den anderen deutlich abgegrenzt? Lest den Text noch einmal genau.

3 Untersucht die Einleitungsstrophe: Wer spricht mit wem? Tragt die erste Strophe mit verteilten Rollen vor.

4 Klärt die zeitliche Abfolge der vier mit Sternchen abgeteilten Abschnitte der Ballade: Was geschieht wann?

5 Erklärt den Begriff der „Rahmenhandlung". Seht euch dazu den ersten und letzten Abschnitt an.

Eine Inhaltsangabe vorbereiten

1 Die Beantwortung von W-Fragen hilft, einen Text genauer zu verstehen. Lest dazu die Ballade „John Maynard" noch einmal durch und beantwortet die Fragen. Bedenkt, dass meistens mehrere Antworten möglich sind.

Wer tut etwas?	Was geschieht?	Wo passiert es?	Wann ereignet es sich?	Warum kommt es dazu?
– John Maynard – Passagiere – der Kapitän	?	?	?	?

2 Eine andere Hilfe ist das Inhaltsdiagramm. Es gibt den Ablauf der Handlung grafisch wieder. Lest die Ballade noch einmal und schreibt die wichtigsten Aussagen der Ballade auf Kärtchen. Ordnet eure Kärtchen nach folgendem Muster:

Gegenwart	Vergangenheit
Jemand fragt nach dem Steuermann John Maynard.	
	…
	Auf dem Schiff bricht ein Feuer aus.
	…
…	

Balladen sind Gedichte, die in knapper und kunstvoller Sprache spannende und aufregende Begebenheiten erzählen.
Sie beziehen sich oft auf sagenhafte oder tatsächliche Ereignisse und verwenden dabei auch dramatische* Elemente mit kleinen Szenen und wörtlicher Rede.
Meistens wird etwas Allgemeingültiges, eine Idee, eine Tugend oder ein heldenhaftes Verhalten dargestellt.

3 Gebt mithilfe der Kärtchen den Inhalt der Ballade in eigenen Worten wieder. Verbessert euch gegenseitig.

4 Stellt fest, welche Merkmale aus dem Merktext links am Rand auf die Ballade zutreffen.

Eine Inhaltsangabe schreiben

1 Bei einer Inhaltsangabe ist der Einleitungssatz besonders wichtig. Er informiert kurz, um was für einen Text es sich handelt, wer der Verfasser ist und worum es geht, z. B.:

In der Ballade „Der Erlkönig" beschreibt der bekannteste deutsche Dichter, Johann Wolfgang von Goethe, wie ein Vater mit seinem vor Angst fiebernden Kind durch die Nacht reitet.

Übertragt die Tabelle in euer Heft und ergänzt sie durch Angaben zur Ballade „John Maynard".

Textsorte	*Gedicht, Ballade*
Titel	*?*
Verfasser	*?*
Worum es geht	*?*

2 Formuliert eine Einleitung zu einer Inhaltsangabe. Nutzt dazu die Angaben aus der Tabelle, z. B.:
In der Ballade „John Maynard" ...

3 Schreibt jetzt die Inhaltsangabe zu Ende. Nutzt dazu die Antworten auf die W-Fragen bzw. das Inhaltsdiagramm.

4 Prüft in einem ersten Schritt, ob die Antworten auf die Schlüsselfragen bzw. die Sätze aus dem Inhaltsdiagramm ausreichen, um den Inhalt der Ballade wiederzugeben.
Ergänzt, wenn notwendig.

5 Prüft nun, ob ihr Sätze eurer Inhaltsangabe weglassen könnt, ohne dass wichtige Informationen verloren gehen.

ARBEITSTECHNIK

Eine Inhaltsangabe schreiben

1. Lest den Text aufmerksam, klärt Schwierigkeiten und unbekannte Wörter.
2. Formuliert den Einleitungssatz (Titel, Textart, Verfasser, „Worum geht es?")
3. Beantwortet W-Fragen (Wer? Was? Wo? Wann? Warum?).
4. Erstellt ein Inhaltsdiagramm (Handlungsablauf in Überschriften).
5. Schreibt das Wichtigste in verständlichen Sätzen und verbindet diese zu einem Text (zunächst, anschließend, danach, später, schließlich, ...).
6. Schreibt im Präsens. Vermeidet die wörtliche Rede.

Nis Randers
Otto Ernst

Krachen und Heulen und berstende Nacht,
Dunkel und Flammen in rasender Jagd –
Ein Schrei durch die Brandung!

Und brennt der Himmel, so sieht man's gut:
Ein Wrack auf der Sandbank! Noch wiegt es die Flut;
Gleich holt sich's der Abgrund.

Nis Randers lugt – und ohne Hast
Spricht er: „Da hängt noch ein Mann im Mast;
Wir müssen ihn holen."

Da fasst ihn die Mutter: „Du steigst mir nicht ein!
Dich will ich behalten, du bliebst mir allein,
Ich will's, deine Mutter!

Dein Vater ging unter und Momme, mein Sohn;
Drei Jahre verschollen ist Uwe schon,
Mein Uwe, mein Uwe!"

Nis tritt auf die Brücke. Die Mutter ihm nach!
Er weist nach dem Wrack und spricht gemach:
„Und seine Mutter?"

Nun springt er ins Boot und mit ihm noch sechs:
Hohes, hartes Friesengewächs;
Schon sausen die Ruder.

Boot oben, Boot unten, ein Höllentanz!
Nun muss es zerschmettern ...! Nein: es blieb ganz! ...
Wie lange? Wie lange?

Mit feurigen Geißeln peitscht das Meer
Die menschenfressenden Rosse daher;
Sie schnauben und schäumen.

Wie hechelnde Hast sie zusammenzwingt!
Eins auf den Nacken des andern springt
Mit stampfenden Hufen!

Drei Wetter zusammen! Nun brennt die Welt!
Was da? – Ein Boot, das landwärts hält –
Sie sind es! Sie kommen! –

Und Auge und Ohr ins Dunkel gespannt …
Still – ruft da nicht einer? – Er schreit‘s durch die Hand:
„Sagt Mutter, ’s ist Uwe!“

W-Fragen, Inhaltsdiagramm, S. 106

1 Erarbeitet den Inhalt dieses Gedicht mithilfe der W-Fragen und des Inhaltsdiagramms.

2 Untersucht das Gedicht mithilfe des Merktextes auf Seite 106: Welche Merkmale der Ballade treffen hier zu?

Arbeitstechnik „Ein Gedicht wirkungsvoll vortragen“, S. 225

3 Worin besteht das Allgemeingültige dieser Ballade? Klärt dazu folgende Fragen:
- Warum versucht die Mutter Nis davon abzuhalten, den Mann im Mast zu retten?
- Wie verhält sich Nis?

+4 Stellt Vermutungen darüber an, warum 1990 ein Seenotkreuzer nach der Figur Nis Randers aus dieser Ballade getauft wurde.

+5 Verfasst eine Inhaltsangabe zu der Ballade „Nis Randers“. Nutzt dazu die Arbeitstechnik auf S. 107.

Richtig essen! Aber was denn?

Die Ernährungspyramide

1 Das Bild dieser Ernährungspyramide lässt sich wie ein Text lesen. Bearbeitet in Gruppen die folgenden Aufgaben:

- Schreibt genau auf, was von unten nach oben dargestellt wird. Ordnet die folgenden Bezeichnungen den einzelnen Abschnitten der Pyramide zu:

  Kartoffeln / Getreideprodukte
  Fette / Öle
  Gemüse / Obst
  Süßigkeiten / Snacks
  Milchprodukte / Fleisch / Fisch

- Klärt gemeinsam, worüber diese Ernährungspyramide informiert und warum die Form einer Pyramide verwendet wurde.

2 Schreibt einen kurzen Text über die Ernährungspyramide. So könnt ihr beginnen:

Diese Ernährungspyramide ist ein Vorschlag, wie ...
Sie zeigt auf der untersten Ebene die ...
Auf der zweiten Ebene ...

Ein Diagramm erstellen

1 Sprecht darüber, welche Nahrungsmittel ihr am Tag hauptsächlich zu euch nehmt.

2 Stellt in einem Diagramm* dar, wie ihr euch ernährt. Führt dazu eine kleine Umfrage in eurer Klasse durch:
- Schreibt die drei Nahrungsmittel auf einen Zettel, die ihr am häufigsten esst.
- Nennt zuerst das, welches den größten Teil eurer Nahrung ausmacht usw.

Seid ehrlich. So könnte euer Zettel aussehen:

- *Brot*
- *Bananen*
- *Milch*

3 Sammelt die Zettel ein und wertet sie gemeinsam in einer Strichliste aus.
Die 1. Nennung jedes Schülers bekommt drei Punkte,
die 2. zwei und
die 3. einen Punkt.

4 Stellt die Ergebnisse grafisch dar.

Wählt A oder B:

A: Ihr stellt eure Ergebnisse in einem Säulendiagramm dar.
B: Ihr stellt eure Ergebnisse in einem Kreisdiagramm dar.

Diagramme, S. 103, 236

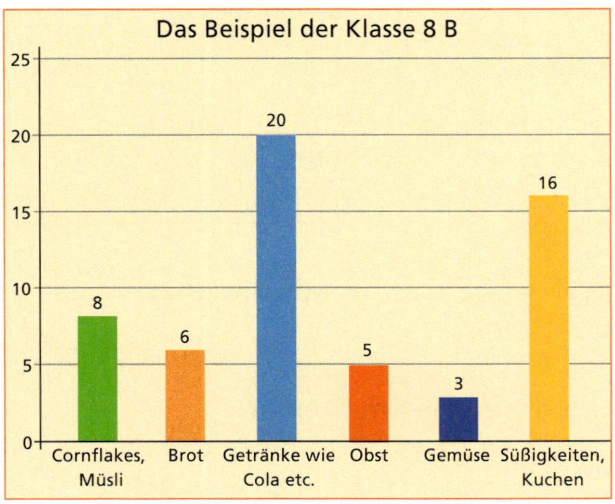

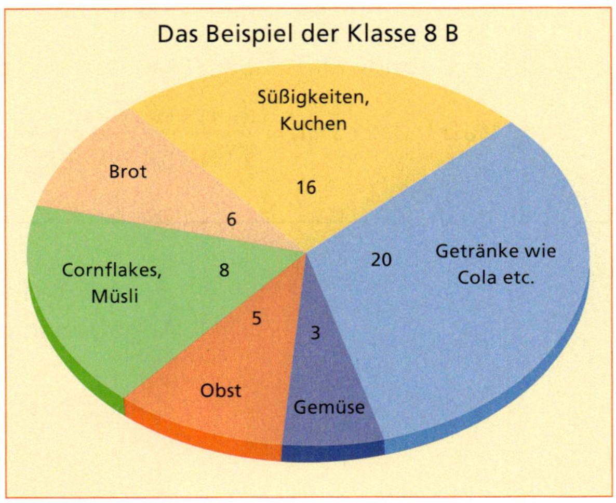

5 Vergleicht eure Ergebnisse und schreibt einen kurzen Text über die Umfrage in eurer Klasse.

TIPP
Computerhinweis: Daten in Tabellenform kann man in einem Programm für Tabellenkalkulation in Diagramme umwandeln.

Die richtige Gewichtsklasse

Der Body Mass Index (BMI)* von Mädchen und Jungen verschiedenen Alters

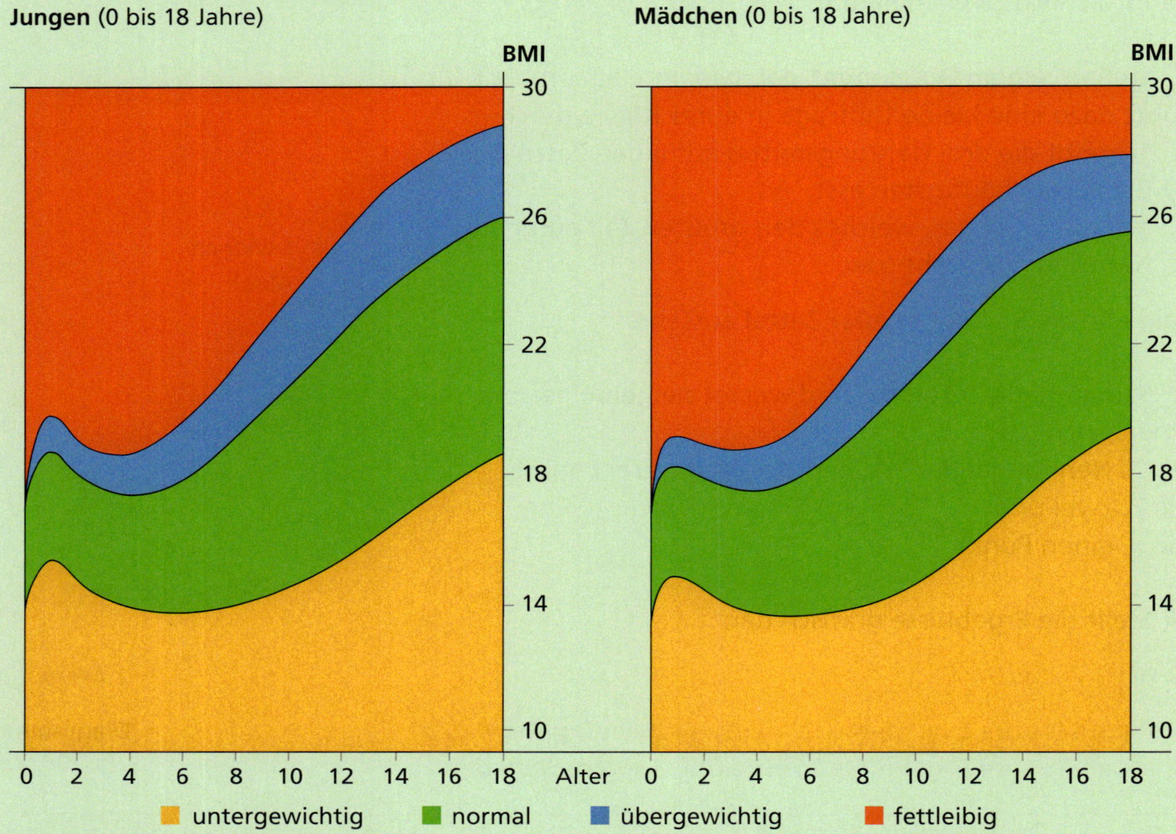

Mithilfe des Body Mass Index (BMI) lässt sich das Körpergewicht beurteilen.

$$\text{Body Mass Index (BMI)} = \frac{\text{Körpergewicht (kg)}}{\text{Körpergröße (m)}^2} \qquad \text{Beispiel: } \frac{72{,}25\,\text{kg}}{(1{,}70\,\text{m})^2} = \text{BMI } 25.$$

1 Lest und erklärt die Überschrift sowie die zusätzlichen Angaben in dem Diagramm.

2 Was wisst ihr bereits zu diesem Thema?

3 Die Weltgesundheitsorganisation hält einen BMI zwischen 20 und 25 als Durchschnittswert für optimal. Warum sind die Angaben in dem Diagramm oben genauer?

4 Welche Größen/Angaben werden in diesem Diagramm im Einzelnen dargestellt?

5 Berechnet den BMI eines 16-jährigen Mädchens, das 1,56 m groß und 45 kg schwer ist. Schaut in dem Diagramm S. 112 nach, ob das Mädchen als untergewichtig, normal, übergewichtig oder fettleibig einzustufen ist.

6 Ein 15-jähriger Junge hat ein Gewicht von 60 kg und ist nach dem Diagramm auf Seite 112 untergewichtig. Woran liegt das? Unter welchen Voraussetzungen wäre er normalgewichtig?

7 Errechnet euren eigenen BMI und seht im Diagramm auf Seite 112 nach, zu welchem Bereich ihr gehört.

8 Beurteilt die Grafik abschließend:
- Was konntet ihr leicht erfahren, was war schwieriger?
- Sprecht darüber, ob die Angaben in dem Diagramm für alle Menschen, in allen Ländern, zu allen Zeiten gleichermaßen gelten.
- Was wird mit diesem Diagramm beabsichtigt?

ARBEITSTECHNIK

Ein Diagramm verstehen und auswerten

1. Lest die Überschrift und alle zusätzlichen Angaben.
2. Überlegt, was ihr schon selbst zu dem Thema wisst.
3. Untersucht, welche Angaben das Diagramm enthält: Welche Größen/Zahlen sind dargestellt, wie verhalten sie sich zueinander und was sagen sie aus?
4. Stellt fest, welche Diagrammform für die Darstellung der Zahlen gewählt wurde.
5. Schlagt unbekannte Begriffe nach, wenn es nötig ist.
6. Prüft die Aktualität, die Quelle und eventuell die Art der Erhebung.
7. Fasst eure Ergebnisse gedanklich zusammen:
   – Was habt ihr durch das Diagramm erfahren?
   – Welche Absicht wird deutlich?
   – Was ist sehr wichtig?
   – Was ist eher unwichtig?
   – Welche Ergänzungen sind denkbar/wünschenswert?

Grafiken/Diagramme informieren

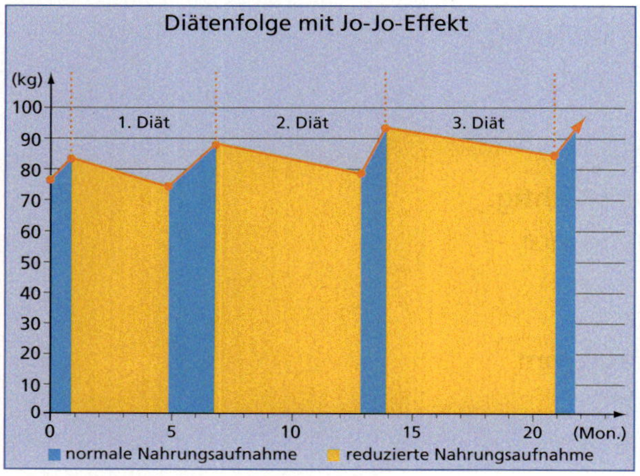

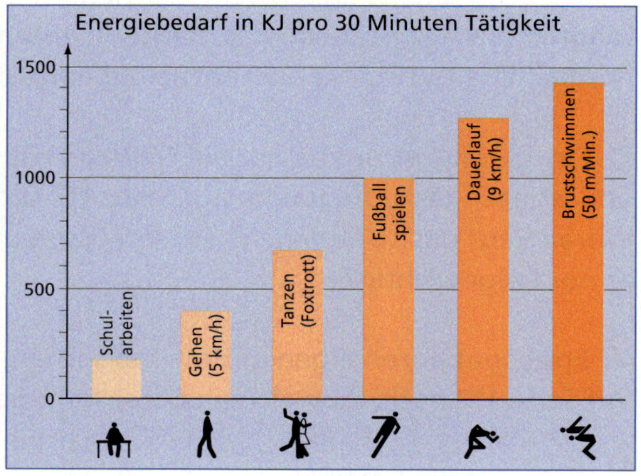

1 Erschließt den Inhalt beider Diagramme. Nutzt dazu die Arbeitstechnik auf Seite 113.

2 Was haben die Inhalte der beiden Diagramme mit den Bemühungen um ein Normalgewicht zu tun?

Nährstoff- und Energiegehalt ausgewählter Nahrungsmittel

Nahrungsmittel (jeweils 100g)	Nährstoffgehalt (in %): Eiweiße	Fette	Kohlehydrate	Wasser	Energiegehalt in Kilojoule
Rindfleisch	22	4		74	512
Eier (roh)	13	22	1	74	664
Vollmilch	3	3,5	4,5	89	269
Käse	26	30	1	43	1613
Kartoffeln	2		18	80	301
Äpfel			14	86	251
Pommes frites	4	8	34	54	924
Pizza	9	9	25	57	905
Bratwurst	13	33		54	1436

Info-Punkt

Die Nahrung eines Menschen sollte zu 60 Prozent aus Kohlenhydraten, zu 25 Prozent aus Fetten und zu 15 Prozent aus Eiweiß bestehen.

3 Erschließt den Inhalt des Diagramms.

4 Vergleicht die Aussagen des Diagramms mit euren Essgewohnheiten. Welche Schlussfolgerungen könnt ihr daraus ziehen?

Ernährungsberatung

Gewichtsprobleme – Ein Interview

Daniel, seit wann hast du diese Probleme mit deinem Gewicht?
Eigentlich schon immer. Ich kann mich erinnern, dass sie mich schon vor meiner Kindergartenzeit „Dickerchen“ oder „Fettie“ genannt haben.

Hast du eine Ahnung, warum du so dick warst?
Erst hat mir meine Mutter eingeredet, die Hormone seien schuld oder das sei Veranlagung. Und ich habe das auch geglaubt. Aber ganz klar, ich habe einfach zu viel gegessen. Essen war bei uns zu Hause immer so etwas wie eine Belohnung oder auch ein Trost.

Wie sah denn bei euch zu Hause das Essen aus?
Meine Eltern lieben kräftiges, deftiges und fettes Essen: Schweinebraten, Bratwurst, Speck und alles mit viel Fett und Sahnesaucen. Das waren eigentlich immer Kalorienbomben und ich habe munter mitgegessen.

Und wie lange ist das so geblieben?
Ich bin zunächst nur unsicher geworden, weil ich beim Vergleich mit meinen Freunden den Unterschied nicht übersehen konnte. Meine Mutter hat das irgendwie gemerkt, aber immer noch gemeint, dass ich so dick gar nicht sei und mir doch den Vater anschauen solle, der sei dick.

Und dann hat sich etwas geändert? Was geschah?
Eines Tages hat meine Tante Monika, eine Ernährungsberaterin, mir ein paar Ratschläge gegeben …

1 Die Ratschläge der Ernährungsberaterin könnt auch ihr zusammenstellen:
Beantwortet dazu folgende Fragen und stellt Vergleiche an. Nutzt auch die Diagramme in diesem Kapitel.

1. Was ist bei Diäten zu beachten?
2. Warum sind gezuckerte Limonaden bei einer bewussten Ernährung nicht unbegrenzt erlaubt?
3. Vergleicht den Kilojoulegehalt von Äpfeln und Bratwürsten.
4. Vergleicht den Wassergehalt der angegebenen Nahrungsmittel.
5. Welche Sportarten verbrauchen die meiste Energie?

2 Fasst eure Ernährungsratschläge in einer schriftlichen Empfehlung zusammen.

Leben schenken

1 Schaut euch die Abbildungen und Überschriften in diesem Kapitel an. Worum geht es hier?

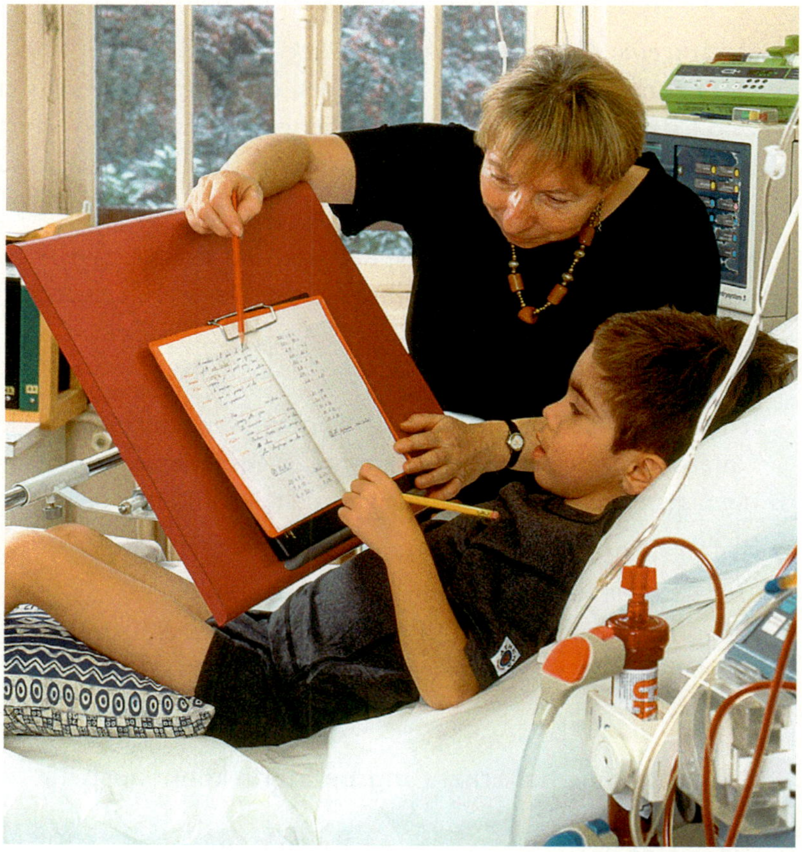

Arbeitstechnik „Einen Sachtext lesen und verstehen", S. 226

Derzeit warten in Deutschland etwa 11.500 Patientinnen und Patienten auf eine Organspende, davon circa 10.000 auf eine Niere. Aber die Warteliste ist lang, die Organspenden reichen nicht aus. Für Herz und Leber gilt: Einige Patienten müssen wegen ihres schlechten Allgemeinzustandes von der Warteliste genommen werden, andere sterben, weil nicht rechtzeitig ein Spendeorgan zur Verfügung steht.
Die Transplantation ist heute ein Behandlungsverfahren, das sich durchgesetzt hat. Es wird in etwa 50 Kliniken der Bundesrepublik angewendet. Jeden Tag werden in Deutschland durchschnittlich elf Organe übertragen.

Um alle Patienten versorgen zu können, müssten pro Jahr zur Verfügung stehen:

Herz:	900
Leber:	1.100
Niere:	3.500
Lunge:	400
Bauchspeicheldrüse:	400

Transplantationsgesetz

§ 1 Anwendungsbereich

(1) Dieses Gesetz gilt für die Spende und die Entnahme von menschlichen Organen, Organteilen oder Geweben (Organen) zum Zwecke der Übertragung auf andere Menschen sowie für die Übertragung der Organe einschließlich der Vorbereitung dieser Maßnahmen. Es gilt ferner für das Verbot des Handels mit menschlichen Organen.

(2) Dieses Gesetz gilt nicht für Blut und Knochenmark sowie embryonale und fetale Organe und Gewebe.

§ 2 Aufklärung der Bevölkerung, Erklärung zur Organspende, Organspenderegister, Organspendeausweise

(1) Die nach Landesrecht zuständigen Stellen, die Bundesbehörden im Rahmen ihrer Zuständigkeit, insbesondere die Bundeszentrale für gesundheitliche Aufklärung, sowie die Krankenkassen sollen auf der Grundlage dieses Gesetzes die Bevölkerung über die Möglichkeiten der Organspende, die Voraussetzungen der Organentnahme und die Bedeutung der Organübertragung aufklären. …

Organspendeausweis
nach § 2 des Transplantationsgesetzes
Organspende

Name, Vorname .... Geburtsdatum

Straße .... PLZ, Wohnort

BZgA Bundeszentrale für gesundheitliche Aufklärung

Organspende schenkt Leben.

Kostenlose Auskunft erhalten Sie beim Infotelefon Organspende der Bundeszentrale für gesundheitliche Aufklärung in Zusammenarbeit mit der Deutschen Stiftung Organtransplantation unter der Telefonnummer 0800/90 40 400.

Wenn ich mir vorstelle, ich müsste jede Woche dreimal für fünf Stunden ins Krankenhaus, weil meine Nieren nicht arbeiten …

2 Tragt zusammen, was ihr über Organspenden wisst und wie ihr darüber denkt.

Ich fände es gut, wenn mehr Menschen …, aber ich frage mich …

Ich weiß nicht – wenn ich mir vorstelle, ich würde bewusstlos ins Krankenhaus eingeliefert und dann …

Ich bin für Organspenden, weil …

Was ist eine Organspende?

Herzen, Nieren, Lebern

1 „Dein Junge ist im Krankenhaus“, rief die Freundin atemlos. Mal wieder, dachte Conny Copitzky. Ihr Sohn Jörg, inzwischen Student, hatte schon als Kind viele Unfälle gehabt, „ein Unglücksrabe“. Als man sie aber auf die Intensivstation der Klinik in Lutherstadt Wittenberg führt, wird ihr bang. Dann sitzt sie da, wartet. Auf dem Tisch ein Infoblatt: „Organspende rettet Leben.“ Endlich steht der Chefarzt vor ihr, hilflos. Der Junge sei nach einer Geburtstagsfeier über ein Treppenhausgeländer gestürzt. Er habe schwere Kopfverletzungen, man könne ihm nicht mehr helfen. Der Hirntod sei eingetreten.

2 „Sie wollen sicher die Organe von meinem Sohn“, sagt die Mutter. Intuitiv weiß sie sofort: „Es wäre in seinem Sinne.“ Jörg war ein Menschenfreund, großzügig, hat immer alle eingeladen, wenn er mal was hatte. Und weil sie sich diesem ihrer drei Kinder immer besonders seelenverwandt gefühlt hat, ist sich die Kinderkrankenschwester ganz sicher: Jörg hätte Ja gesagt. Das Transplantationsgesetz legt fest: Die Angehörigen dürfen entsprechend dem mutmaßlichen Willen des Verstorbenen entscheiden. Ein klarer Fall also.

3 Allerdings beantworten 40 Prozent der Angehörigen die Frage nach einer Organspende mit Nein. Von selbst spricht kaum jemand die Ärzte darauf an. Das ist einer von vielen Gründen, warum es in Deutschland an Organspenden mangelt. Eine fatale Situation für Tausende, die dringend auf eine Transplantation warten. […]

4 Conny Copitzky tritt ans Bett ihres Sohnes. Er hat die ganze Maschinerie um sich herum: Tropf, Bluttransfusion, künstliche Beatmung. Sie steht am Fußende, legt ihre Hände auf seine Füße und registriert: Die sind warm. „Jetzt, wo du tot bist, hast du warme Füße. Immer hattest du kalte“, denkt sie. Nach einer durchwachten Nacht an seiner Seite geht sie nach Hause.

5 Später erfährt sie, dass alle vier Transplantationen – das Herz, die beiden Nieren, die Leber – erfolgreich waren. Da muss sie furchtbar weinen. „Es ist noch etwas von ihm da!“ Als sie Freunden und Bekannten davon erzählt, freuen sich nur einige mit ihr. Andere machen ihr Vorwürfe: Man lässt doch sein Kind nicht zerstückeln!

Arbeitstechnik „Einen Sachtext lesen und verstehen“, S. 226

1 Lest die Überschrift des Textes und den ersten Satz jedes Abschnitts. Worum geht es in dem Text?

2 „Da muss sie furchtbar weinen: ‚Es ist noch was von ihm da!'", heißt es in Zeile 28/29. Warum weint Jörgs Mutter?

3 Frau Copitzky wird vor eine schwere Entscheidung gestellt. Wie kommt es dazu? Was bedenkt sie bei ihrer Entscheidung?

4 Ordnet die folgenden Stichworte den Abschnitten des Textes auf S. 118 zu.

- Nachtwache beim hirntoten Sohn
- Jörg hätte zu einer Transplantation Ja gesagt.
- Erfolgreiche Transplantationen
- Der Hirntod ist eingetreten.
- Mangel an Organspenden

5 Fasst den Text in wenigen Sätzen zusammen.

6 Was ist mit den Ausdrücken im Kasten gemeint?

- **der mutmaßliche Wille (Z. 16)**
- Unglücksrabe (Z. 3)
- Hirntod (Z. 8)
- seelenverwandt (Z. 13)
- eine fatale Situation (Z. 20)
- eine durchwachte Nacht (Z. 26)
- erfolgreiche Transplantationen (Z. 27/28)

Erschließt aus dem Zusammenhang und erklärt wie im Beispiel:

der mutmaßliche Wille –
Jörg ist tot, man kann nicht sicher wissen, welche Entscheidung er für richtig gehalten hätte. Aber seine Mutter weiß, wie er über vieles gedacht hat und was vermutlich sein Wille gewesen wäre.

Organspende – manchmal die letzte Hoffnung

Wer kann Organspender sein?

Aus den Informationen der Bundeszentrale für gesundheitliche Aufklärung zur Organspende:

1 Als Spender von Organen kommen neben Lebendspendern Menschen in Frage, deren Gehirnfunktionen bereits erloschen sind, deren Herz-Kreislauf-System jedoch noch künstlich aufrechterhalten wird. Da aber in den meisten Sterbefällen zuerst der Herzstillstand eintritt, kommen nur wenige Verstorbene als potentielle Organspender in Betracht. Das sind jene, bei denen der Hirntod dem endgültigen Herzstillstand vorausgeht und das Herz-Kreislauf-System im Rahmen einer Intensivtherapie künstlich aufrechterhalten werden kann.
So sterben in deutschen Krankenhäusern jährlich rund 400.000 Menschen. Davon kommt es bei ungefähr einem Prozent zum Hirntod, bevor der Herzstillstand eintritt. Diese Verstorbenen kommen für eine Organspende in Frage.

2 Für eine erfolgreiche Organspende ist es natürlich wesentlich, dass gespendete Organe gesund und funktionsfähig sind. Deshalb werden bei einem Hirntoten im Falle eines Einverständnisses mit einer Organspende unmittelbar vor der Entnahme des Organs verschiedene Untersuchungen durchgeführt, um die Funktionsfähigkeit der Organe zu überprüfen.

3 Wer kommt als Lebendspender in Frage? Das Transplantationsgesetz gestattet die Lebendspende, sieht aber erhebliche Einschränkungen vor: So ist die Lebendspende von Organen nur unter Verwandten ersten oder zweiten Grades erlaubt. Das sind beispielsweise Eltern oder Geschwister des Empfängers, der Ehepartner, der Verlobte oder andere Personen, die dem Empfänger besonders persönlich verbunden sind.
Lebende können zum Beispiel eine Niere spenden, weil die Nieren paarig vorhanden sind.

4 Eine feste Altersgrenze gibt es nicht. Entscheidend ist das biologische und nicht das kalendarische Alter. Auch die funktionstüchtige Niere eines 65-jährigen Verstorbenen kann einem Dialysepatienten wieder ein fast normales Leben schenken.
Laut Transplantationsgesetz können Minderjährige ebenfalls ihre Bereitschaft zur Organspende ab dem 16. Lebensjahr erklären.
Ihren Widerspruch können sie ab dem 14. Lebensjahr zum Ausdruck bringen. Eine Einwilligung der Eltern ist nicht notwendig.

1 Lest die Überschrift des Textes und den ersten Satz jedes Abschnittes. Stellt Vermutungen darüber an, worum es in diesem Text geht.

2 Lest den Text jetzt Abschnitt für Abschnitt. Fasst jeden Abschnitt in einem möglichst kurzen Satz zusammen.

3 Erschließt die blau markierten Begriffe. Beachtet dabei die Hinweise zur Arbeitstechnik.

ARBEITSTECHNIK

Wörter (Begriffe) aus dem Zusammenhang erschließen

1. Lest den Satz.
2. Zerlegt lange Wörter in Wortbausteine, z. B.: Herz – still – stand.
3. Prüft, was in dem Satz noch gesagt wird.
4. Lest den vorhergehenden und den folgenden Satz. Auf diese Weise kann man oft die Bedeutung eines Wortes (Begriffes) in dem besonderen Zusammenhang finden.
5. Ersetzt das Wort (den Begriff) durch eine eigene Formulierung und prüft, ob sich ein Sinn ergibt.

Die DSO informiert

Die DSO (Deutsche Stiftung Organtransplantation) informiert über den Ablauf einer Organspende:

Von der Spendermeldung zur Transplantation

1 *Rund 12.000 schwerkranke Patientinnen und Patienten warten in Deutschland auf eine Transplantation. Bevor ihnen die gute Nachricht „Wir haben ein Organ für Sie“ übermittelt werden kann, sind bereits viele Stunden vergangen, wurden schwierige persönliche und medizinische Entscheidungen getroffen.*

2 Der Weg von der Organspende zur Transplantation ist lang. Er beginnt, wenn in der Intensivstation eines Krankenhauses ein Patient an einer Hirnschädigung gestorben ist und die Ärzte ihn als möglichen Spender der Deutschen Stiftung Organtransplantation (DSO) melden.

3 Zunächst muss im Krankenhaus – unabhängig von einer Organspende – der Hirntod nach den Richtlinien der Bundesärztekammer festgestellt werden. Bei Bedarf vermittelt die DSO einen unabhängigen Experten, der das Krankenhaus bei der Hirntod-Diagnostik unterstützt. Erst nach der Feststellung des Todes durch zwei erfahrene, unabhängige Ärzte tritt der Koordinator der DSO in Aktion.

4 Nun ist die Frage zu klären, ob es eine Zustimmung zu einer Organentnahme gibt: Hat der Verstorbene zu Lebzeiten eine Erklärung dazu abgegeben? Liegt diese vor? Falls dies nicht der Fall ist, entscheiden die Angehörigen. Dabei orientieren sie sich am mutmaßlichen Willen des Verstorbenen. Oft ist es der behandelnde Arzt, der ihnen die Bitte um eine Entscheidung vorträgt. Auf Wunsch beteiligt sich der Koordinator der DSO an dem Gespräch.

5 Bei einem Ja zur Organspende übernimmt der Koordinator gemeinsam mit dem behandelnden Arzt und den Pflegekräften auf der Intensivstation die medizinische Betreuung des Spenders. Bis zur Explantation wird das Herz-Kreislauf-System des Hirntoten künstlich – durch Beatmung und Medikamente – aufrechterhalten. Nur so bleiben die Organe für eine Transplantation funktionstüchtig.

6 Insbesondere Herz und Lunge können nämlich ohne Blutversorgung nur wenige Stunden in einer Konservierungslösung überleben. Aber auch hier gilt: Je schneller das Organ transplantiert wird, desto besser sind seine Überlebenschancen. Den schnellstmöglichen Transport der Organe hat der Koordinator zu diesem Zeitpunkt bereits organisiert.

7 Nach der Explantation verschließt der Chirurg die Wunden und stellt die äußere Makellosigkeit des Verstorbenen her. Der Leichnam kann aufgebahrt werden, die Bestattung ohne nennenswerte Verzögerung stattfinden. Der würdevolle Umgang mit dem Verstorbenen und der Respekt vor den trauernden Angehörigen bleiben in jeder Phase oberstes Gebot.

8 In einem Brief bedankt sich der Koordinator bei den Angehörigen: Er würdigt ihre Zustimmung zur Organentnahme und teilt ihnen mit, welche Organe transplantiert werden konnten. Transplantatempfänger bleiben für die Familie des Spenders anonym, doch bei der Organisationszentrale kann sie sich stets über ihr Wohl erkundigen. In einem weiteren Brief dankt der Koordinator Ärzten, Pflegekräften und dem OP-Team des Krankenhauses für ihre Mitarbeit.

+1 Erschließt den Inhalt des Textes und die Bedeutung wichtiger Begriffe.

+2 **Richtig oder falsch?**
Hier findet ihr einige Aussagen zum Text. Prüft, ob sie zutreffen oder nicht. Gebt zu jeder Aussage an, ob sie richtig ist oder nicht, und in welchen Zeilen die passenden Informationen stehen, z. B.:

A: falsch, Zeile ...

A: Alle Verstorbenen werden automatisch der DSO gemeldet.

B: Der Hirntod des Spenders wird durch zwei Ärzte unabhängig voneinander festgestellt.

C: Der Verstorbene wird bis zur Organentnahme künstlich beatmet.

D: Wenn keine schriftliche Zustimmung eines Verstorbenen vorliegt, ist die Organentnahme in keinem Fall möglich.

E: Die Organe können nach der Entnahme nicht aufbewahrt oder transportiert werden.

F: Die Familie des Spenders kennt den Organempfänger nicht.

G: Nach der Organentnahme werden die Wunden verschlossen.

TIPP!
Weitere Informationen zum Thema findet ihr im Internet unter den Suchwörtern „Organspende“ und „Transplantationsgesetz“.

Was steht in der Zeitung?

Anzeige
Aufmacher
Bericht
Foto
Glosse
Inhaltsübersicht
Karikatur
Kasten
Kolumne
Kommentar
Kurzmeldungen
Leitartikel
Nachricht
Ressort
Schlagzeile
Spalten
Überschrift
Umbruch

1 Welche Tageszeitungen könnt ihr auf dem Foto erkennen? Welche kennt ihr außerdem? Schreibt sie auf.

2 Sprecht darüber, warum Zeitungen gelesen werden. Informieren kann man sich auch im Internet, im Fernsehen oder durch Radiosendungen.
Worin bestehen die Unterschiede?

3 Klärt die Bezeichnungen „regionale Zeitung“ und „überregionale Zeitung“.
- Ordnet sie den euch bekannten Zeitungen zu.
- Versucht zusätzliche Informationen dazu zu beschaffen, z. B. aus dem Internet.

+4 Besorgt euch unterschiedliche Tageszeitungen vom gleichen Tag und untersucht, wie die Titelseiten aufgebaut sind. Verwendet dabei die Fachbegriffe vom Rand.

Ordnung muss sein

1 Tageszeitungen sind in so genannte Sparten gegliedert. Die wichtigsten erscheinen jeden Tag an derselben Stelle. Die Stuttgarter Zeitung war am 18. März 2005 in folgende Sparten gegliedert:

Politik	Region Stuttgart
Die Dritte Seite	Was – Wann – Wo
Südwestdeutsche Zeitung	Kultur
Leserforum	Podium
Wissenschaft	Funk und Fernsehen
Wirtschaft	Das Buch
Aus aller Welt	Campus
Stuttgart	Sport

Stellt Vermutungen darüber an, welche Artikel und Themen auf den Seiten vorkommen.

2 Ordnet die Kurzinformationen aus der Spalte „Heute“ (Inhaltsverzeichnis) aus der Stuttgarter Zeitung vom 18.3.2005 den Sparten zu.

3 Untersucht, wie die Tageszeitungen, die ihr in eurer Klasse habt, gegliedert sind.

+4 Sammelt aus euren Zeitungen interessante Artikel. Schneidet sie aus und ordnet sie nach Sparten an der Pinnwand eurer Klasse.

+5 Untersucht eine Sparte, z. B. „Sport“, genauer.
- Welche Themen werden behandelt?
- Wie sind die Sportarten verteilt?

Themen:

Fußballergebnisse
Weltmeisterschaft im Schwimmen
...

Sportarten:

5 Artikel zum Fußball
2 Artikel zum ...

HEUTE

Arsenal wirbt um Hleb
Eine angebliche Offerte von Arsenal London an Alexander Hleb hat beim VfB Wirbel gemacht. Doch der Verein versichert, der Weißrusse werde bleiben.
■ Sport Seite **36**

Geld als Motiv
Hinter dem Mord an einem 44-Jährigen in Stuttgart steckt offenbar ein Streit um Geld. Der Täter hat seinen Kompagnon seit längerer Zeit bedroht.
■ Stuttgart Seite **21**

Angst vor Konzernen
Die Konzentration in der Entsorgungsbranche schreitet voran. Für viele Mittelständler sind die gesetzlich vorgeschriebenen neuen Anlagen zu teuer.
■ Wirtschaft Seite **15**

Mehr politische Intelligenz
Die Geschichte der Macht ist so alt wie die Menschheit, das Ideal einer vom Geist bestimmten Herrschaft auch – eine Dresdner Tagung zum Thema.
■ Kultur Seite **31**

Hitlers Bombenbauer
Rainer Karlsch hat für sein Buch „Hitlers Bombe“ Kritik einstecken müssen. Doch liefert es neue Belege, dass deutsche Forscher die Bombe ernsthaft wollten.
■ Wissenschaft Seite **31**

Klinikum wird keine GmbH
Nach einem Beschluss des Gemeinderates wird das Klinikum Stuttgart vorerst keine GmbH. Nun soll rasch eine geänderte Eigenbetriebssatzung her.
■ Stuttgart Seite **22**

Dax: 4315,92 Punkte (+0,16 %)
Euro: 1,3378 $ (Vortag: 1,3373)
■ Börse Seite **16** und **17**

Wetter: heiter, 19° Seite **16**

Arbeitstechnik „Einen Sachtext lesen und verstehen“, S. 226

Genauer lesen

1 Lest den folgenden Artikel aus der Frankfurter Rundschau vom 1. April 2005.

Frankfurter können lustvoll fit werden

FR-Serien zeigt, wie man Wohlbefinden durch gesunde Ernährung und Bewegung erreicht / Aktionen zum Mitmachen

VON FRIEDERIKE TINNAPPEL

Sich dünn machen oder mit den Pfunden wuchern, es ist Zeit für Veränderungen: Die Serie „Lustvoll fit“, die heute beginnt, soll Mut machen und Anregungen geben für ein bewegtes und gesundes Leben.

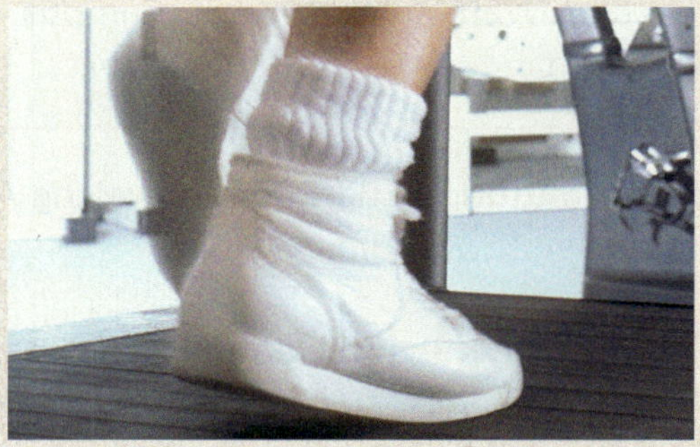

Lustvoll fit

Fünf Wochen bietet die FR Tipps zum Bewegen, Abnehmen und Wohlfühlen sowie Aktionen in Frankfurt und der Region: Machen Sie mit.
Alle Beiträge stehen auch im Internet:
www.fr-aktuell.de/fitness

FRANKFURT 1. APRIL • Silke (38) hat sich einen neuen Rock gekauft. Größe 38. Er soll in drei Wochen, wenn die Freundin Hochzeit feiert, passen. Jetzt geht sie jeden Abend in die Bockenheimer Sportfabrik und alle sind gespannt, ob's klappt. Vor allem Frauen sind mit ihrem Gewicht nicht zufrieden. Jede Zweite hat bereits eine Diät hinter sich, jede Fünfte sogar schon mehr als fünf – dies hat vor einem Jahr, im Frühling 2004, eine Forsa-Umfrage ergeben. Jetzt ist wieder Frühling und plötzlich stört der Winterspeck.

Im Buchhaus Hugendubel stehen zwei Regale voll mit den populärsten Diät-Varianten. Im Vergleich zu den vielen Titeln, die es gibt, eine relativ kleine Auswahl, meint ein Verkäufer. Und in jedem Jahr kommen neue hinzu. Den Diäten-Bestseller gibt es nicht. Da werden Klassiker wie die Weight-Watchers oder die Brigitte-Diät ebenso nachgefragt wie die Glyx- oder die Low-Carb-Diät. Die Verbraucherzentrale Hessen hält von diesen beiden Diäten, bei denen die Kohlenhydrate im Mittelpunkt stehen, nicht viel. Das Weight-Watcher-Programm und die Brigitte-Diät seien dagegen durchaus geeignet, um auf gesunde Art ein paar Pfunde loszuwerden.

Ruhig mal wieder in die Luft gehen: Hüpfen und Springen machen gute Laune und Bewegung ist der Schlüssel für die Traumfigur

Um das erreichte Gewicht zu halten, hilft aber nur eine nachhaltige Umstellung der Ernährung, sagt Andrea Schauff. Die gertenschlanke Frau arbeitet bei der Verbraucherzentrale in der Großen Friedberger Straße als Ernährungsberaterin.

Ausdrücklich warnt sie vor Wundermitteln, die über Nacht schlank machen sollen. Gern preisen so genannte Experten, Ärzte oder Apotheker die teuren Pillen und Pulver an. Abnehmen beginnt im Kopf. Nur im Dreiklang von gesunder Ernährung, Bewegung und Entspannung lässt sich das Wohlbefinden dauerhaft verbessern.

Sport ist gut, sollte aber nicht in Stress ausarten. Immer locker bleiben, nie übertreiben, empfehlen die Fachleute, die bei der FR-Serie mitgeholfen haben. Es gibt nicht nur eine Schmerz-, sondern auch eine Spaßgrenze.

Ganz schnell merken auch Anfänger, wie gut ihnen regelmäßige Bewegung tut. Bequeme Kleidung, Laufschuhe und schon geht‘s in die erste Runde. Walken ist anfangs vielleicht besser als joggen. Den ganzen Tag über viel Wasser trinken. Das bremst den Appetit automatisch. Und auf den Körper hören. Als kleine Muntermacher zwischendurch gibt es mehrere FR-Aktionen: Am Freitag und Samstag, 8. und 9. April, können zehn Leser und Leserinnen ihre Leistungsfähigkeit von zwei Sportmedizinern testen und sich zudem beraten lassen. An den beiden Wochenenden darauf werden zehn Leser von morgens bis abends die Angebote der Bockheimer Sportfabrik kostenlos nutzen, anschließend, auf Wunsch, Sauna bis zum Abwinken.

Die Brüder Halbow vom Hotel Restaurant „Schöne Aussicht“ in Bergen werden ein Fitness-Menü zum Nachkochen zusammenstellen. Und als großes Finale ist dann eine gemeinsame Walking-Tour im schönen Taunus geplant.

Siehe auch Seite 35

2 Übertragt die Tabelle in euer Heft. Schreibt aus dem Artikel von S. 126/127 die entsprechenden Angaben heraus.

Zeitung	Frankfurter Rundschau
Schlagzeile	?
Unterzeile	?
Datum und Quellenangabe	?
Vorspann (Leadtext): kurz das Wichtigste	?
Nachrichtentext (body)	?

+3 Diskutiert über den Inhalt dieses Zeitungsartikels. Ihr könnt dazu auch die Informationen aus dem Kapitel „Richtig essen – aber was denn?“, S. 110 ff., nutzen.

+4 Schlagzeilen sollen kurze Informationen enthalten und die Leser zum Weiterlesen reizen. Macht einen Test:

- Sucht aus euren Tageszeitungen Schlagzeilen heraus. Schneidet sie mit den dazugehörigen Artikeln aus.
- Heftet nur die Schlagzeilen wie im Beispiel an die Tafel. Stellt Vermutungen darüber an, worum es in den Artikeln gehen könnte.
- Lest nun die Artikel und stellt fest, ob eure Vermutungen zutreffen.

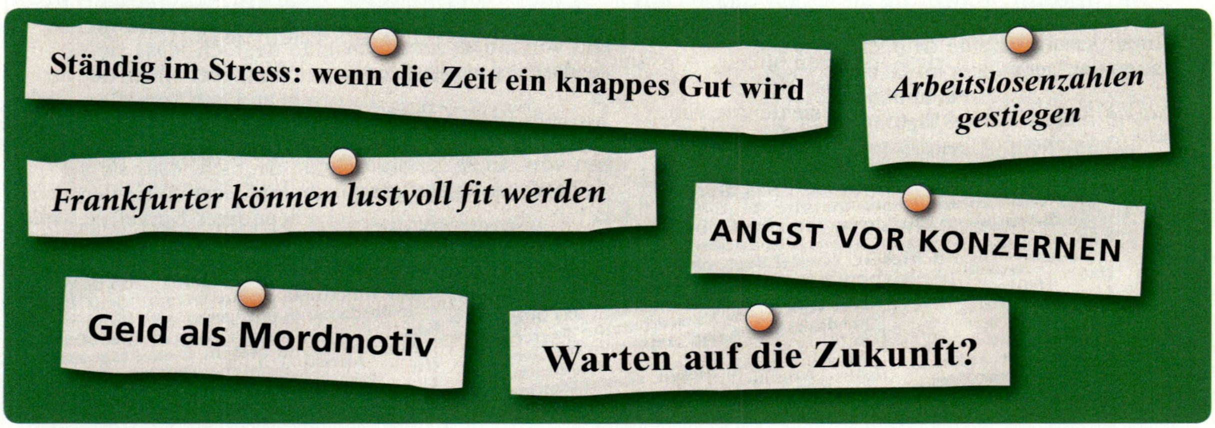

Zeitung in der Schule – ein Projekt

+1 Lest den Text zum Projekt Zeitung in der Schule (ZiSch) aufmerksam durch und gebt den wesentlichen Inhalt mit eigenen Worten wieder.

Zeitung in der Schule

In dem Projekt Zeitung in der Schule (ZiSch) werden Schülerinnen und Schüler ab der 5. Klasse mit Zeitungen vertraut gemacht. Sie sollen dabei nicht nur Zeitungen regelmäßig lesen, sondern auch selbst redaktionell und gestalterisch tätig werden. Schulen und Zeitungsverlage arbeiten dabei zusammen, die beteiligten Schülerinnen und Schüler erhalten je nach Abmachung bis zu 12 Wochen lang täglich eine Zeitung. Am besten fragen interessierte Klassen bei ihrer regionalen Zeitung nach. Hat der Zeitungsverlag kein Interesse, können sie sich an überregionale Zeitungen wenden. Hilfen bietet dabei das Institut zur Objektivierung von Lern- und Prüfungsverfahren unter der E-Mail-Adresse www.izop.de an.

Unterschiedliche Aktivitäten sind möglich:

a. kostenlose Zeitungslieferung an die Klasse
b. Informationsmappen zum Thema „Zeitung“ für den Unterricht
c. Redaktionsbesuche
d. Zusammenarbeit mit Redakteuren
e. Gestaltung einer Zeitungsseite durch die Klasse und anschließende Veröffentlichung in einer Tagesausgabe
f. Besuche in der Druckerei

+2 Informiert euch bei eurer regionalen Tageszeitung, ob sie an dem Schulprojekt ZiSch teilnimmt.
Wenn ihr Interesse an diesem Projekt habt, erkundigt euch nach den Bedingungen für eine Teilnahme.

TIPP!
Ihr könnt euch auch im Internet darüber informieren: Suchwort „ZiSch“ oder „Zeitung in der Schule“.

Suchen – Finden – Suchen

Welche Menschen waren schon auf dem Mond?

Heißt es „der", „die" oder „das" Joghurt?

Was ist ein Hörsturz?

Was ist EPO?

Was ist ein Wankelmotor?

Und was ist Wankelmut?

Wer entwickelte das Penizillin?

Seit wann wird das Türkische mit dem lateinischen Alphabet geschrieben?

Was sind High Heels?

Heißt es „während des Essens" oder „während dem Essen"?

Was ist Gothic?

Aus welcher Sprache stammt das Wort „Orange" ursprünglich?

Heißt es „ich erschreckte" oder „ich erschrak"?

Manche Brillenträger sind kurzsichtig, andere weitsichtig. Was ist der Unterschied?

Wer ist Wilhelm Tell?

„Bei jemandem in der Kreide stehen" – Was bedeutet diese Redewendung?

Wie spricht man „Vanille" aus?

Wer ist Nelson Mandela?

1 Versucht, einige der Fragen zu beantworten. Welche Vermutungen habt ihr?

2 In welchen Nachschlagewerken kann man Informationen zu den Fragen auf S. 178 finden?

3 Unter welchem Stichwort würdet ihr bei den einzelnen Fragen nachschlagen?

4 Bringt Nachschlagewerke mit. Sucht darin Antworten auf die Fragen.

Info-Punkt

Es gibt unterschiedliche Arten von Nachschlagewerken: In einem Lexikon findet man z. B. Informationen zu Sachthemen, in einem Wörterbuch Informationen über Wörter und ihren Gebrauch.

Mondlandung ▶ Apolloprogramm

Apolloprogramm, ziviles Raumfahrtprogramm der USA, das am 29. 7. 1960 von der NASA bekannt gegeben wurde. Es wurden drei Hauptziele angestrebt: 1. Mondflüge mit drei Astronauten, 2. Bau von erdnahen ▶ **Raumstationen,** 3. Start unbemannter Sonden zu Mars und Venus. Die Mondflüge wurden mithilfe der 110 m hohen Saturn 5, einer dreistufigen Rakete, durchgeführt. Sie diente als Trägerrakete für das Apollo-Raumfahrzeug, das aus drei Teilen bestand und eine Gesamtmasse von 43 t hatte. – 1. Kommandokapsel, 2. Versorgungs- und Geräteteil, 3. Mondlandefähre. Die Fähre bestand aus zwei Teilen; in dem einen flogen die Astronauten zum Mutterschiff zurück, der zweite wurde auf dem Mond zurückgelassen und diente als Startrampe. Das Fahrzeug Apollo 11 flog nach dem Start mit einer Geschwindigkeit von 28.200 km/h zuerst in eine Wartebahn um die Erde ein, um dann, nach erneuter Zündung, auf die Flugbahn zum Mond einzuschwenken. Dann löste sich das Apollo-Fahrzeug von der dritten Stufe und legte innerhalb von rund drei Tagen die 380.000 km bis zum Mond unter Ausnutzung seiner ▶ **kinetischen Energie** antriebslos zurück. Nach einem normalen Flug begann am 20. 7. um 21.05 Uhr (MEZ) das Mondlandefahrzeug „Eagle“ (Adler) mit N. Armstrong und E. Aldrin an Bord den Landeanflug und setzte 13 Minuten später auf dem Mond auf. Am 21.7.1969, 3.56 Uhr, betrat als erster Mensch Neil Armstrong den Mondboden; 13 Minuten später folgte der zweite Pilot, Aldrin. Millionen Menschen verfolgten die Tätigkeit der zwei Astronauten auf dem Mond in einer Fernsehdirektübertragung. Die Astronauten sammelten Gesteinsproben ein, stellten einen Reflektor für Laserstrahlen und ein Seismometer auf und setzten ein Segel zum Einfangen von Sonnenmaterie. Nach etwa 2 Stunden war ihre Mission abgeschlossen, und die beiden Piloten kehrten in die Landefähre zurück. Um 18.45 Uhr hob das Oberteil der Landefähre mit den beiden Piloten vom Mond ab zum Dockingmanöver mit der Apollo-Kommandokapsel, die mit M. Collins den Mond auf einer Parkbahn weiter umkreiste. Zurück blieben auf dem Mond die aufgestellte amerikanische Flagge neben den wissenschaftlichen Instrumenten und der Landeteil des Eagle mit einer Plakette, die die Inschrift trägt: „Wir kamen in Frieden, stellvertretend für die ganze Menschheit.“

Raumstation
(Weltraumstation, Orbitalstation), mit mehreren Astronauten bemanntes Raumflugsystem, in dem ein Aufenthalt über längere Zeit möglich ist

kinetische Energie
▶ **Energie** [griechisch], *ursprünglich die Fähigkeit eines Körpers, Arbeit zu leisten. So hat jeder Körper aufgrund seiner Lage und seiner Bewegung in Bezug auf andere Körper eine Lageenergie (potenzielle Energie: z. B. kann ein angehobenes Gewicht durch seinen Fall Arbeit leisten) und eine Bewegungsenergie (kinetische Energie: z. B. ein fahrendes Auto)*

5 Schlagt die blau markierten Sachverhalte und Wörter nach.

6 Wer nachschlägt, sucht Antworten auf seine Fragen.
Welche Stichwörter passen zu welcher Frage? Ordnet zu.

Fragestellung:	**Stichwort:**	**Wenn ich dort nichts finde, suche ich unter einem übergeordneten Begriff:**
1. Wie entstehen Sternschnuppen?	a) Astronaut	A) extraterrestrisches Leben
2. Warum können Raumfahrzeuge verglühen?	b) UFO	B) Luftbild
3. Wie wird eine Rakete angetrieben?	c) Raketentriebwerk	C) Rakete
4. Gibt es Leben außerhalb der Erde?	d) Satellitenbild	D) Reibung
5. Wer war der erste Mensch im Weltall?	e) Sternschnuppe	E) Raumfahrt
6. Welche Einzelheiten kann man aus dem Weltall auf der Erdoberfläche erkennen?	f) Luftwiderstand	F) Meteorit

7 Lest diesen Text. Formuliert Fragen dazu.
Tauscht die Fragen mit einem Partner aus und schlagt nach.

1+1

Gewichtslosigkeit, Schwerelosigkeit, ein beim antriebslosen Weltraumflug (oder beim freien Fall zur Erdoberfläche) auftretender Zustand, bei dem alle Körper gewichtslos werden und frei in der Kabine des Weltraumfahrzeugs schweben, sofern sie nicht festgeschnallt sind. Gewichtslosigkeit tritt ein bei verschiedenen Formen des parabolischen Fluges (bei maximaler Geschwindigkeit von 250 m/s und einem Steigwinkel von 30° herrschen 25 s Gewichtslosigkeit) sowie bei einer Kreisbahn in 500 km Entfernung um die Erde (permanente Gewichtslosigkeit). Die bisherigen bemannten Raumflüge haben gezeigt, dass der Mensch die Gewichtslosigkeit mindestens einige Tage oder Wochen lang gefahrlos ertragen kann, obwohl mitunter lästige Empfindungen (Schwindelgefühle, Erbrechen u. a.) auftreten können. ▶ **Weltraumfahrt**

Heimtückische Waffen

Anzahl der registrierten Minenopfer 2002:

Tschetschenien	5.695
Afghanistan	1.286
Kambodscha	834
Indien	523
Kolumbien	530

Landminenproblematik

Jedes Jahr werden über 20.000 Menschen durch Landminen (insbesondere APM) getötet oder verstümmelt. Die Minen werden von Armeen verlegt. Nach dem Ende der Kampfhandlungen bleiben sie oft ungesichert zurück. Die meisten Minenopfer sind deshalb Zivilisten. Sie kommen ums Leben, weil vor allem Brunnen, andere Versorgungseinrichtungen, Verkehrswege und Felder vermint wurden.

Weltweit sind nach Angaben der Vereinten Nationen etwa 100 Mio. Landminen verlegt. Jedes Jahr werden etwa 100.000 Landminen geräumt, gleichzeitig jedoch rund 10 Mio. neu produziert und rund 2 Mio. neu verlegt. Mit dem heutigen Räumtempo würde das Räumen aller derzeit verlegten Minen 1000 Jahre dauern.

Antipersonenmine,
Abkürzung APM, eine Landmine (Mine); kleinerer Sprengkörper, der bei Belastung oder Berührung durch eine Person explodiert und sie dabei verwundet oder tötet.
Landminen werden vor allem in innerstaatlichen Konflikten als Mittel des Terrors gegen die Zivilbevölkerung eingesetzt. Seit 1999 sind sie durch ein internationales Übereinkommen verboten, dem eine große Zahl von Staaten angehört.

1 Klärt folgende Fragen:
- Was ist eine Antipersonenmine?
- Warum sind diese Minen eine große Gefahr?
- Für wen sind sie gefährlich?

Ich dachte, das Leben ist zu Ende

Rafi lacht. Stolz präsentiert der 13-jährige Junge sein rotes Kinderfahrrad. Dann zieht er demonstrativ sein linkes Hosenbein hoch. Hervor schaut ein blaugrauer Holzstumpf, an dem ein Turnschuh befestigt ist. Stolz schwingt er sich in die Pedalen und gleitet elegant durch den tristen Hof einer alten Fabrik im verwüsteten Süden der afghanischen Hauptstadt Kabul.

Rafi hatte Glück im Unglück. Er war sechs Jahre alt, als er auf dem Weg zum Markt auf eine Mine trat. „Als ich aufwachte, wusste ich gleich, dass etwas Schreckliches passiert war", sagt er. „Ich hatte schreckliche Schmerzen. Ich dachte, das Leben ist zu Ende." Heute ist er ein fröhlicher Junge, der versucht, trotz seiner Behinderung einen Platz im Leben zu bekommen. Hilfe fand er bei der UNICEF.

Sie finanziert ein Rehabilitationsprogramm für minen- und kriegsverletzte Mädchen und Jungen. Die UNICEF berät bei der Entwicklung der Hilfsmaßnahmen. Die Kinder erhalten dort Krankengymnastik und lernen, sich mithilfe ihrer Prothesen zu bewegen. In Werkstätten lernen sie, Fahrräder zusammenzubauen, oder sie besuchen Nähkurse.

In Afghanistan gibt es Tausende Kinder und Jugendliche, die durch Minen oder Granatsplitter gelähmt sind oder Arme und Beine verloren haben. Das UNICEF-Programm soll ihnen auch Selbstbewusstsein und Zuversicht vermitteln. Rafi und seine Freunde organisieren zum Beispiel Fahrraddemonstrationen für die Rechte Behinderter oder rufen zu den landesweiten Impftagen gegen Kinderlähmung auf.

„Ich möchte gerne mein rotes Fahrrad behalten", sagt Rafi, als er seine Runde gedreht hat. „Nach dem Training bekommst du ein eigenes", antwortet Rafiza Rasuly, eine UNICEF-Mitarbeiterin. „Die Bedingung ist, dass du damit zur Schule fährst!"

2 Besitzt Rafi eigentlich ein Fahrrad? Erzählt seine Geschichte.

3 Formuliert für jeden Abschnitt eine Zwischenüberschrift.

4 Was ist mit den folgenden Ausdrücken gemeint?
Findet dafür andere Formulierungen.

„Rafi hatte Glück im Unglück." → *Nach seinem Unfall fand Rafi …*
„… der versucht, einen Platz im Leben bekommen" → *… der nach Möglichkeiten sucht, wie er …*
„Das Programm soll Selbstbewusstsein und Zuversicht vermitteln." → *Das Programm hilft den Kindern und Jugendlichen …*

Nichts ist gefährlicher als Routine

Vera Bohle ist die einzige deutsche Minenräumerin in Krisengebieten. Ihr letzter Einsatz war in Afghanistan.

Vor ihrem ersten Einsatz schenkten Freunde ihr zwei Glücksarmbänder. Das eine soll ihr helfen, viele Minen zu finden, das andere dafür sorgen, dass sie wieder mit allen Gliedmaßen nach Hause kommt. Die Bänder haben ihr bislang Glück gebracht. „Doch Glück hat man nicht immer", meint Vera Bohle und dreht die Perlen der Armbänder zwischen ihren Fingern.

Vera Bohle, 1,84 Meter groß und blond, ist die einzige Deutsche, die in den Krisengebieten der Welt Minen räumt. Täglich riskiert sie dabei ihr Leben. Bis vor einem Jahr arbeitete sie im Auftrag der Hilfsorganisation Help e.V. in Afghanistan. In Herat, nahe der iranischen Grenze, schulte sie ein Team von afghanischen Minenräumern. Sie brachte den Minenräumern bei, wie man amerikanische Streubomben aufspürt und entschärft. Beim zweiten Einsatz in Kabul war Vera Bohle zuständig für Ausbildung, Koordinierung und technische Standards. Zum Minenräumen trägt sie eine Splitterschutzweste, feste Schuhe und einen Helm mit einem Gesichtsschutz aus Plexiglas. In ihrer rechten Hand hält sie einen Detektor, an dessen Ende ein kreisförmiger Sensor befestigt ist. Spürt das Gerät einen metallhaltigen Gegenstand auf, beginnt es zu piepen. Mit der „Minensuchnadel" genannten Stahlspitze sticht Vera Bohle im flachen Winkel in den Boden und kratzt behutsam die Erde weg. Sie entschärft die Mine, indem sie mit der Hand den Zünder herausdreht. Oder sie führt aus sicherer Entfernung eine kontrollierte Sprengung durch.

Mehr als 60 Länder der Welt sind von versteckten Landminen betroffen. Afghanistan steht auf der Liste ganz oben. Deutschland ist einer der größten Geldgeber bei der Minenräumung dort. Vor ihrem Einsatz hatte Vera Bohle verschiedene Befürchtungen: Ob sie als Frau anerkannt würde? Müsste sie ein Kopftuch tragen oder gar die Burka? Im Land war dann alles ganz anders: Ihre afghanischen Kollegen akzeptieren sie auch ohne Kopftuch, was zählt, ist ihr Sachverstand.

Minenräumen bedeutet nicht nur ständige Todesgefahr, die Arbeit ist auch mühevoll und langwierig. Oft arbeitet Vera Bohle 14 Stunden am Tag, sieben Tage die Woche. Ihr Blick ist auf den Boden gerichtet. Vorsichtig setzt sie einen Fuß vor den anderen, eine falsche Bewegung kann sie das Leben kosten. „Nichts ist gefährlicher als Routine", sagt sie. „Man fühlt sich sicher und schon lässt die Konzentration nach." Doch das stundenlange Konzentrieren zermürbt. In der prallen Sonne unter dem Schutzanzug rinnt ihr der Schweiß in Strömen den Rücken hinab. Dennoch macht ihr die Arbeit Spaß. „Ich habe das Gefühl, etwas Sinnvolles zu tun, außerdem erfülle ich mir einen Jugendtraum.“

Vera Bohle wollte entweder Auslandskorrespondentin oder Entwicklungshelferin werden. Als sie dann für das ZDF in Somalia arbeitete, war sie schockiert vom Elend der Bürgerkriegsflüchtlinge. Die alte Idee der Entwicklungshilfe tauchte wieder auf: Sie wollte den Flüchtlingen helfen. Aber wie beginnen?

Sie hatte ihr Studium bereits abgeschlossen und arbeitete in der Redaktion des ZDF Politmagazins „Kennzeichen D“. Da las sie eines Tages in der Zeitung von der Dresdner Sprengschule, die als einzige öffentliche Einrichtung in Europa zivile Minenräumer ausbildet. Und plötzlich wusste sie: „Das ist es, was ich machen will.“ Mit 29 Jahren hängte sie die Karriere beim Fernsehen an den Nagel und begann noch einmal bei null.

Mosambik und Simbabwe, der Kosovo und Afghanistan waren Vera Bohles bisherige Stationen als Minenräumerin. Stets ist sie die einzige Frau unter den „Feuerwerkern“.

1 Vera Bohle hat einen ungewöhnlichen Beruf. Stellt ihn in einem Referat vor: Aufgaben, Tätigkeiten, Ausbildung, Ausrüstung, Einsatzorte, Auftraggeber, Gefahren und Belastungen.

Arbeitstechnik „Ein Referat halten“, S. 27, 221

2 Der Text ist zum Teil im Präsens (in der Gegenwart) geschrieben, zum Teil im Präteritum (in der Vergangenheit). Untersucht, welche Abschnitte im Präsens stehen.

3 Der Text enthält unterschiedliche Informationen. Sucht sie heraus und ordnet sie in die Tabelle ein:

Informationen über Vera Bohle	*Informationen über den Beruf Minenräumer*	*Informationen über den politischen Hintergrund*
zwei Glücksarmbänder ...	*Lebensgefahr ...*	*Minengefahr in Afghanistan ...*

4 Beantwortet folgende Fragen:
- Gibt es viele Minenräumer?
- Wer stellt sie ein?
- Wer organisiert diese Arbeit?
- Was sind Streubomben?
- Was tut die Bundesrepublik Deutschland gegen die Gefahr der Landminen?

TIPP

Weitere Informationen findet ihr im Internet unter dem Suchwort „Landminen“.

Verliebt, verlobt, verheiratet

Es waren zwei Königskinder

Volksballade

Es waren zwei Königskinder,
Die hatten einander so lieb,
Sie konnten zusammen nicht kommen:
Das Wasser war viel zu tief:

„O Liebster, kannst du nicht schwimmen?
So schwimme doch her zu mir!
Drei Kerzen will ich dir anzünden,
Die sollen leuchten dir.“

Da saß eine falsche Nonne,
Die tat, als wenn sie schlief,
Sie tat die Kerzen ausblasen:
Der Jüngling ertrank so tief.

Ein Fischer wohl fischte lange,
Bis er den Toten fand:
„Nun sieh da, du liebliche Jungfrau,
Hast hier deinen Königssohn.“

Sie nahm ihn in ihre Arme
Und küsste ihm den bleichen Mund;
Es musst’ ihr das Herzlein brechen,
Sie sank in den Tod zur Stund’.

Ein Jüngling liebt ein Mädchen

Heinrich Heine

Ein Jüngling liebt ein Mädchen,
Die hat einen andern erwählt;
Der andre liebt eine andre,
Und hat sich mit dieser vermählt.

Das Mädchen heiratet aus Ärger
Den ersten besten Mann,
Der ihr in den Weg gelaufen;
Der Jüngling ist übel dran.

Es ist eine alte Geschichte,
Doch bleibt sie immer neu;
Und wem sie just passieret,
Dem bricht das Herz entzwei.

Liebeserklärung

Hans Manz

„Ich liebe dich OHNE ...“
„Was stört dich an mir?“
„Ich liebe dich WENN ...“
„Was soll ich tun?“
„Ich liebe dich UND ...“
„Wen noch?“
„Ich liebe dich ABER ...“
„Welche Einschränkung kommt jetzt noch?!“
„Geduld doch: Ich liebe dich OHNE WENN UND ABER!“

Verwunschen

Wilhelm Busch

Geld gehört zum Ehestande,
Hässlichkeit ist keine Schande,
Liebe ist beinah absurd.
Drum, du nimmst den Junker Jochen
Innerhalb der nächsten Wochen.
Also sprach der Ritter Kurt.

Vater, flehte Kunigunde,
Schone meine Herzenswunde,
Ganz umsonst ist dein Bemühn.
Ja, ich schwör's bei Erd und Himmel,
Niemals nehm ich diesen Lümmel
Ewig, ewig hass ich ihn.

Nun, wenn Worte nicht mehr nützen,
Dann so bleibe ewig sitzen,
Marsch mit dir ins Burgverlies.
Zornig sagte dies der Alte,
Als er in die feuchte, kalte
Kammer sie hinunterstieß.

Jahre kamen, Jahre schwanden.
Nichts im Schlosse blieb vorhanden
Außer Kunigundens Geist.
Dort, wo graue Ratten rasseln,
Sitzt sie zwischen Kellerasseln,
Von dem Feuermolch umkreist.

Heute noch ist es nicht geheuer
In dem alten Burggemäuer
Um die Mitternacht herum.
Wehe, ruft ein weißes Wesen,
Will denn niemand mich erlösen?
Doch die Wände bleiben stumm.

Anna liebt Jens, Katharina liebte Georg

Irmela Brender

Anna liebt Jens. Und Jens liebt Anna. Die Zeit bleibt stehen. Die Welt wird still. Noch nie hat es eine solche Liebe gegeben.

Anna kann nur von Jens noch reden. Oder von der Liebe. Aber wenn Anna die Großmutter besucht, soll sie die Großmutter reden lassen. Alte Leute erzählen gern.

„Erzähl mir eine Liebesgeschichte, Großmutter. Die schönste, die du kennst."

„Die schönste Liebesgeschichte, die ich kenne … Das ist eine wahre Geschichte. Und sie ist schon lange her." Anna lächelt. Früher kann es keine Liebesgeschichten gegeben haben. Nicht so wie heute. Nicht so wie diese. Jens liebt Anna und Anna liebt Jens.

„Katharina liebte Georg und Georg liebte Katharina. Sie war bei einer Herrschaft in Dienst und er handelte mit Geflügel. Wenn er frisch geschlachtete Hühner brachte, dann musste er mit ihr verhandeln. Sie sprachen darüber, wie alt die Hühner waren, wie schwer und wie fett und wie viel sie kosten sollten. Von Mal zu Mal sprachen sie länger darüber, die gnädige Frau musste Katharina warnen, nicht zu viel Zeit zu vertun mit diesem Georg, aber es half nichts. Und weil es damals Mädchen genug gab, die zu einer Herrschaft in Dienst wollten, sodass man auf eine bestimmte wie Katharina gar nicht angewiesen war, kündigte die gnädige Frau der Katharina, als es ihr zu bunt wurde. Als Georg das nächste Mal kam mit seinen Hühnern, weinte Katharina und sagte, sie brauche eine neue Stelle. Und Georg antwortete, statt eine Stelle zu suchen, solle sie doch ihn heiraten. Und da tat sie es."

„Aber, Großmutter! Das soll eine Liebesgeschichte sein?"

„Warte, Anna. Die Geschichte hat erst angefangen."

„Aber sie sind ja schon verheiratet! Und so, wie das früher war, können sie jetzt bloß noch Kinder kriegen und alt werden. Was wird da mit der Liebesgeschichte?"

„Die ging immer weiter, Katharina und Georg bekamen Kinder, acht, wie das damals so war, und sie wurden älter und die Liebe hörte nicht auf. Katharina freute sich über jeden Tag, weil es ein Tag mit Georg war, und Georg freute sich über jede Nacht, weil es eine Nacht mit Katharina war, und umgekehrt genauso. Natürlich hatten sie Sorgen wie alle Leute, aber die erschienen ihnen nicht so schlimm, wie sie

hätten sein können, weil sie die allergrößte Sorge nicht hatten – ohne einander sein zu müssen. Liebe – kann man erklären, wie das ist?“ Die Großmutter schaut auf ihre Hände und schüttelt den Kopf. „Katharina und Georg hätten es nicht erklären können. Sie konnten wohl überhaupt nicht gut erklären. Aber wer sie sah, der begriff alles an der Art, wie sie einander gern anschauten, einander gern zuhörten, einander gern berührten, auch wenn es nur flüchtig war, gern beieinander waren.

Nun, alles ging weiter, die Kinder wurden erwachsen und verließen das Haus, Enkel kamen, Katharina sorgte für sie, wenn es nötig war, zwei zog sie auf, weil die Väter starben, daneben kümmerte sie sich um den Haushalt, um das Geflügelgeschäft, das sie jetzt hatten, und war freundlich und geduldig mit jedem, der zu ihr kam. Damals lernte ich sie kennen, und es kam mir vor, als seien ihre Stunden und Minuten länger als die anderer Leute, weil sie immer Zeit für jeden hatte, und Zeit zum Freundlichsein.

Dann wurde Georg krank. Es war eine schlimme Krankheit mit großen Schmerzen. Magenkrebs, ich sage das Wort nicht gern. Man musste ihm extra kochen, ihn füttern, ihn pflegen. Er übergab sich oft. Die Kinder, die jetzt erwachsen waren, sagten zu Katharina: Er muss ins Krankenhaus. Es ist zu viel für dich. Ein kranker alter Mann. Die Belastung ist zu groß für dich. Katharina schaute die an, die so redeten, und schien gar nicht zu verstehen, dass der kranke alte Mann, die Belastung, Georg sein sollte. Sie pflegte ihn mit Geduld und Liebe und Achtung. Ja, Achtung: oder Respekt. Wie man Respekt hat vor einem alten Mann, der sabbert und sich erbricht? Indem man ihn liebt.“

Die Großmutter macht eine Pause, in der sie über diesen Satz nachzudenken scheint. Anna wagt nicht zu fragen, ob die Geschichte jetzt zu Ende ist.

Dann spricht die Großmutter weiter.

„Liebesgeschichten – sind sie wahr? In Büchern wird da viel gestöhnt und geseufzt um Leute, die meinen, sie lieben sich, und nicht zusammenkommen können. Das sind Irrtumsgeschichten. Gerade so, als gäbe es keine Liebe. Aber die gibt es. Und wenn es um Liebe geht, dann endet die Geschichte nicht, weil einer den anderen enttäuscht oder sich von ihm entfernt. Wenn es um Liebe geht, dann wird sie immer größer, und wie sie endet, das weiß keiner, weil keiner weiß, was hinterher kommt.“

„Wann hinterher?“, fragt Anna.

„Dann. Wie bei Katharina und Georg. Es kam nämlich ein Krieg. Und Soldaten vertrieben sie von da, wo sie wohnten. Katharina und Georg mussten fliehen, wie die anderen in Pferdewagen. Sie lagen auf Stroh, täglich einmal wurde angehalten, dann gab es Essen. Katharina ließ sich immer zwei Geschirre voll geben – eines für Georg und eines für sich. Als sie dann ankamen, dort, wo sie nun weiterleben sollten, und als ihre erwachsene Tochter ihnen heraushelfen wollte aus dem Wagen, da sah die Tochter, dass Georg tot war. Schon seit drei Tagen, erklärte Katharina. Und sie hatte niemandem etwas gesagt, weil sie nicht wollte, dass Georg irgendwo an der Straße verscharrt würde. Sie lag neben dem Toten, drei Tage und drei Nächte lang, weil sie jetzt nichts mehr für ihn tun konnte, als für ein richtiges Begräbnis zu sorgen, eben für das, was sie unter einem richtigen Begräbnis verstand.

Die Tochter sagte, es ist schlimm, aber es ist auch gut. Jetzt, Mutter, sagte die Tochter, bist du in Sicherheit, er hat seinen Frieden, und du lässt dich jetzt einmal im Leben verwöhnen, von uns. Katharina nickte dazu und wollte nur, dass man sich um ein Begräbnis kümmerte. Die Tochter tat das, und als Katharina wusste, dass am nächsten Tag das Begräbnis sein werde, auf einem richtigen Friedhof mit einem richtigen Grab und so, wie alles zu sein hatte, da legte sie sich ins Bett und starb."

„Selbstmord!“, schreit Anna.

„Aber nein. Zu Ende gelebt. Katharina liebte Georg und lebte mit Georg und starb mit Georg. Und das ist eine wahre Liebesgeschichte von Anfang bis Ende, soweit man das Ende kennt.“

„Und woher kennst du die Geschichte?“

„Katharina und Georg waren meine Großeltern.“

Und meine Urgroßeltern, denkt Anna. Und es gibt kein Ende. Denn Anna liebt Jens.

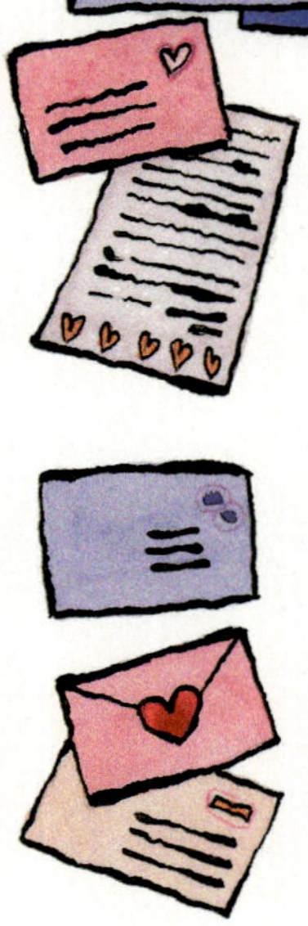

Liebesbriefe

Kate Walker

Ich heiße Nick und mein Mädchen heißt Fleur. Und sie hat eine Freundin, Helen, die einen festen Freund namens Clive hat. Und dieser Clive, also, der ist echt schräg drauf. Jedenfalls weiß ich was Schräges über ihn: Er schreibt seiner Freundin Helen jeden Tag einen dreiseitigen Liebesbrief.

„Irgendwas stimmt doch nicht mit diesem Langweiler“, sagte ich zu Fleur. Sie hatte während der ganzen Mittagspause nur über ihn geredet.

„Er ist total in Ordnung“, sagte Fleur. „Du bist so unromantisch, Nick.“

„Ich bin überhaupt nicht unromantisch“, sagte ich und hielt ihr zum Beweis meine Eiskrem hin. Sie stöhnte und stülpte sich ihre Sporttasche über den Kopf. Sie wollte nicht mehr mit mir reden.

Wenn Mädchen nicht mehr reden, ist das ein schlechtes Zeichen! „Was ist los?“, fragte ich sie.

„Du liebst mich nicht“, sagte sie.

„Natürlich liebe ich dich“, sagte ich. Ich bot ihr meine ganze übrige Eiskrem an. Sie wollte sie nicht.

„Du liebst mich nicht genug“, sagte sie.

„Wie viel ist denn genug?“ Wie viel Eiskrem war nötig?

„Du schreibst mir keine Briefe, wie Clive sie Helen schreibt“, sagte sie.

„Muss ich auch nicht, ich seh dich doch jeden Tag im Computerkurs“ sagte ich. „Und in Chemie.“

„Clive sieht Helen jeden Tag in Bio, Kunst und Haushaltslehre, bei der Morgenandacht und bei der Anwesenheitskontrolle“, sagte sie, „und er schreibt ihr trotzdem Briefe.“

Ich wusste, was hier gerade abging: Meine Freundin schaltete auf Sparflamme. „Okay“, sagte ich, „ich schreib dir einen Brief.“

„Oooh, Nick!“ Sie riss sich die Sporttasche vom Kopf.

Ich war froh darüber, dass ich nachgegeben hatte. Fleur ist eine umwerfend scharfe Braut. Ich konnte nicht riskieren, sie wegen ein paar Kritzeleien auf Papier zu verlieren. Es gibt keinen Typen an der Schule, der mich nicht um sie beneidet.

An diesem Abend pflanzte ich mich hin und schrieb meinen ersten Brief. „Liebe Fleur …“

Dann starrte ich für die nächste halbe Stunde die leere Seite an. Was schreibt man jemandem, den man jeden Tag sieht? Ich kaute auf meinem Kuli, ich kaute auf meinen Fingernägeln. Schließlich fragte ich, der Verzweiflung nahe, meine Mum. „Schreib über Dinge, die ihr gemeinsam habt“, sagte sie, also schrieb ich Folgendes: „War der Computerunterricht am Dienstag nicht der Hammer? Das Härteste war, als Brando den Computer ein Stückchen angehoben hat, um uns den kleinen Knopf unten zu zeigen, und dann ist der Monitor runtergefallen.“

Ich schrieb auch über den Chemiekurs, der allerdings weniger interessant war. Kein Einziger hatte sein Experiment vergeigt und sich dabei die Augenbrauen versengt oder so. Aber am Ende des Briefes wurde ich richtig kreativ und fügte einen Nachsatz in Basic hinzu.

Am nächsten Tag bekam ich den Brief zurück, benotet mit „ungenügend“.

„Was stimmt nicht dran?“, fragte ich Fleur.

„Erst mal hast du ziemlich viele Rechtschreibfehler gemacht“, sagte sie.

„Ich war ich selbst!“, erklärte ich ihr.

„Ist mir aber gar nicht aufgefallen“, sagte sie. „Es steht kein einziges persönliches Wort drin.“

War es das, was sie wollte – einen persönlichen Brief? Ich dachte fünf Minuten darüber nach. Der Speisesaal wimmelte von Typen, die nur darauf warteten, meinen Platz einzunehmen und ihren Kakao mit der fantastischen Fleur trinken zu dürfen. Wenn ich ein paar intime Geheimnisse verraten musste, um sie zu behalten, sollte es daran nicht liegen.

„Liebe Fleur …“, begann ich an diesem Abend den zweiten Brief. „Ich hab das noch nie jemandem erzählt, aber ich benutze ein Deodorant. Natürlich nur nach Sport oder wenn es draußen besonders heiß ist.“

Nein, das war zu intim. Ich zerriss das Blatt und begann von vorn. „Liebe Fleur, weißt du was? Mrs. Hessel hat mich heute ohne besonderen Grund in Geschichte total runtergemacht. Das war todsterbenspeinlich. Gilda mit ihren blöden Kuhaugen hat sich kaputtgelacht.“ – Eigentlich fiel mir diese persönliche Schreiberei gar nicht so schwer, nachdem ich erst mal damit angefangen hatte. Ich erzählte Fleur, was für eine Englischnote ich wirklich im Halbjahreszeugnis gehabt hatte. Dann erzählte ich ihr von diesem Film, den ich im Kino gesehen hatte, wo dieser pioniermäßige Farmer erst seinen Ackergaul verliert, dann seine Frau, dann seine Kinder, und dann kriegen seine Kühe auch noch die Huffäule. Aber obwohl er sich deshalb stundenlang die Augen ausheult, marschiert er am Schluss dann doch, von neuer Stärke erfüllt, in den Sonnenuntergang.

„Ich möchte auch mal so einen großen persönlichen Verlust erleiden“, erzählte ich Fleur in dem Brief, „und gefestigt und edler daraus hervorgehen.“

Ihr einziger Kommentar zu Brief Nummer zwei lautete: „Es steht überhaupt nichts über mich drin.“ Und damit ging sie mit Helen zum Mittagesssen.

Zeit für Alarmstufe Rot. Fleur witschte mir durch die Finger. Ich stopfte mein Sandwich zurück in meine Tasche und ging nach Clive Ausschau halten. Wir verzogen uns unter die Treppen.

„Also, was steht in deinen Briefen an Helen?“, fragte ich ihn.

Clive stellte sich als echt in Ordnung heraus. Er beantwortete nicht nur meine Frage, er gab mir sogar eine Fotokopie seines letzten Briefes an Helen mit. Den hättet ihr sehen sollen!

„Meine liebste Helen, deine Haare sind wie Gold. Deine Augen erinnern mich an das Abendlicht über dem Fluss. Deine Ohrläppchen sind … Deine Wimpern sind …“ Und so weiter und so weiter. Man nennt so was wohl poetische Autopsie.

Und als wäre das nicht schlimm genug, fing er dann auch noch mit Liebeserklärungen an: „Du bist etwas ganz Besonderes für mich, weil … In Geschichte sehne ich mich nach dir, weil … Ich kann keine Nudeln essen ohne an dich zu denken, weil …“

„Fahren Mädchen wirklich auf so was ab?“, fragte ich ihn.

„Helen schon“, sagte er. „Wenn ich ihr keine Briefe mehr schreiben würde, würde sie mich schon morgen sausen lassen. Das ist eben der Preis, den man für eine Freundin zahlt.“

Also begann ich meinen dritten Brief, wobei ich Clives Fotokopie zur Hilfe nahm.

„Liebe Fleur, dein Haar ist wie …“, fing ich an.

Eigentlich war es mir immer wie Zuckerwatte vorgekommen: auf die Entfernung ganz hübsch, aber klebrig, wenn man hineingriff – vielleicht zu viel Gel?

Ich strich diese Einleitung durch und fing von vorn an.

„Liebe Fleur, deine Augen sind …“ Eigentlich sind sie ein bisschen klein und verkniffen. Ich schätze, sie hätte eine Brille nötig, gibt es aber nicht zu. – Weg mit den Augen.

„Liebe Fleur, dein Gesicht ist alles in allem großartig. Du siehst aus wie eine von diesen Bräuten aus den Vorabendserien.“

Ich hatte gedacht, dass ich mich stundenlang über ihr Gesicht auslassen könnte, aber mit diesem einen Satz schien mir, zusammenfassend, alles gesagt.

Ich machte mit den „Ich liebe dich, weil …“ Sätzen weiter. Kaute wieder auf meinem Kuli herum, dann auf meinen Fingernägeln. Diesmal konnte ich Mum nicht um Hilfe bitten.

Warum liebte ich Fleur? Weil sie cool war. Weil alle Typen sie toll fanden. Na ja, vielleicht nicht alle. Ein paar von ihnen hielten sie nicht für so interessant, dass man sich unbedingt mit ihr unterhalten musste, aber das schob ich deren Eifersucht zu.

Trotzdem begann ich mich zu fragen, worüber wir uns in den drei Wochen, seit wir miteinander gingen, unterhalten hatten. Viel war es nicht gewesen. Dass ich Hockey spielte, hatte sie nicht genug interessiert, um mir darüber Fragen zu stellen. Und ich muss zugeben, ihr Gerede von weißen Schaftstiefeln hatte mich auch nicht besonders vom Hocker gehauen.

Kein Wunder, dass es mir so schwer fiel, ihr zu schreiben. Wir hatten keine Gemeinsamkeiten. Ich kannte sie kaum. Was dachte sie über die Endlagerung von radioaktivem Müll? Vielleicht hatte sie gar keine Meinung dazu. War sie für oder gegen die Todesstrafe? Ich hatte keine Ahnung.

Ich ließ den Brief sausen, ließ Clives Fotokopie sausen und fing ganz von vorn an, diesmal ohne die geringsten Schwierigkeiten.

„Liebe Fleur, diese Briefeschreiberei war eine hervorragende Idee, weil sie mir die Gelegenheit gibt, dir was Wichtiges zu sagen. Ich halte dich für ein nettes Mädchen und fand es toll, drei Wochen mit dir zu gehen, aber ich glaube, wir sollten Schluss machen. Auch wenn das für uns beide ein großer persönlicher Verlust ist, bin ich sicher, dass wir gefestigter und edler daraus hervorgehen. Hochachtungsvoll, dein Nick.“

Ich schob ihr den Brief während des Computerkurses zu. Sie trug ihn mit Fassung, zerriss ihn nur in kleine Fetzen, die sie dann in den Zerhacker fütterte. Aber zwei Tage später gingen Kopien meines persönlichen Briefes in der Schule herum.

Ich machte mir nichts draus, denn als Reaktion darauf steckte mir Kuhaugen-Gilda in Geschichte einen Zettel zu, auf dem stand: „Ich mag deinen Stil, Nick. Du hast Tiefe.“ Ich sah mir Kuhaugen-Gilda genauer an. Sie hat dieses wunderbare Lachen und ein echtes Händchen für Computer.

Ich schrieb sofort zurück, diesmal einen wirklich persönlichen Brief – ehrlich und auf den Punkt gebracht: „Liebe Gilda, die dreiminütige Rede, die du neulich über Maßnahmen gegen den Hunger in der Dritten Welt gehalten hast, war wirklich super. Wir könnten uns zum Mittagessen im Speisesaal treffen, falls du Lust hast.“

Heiratsmarkt in Marokko

Carmen Rohrbach

Im Gebirge Marokkos, dem Hohen Atlas, gibt es auch heute noch Traditionen und Bräuche, die in weit zurückliegende Zeiten reichen. Der Heiratsmarkt von Imilchil gehört dazu.

Auf dem Weg zum Markt

Auf der Ladefläche eines überfüllten Lastwagens habe ich gerade noch Platz gefunden. Sonst hätte ich meinen Plan aufgeben müssen, den berühmten Markt bei Imilchil im Hohen Atlas zu besuchen …

Neben mir sitzt ein Mädchen auf einem Stoffballen. Sie lächelt mich an, und wir kommen gleich ins Gespräch. Sie heißt Hadija, ist 15 Jahre alt und fährt mit ihrem Vater nach Imilchil.

„Da will ich auch hin", sage ich erfreut auf Arabisch, das ich vor Jahren schon gelernt habe.

Anders als ich es von arabischen Mädchen und Frauen kenne, ist ihr Gesicht weder verschleiert, noch hält sie die Augen scheu gesenkt. Hadija ist nämlich keine Araberin, sondern ein Berbermädchen vom Stamm der Ait Haddidou. Stolz erzählt sie mir, dass sie auf dem Markt von Imilchil heiraten wird. Ich bin erstaunt, dass sie den Bräutigam noch nie gesehen hat.

„Er lebt weit von uns entfernt. Mein Vater hat ihn für mich ausgesucht", erklärt sie.

Ob sie denn nicht befürchte, mit einem Mann verheiratet zu werden, den sie gar nicht leiden mag, frage ich.

„Nein, meine Freundinnen bewundern mich, weil mein Verlobter ein besonders hohes Brautgeld gezahlt hat. Vor allem aber beneiden sie mich, weil ich nun die runde Kappe gegen die Spitzhaube der verheirateten Frauen eintauschen kann", sagt sie fröhlich lachend. […]

Gastfreundschaft im Berberzelt

Hadija und ihr Vater bieten mir an, mit zu ihrem Quartier ins Zelt ihres Onkels Hassan zu kommen. Er ist Schmuckhändler und hofft während des Marktes auf ein gutes Geschäft.

Von Onkel Hassan und seinem Cousin Boumlik werden wir herzlich willkommen geheißen. Der Boden des Zeltes ist mit weichen Teppichen ausgelegt. Hadija und ich setzen uns nebeneinander auf weiche Matten, den Rücken mit Kissen gepolstert. Das Zelt ist aus weißem Filz gefertigt und wirkt mit den Teppichen, Sitz- und Schlafmatten, Kissen und niedrigen Tischchen wie ein gemütliches Zimmer.

Hassan füllt eine silberne Kanne mit viel Zucker, den er von einem großen Zuckerhut abschlägt, fügt Schwarztee und frische Pfefferminzblätter hinzu, und gießt kochendes Wasser darüber. Der übersüße, heiße Tee belebt mich angenehm. Mir wird warm und ich fühle mich richtig wohl. Aufmerksam lausche ich der Stimme Hassans, der vom traurigen Schicksal eines Jungen und eines Mädchens erzählt, die sich heftig ineinander verliebt hatten.

Romeo und Julia im Hohen Atlas

Einst lebte in lmilchil ein junger Mann mit Namen lsli, beginnt Hassan seine Geschichte. Isli verliebte sich in die wunderschöne Tislit. Sie erwiderte seine Gefühle, und da ihre Liebe groß war, beschlossen sie zu heiraten.

Ihre Väter aber waren zerstritten, seit so langer Zeit schon, dass sie sich gar nicht mehr erinnern konnten, wann und warum die Feindschaft begann. Sie hassten sich erbittert und eine Heirat ihrer Kinder kam für sie absolut nicht in Frage.

Die Liebenden jedoch ließen sich vom Verbot der Väter nicht einschüchtern und trafen sich heimlich. Als man sie aber zusammen entdeckte, verurteilte sie der Ältestenrat zum Tode. Denn die strengen Gesetze des Stammes lauteten, dass sich Liebende erst lieben durften, wenn sie verheiratet waren, aber das hatten wiederum ihre Väter nicht erlaubt.

Dort, wo die junge Frau starb, entsprang bald darauf eine Quelle und füllte einen See, der ihr zum Gedenken noch heute Lac de Tislit heißt. In der Nähe liegt der Bergsee Lac de Isli, hier war der junge Mann gestorben.

Als die Ältesten von den beiden Quellwundern und den Seen hörten, bereuten sie ihr hartes Urteil. Das half den Opfern nicht mehr, aber von nun an durften Jugendliche des Stammes der Ait Haddidou sich ihre Ehepartner selbst aussuchen. Der Vater des getöteten Jungen, Sidi Ahmed Oulmghani, wurde später als Heiliger und als Schutzpatron der Brautleute verehrt.

Eine Ehe auf Zeit

Zwischen den Berberzelten und Verkaufsständen kommen mir drei Mädchen entgegen. Vergnügt halten sie sich an den Händen, keck lächeln sie junge Männer an, scherzen und kichern verlegen. Sie tragen die Handira, einen wolligen Umhang mit schwarzblauem Grundton, in den bunte Streifen gewebt sind.

Eine von den dreien ist Hadija. Nachdem wir uns freudig begrüßt haben, stellt sie mir ihre Freundinnen Rislan und Sura vor.

Zusammen gehen wir weiter und betreten eine Teestube. Wir schlürfen heißen Minztee. Ich frage die Mädchen, wie sie sich ihre Zukunft vorstellen.

Rislan, mit zwölf Jahren die Jüngste, sagt unbefangen: „Wenn mir der Mann nicht gefällt, mit dem mein Vater mich verheiratet, verlasse ich ihn gleich nach der Hochzeit und gehe nach Hause zurück. Wenn er sich dann von mir hat scheiden lassen, bin ich frei und kann mir selbst einen guten Mann suchen.“ Sura ist 13 Jahre alt, zeigt auf ihre runde Kappe und sagt: „Solange wir die tragen, gelten wir als Kinder und müssen unseren Eltern die Wahl des Ehepartners überlassen.“ Hadija erklärt mir: „Für eine geschiedene Frau ist es einfach, einen neuen Mann zu finden, denn für sie muss kein Brautpreis mehr bezahlt und keine teure Hochzeitsfeier ausgerichtet werden.“ „Das verstehe ich nicht“, sage ich, „warum gibt es dann überhaupt noch Männer, die eine von den Eltern geplante Ehe eingehen? Sie kostet viel Geld, und dann läuft die Frau wieder davon.“ Rislan, Sura und Hadija wundern sich über meine Frage und kichern, bevor sie mich aufklären: „Na, bei der ersten Ehe ist das Mädchen doch noch Jungfrau. Ein Mann, der eine Jungfrau heiratet, erhöht sein Ansehen.“

Brautpaar und Brautvater warten auf den Ehevertrag

Hochzeitszeremonie

Am dritten und letzten Tag des Moussem werden vor der Koubba, dem kuppelförmigen Grabgebäude von Sidi Ahmed Oulmghani, kostbare Teppiche ausgelegt. Darauf sitzen die Ältesten des Stammes in weiße Djellabas gehüllt, lange Gewänder, die bis zu den Füßen reichen. Am Hüftgürtel tragen sie den Kumiat, einen Krummdolch. Gespannt warten alle auf den Hochzeitszug. Trommelwirbel ertönt, und dann kommen sie – zwanzig junge Mädchen jeweils in der Mitte zwischen Vater und Bräutigam.

Der Gouverneur empfängt jedes Brautpaar einzeln an einem kleinen Holztischchen. Er setzt den Ehevertrag auf, und nachdem beide unterschrieben haben, drückt er einen Stempel auf das Dokument – die Ehe ist nun geschlossen. Hand in Hand betritt ein Brautpaar nach dem anderen die Grabkoubba von Sidi Ahmed Oulmghani und erbittet den Segen des Heiligen und Schutzpatrons der Brautleute.

Hadija ist so stark geschminkt, dass ich sie kaum wiedererkenne: Die Augen mit Khol schwarz umrandet, die Brauen nachgezogen, Orangerot auf den Wangen, der Mund blutrot und Safrangelb an den Nasenflügeln. Sie blickt ernst. Was sie wohl über den fremden Mann an ihrer Seite denkt, den ihr Vater ausgesucht hat und mit dem sie nun verheiratet ist? Er sieht um Jahre älter aus als sie, ist klein und sehnig, das Gesicht von Sonne und Wind gegerbt. Wie die anderen trägt er die weiße Djellaba und an der Hüfte den Krummdolch.

Berber feiern das Moussem-Fest mit Tanz und Gesang

Gleich nach der Zeremonie verlassen sie den Festplatz. Sie haben es eilig. Es gilt die Hochzeitsfeier im Heimatdorf vorzubereiten. Ich wünsche Hadija viel Glück für ihr neues Leben. Sie sieht mir an, dass ich um sie besorgt bin. Doch sie lacht schon wieder und beruhigt mich: „Ich bin froh, verheiratet und endlich eine erwachsene Frau zu sein. Niemand darf mich mehr wie ein Kind behandeln. Hab keine Sorge, ich glaube, ich habe einen guten Mann bekommen, und wenn er lieb zu mir ist, werde ich bei ihm bleiben."

Seit Urzeiten leben die Berber in Nordafrika. Sie waren verwandt mit den Guanchen der Kanarischen Inseln und den Tuareg, einem noch heute existierenden Nomadenstamm in der Sahara Afrikas. Sie hatten ihre eigene Sprache und glaubten an Götter. Im 7. Jahrhundert wurden die Berber von den Arabern erobert und islamisiert. Sie übernahmen nicht nur den Glauben an Allah, sondern auch die arabische Sprache und vermischten sich zum Teil mit den Arabern. Auch für die Berberstämme des Hohen Atlas gelten heute die Gesetze der arabischen Welt. Dennoch haben sich in abgelegenen Gebirgsdörfern noch alte Bräuche erhalten. Die Mädchen der Ait Haddidou sind freier als arabische Frauen. Sie müssen ihr Gesicht nicht verschleiern und können sich ungezwungener in der Öffentlichkeit bewegen und sich auch mit jungen Männern unterhalten.

Allerdings werden sie von ihren Vätern sehr früh verheiratet, häufig noch vor der Pubertät. Die Väter wollen sicher sein, dass ihre Töchter bei der Heirat noch Jungfrauen sind. Nur dann kann ihre Familie mit dem Brautpreis rechnen.

Heiraten in Indien

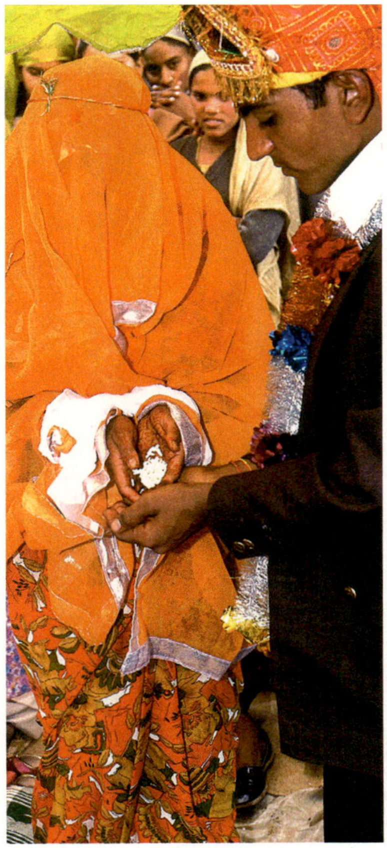

Etwa 95 % aller Ehen in Indien werden von den Eltern arrangiert. Die Brautleute sehen sich im Normalfall vor der Eheschließung nur wenige Male. Haben die Eltern nicht schon einen Heiratskandidaten im Bekanntenkreis, so wird der/die AnwärterIn per Zeitungsannonce gesucht. Ausschlaggebend sind hierbei die Kastenzugehörigkeit und das Horoskop.

Das Arrangieren der Ehen zieht sich durch alle Bevölkerungs- und Bildungsschichten, egal, wie westlich orientiert die Familien sind. So ist es durchaus die Regel, dass der in den USA studierende Sohn nach den zu Hause verbrachten Semesterferien verheiratet an die Uni zurückkehrt. Von den Frauen wird erwartet, dass sie mit der Heirat ihren Beruf aufgeben und zur Familie des Bräutigams ziehen.

Heiraten in Indien hat eine traditionelle und eine kommerzielle Seite. Besonders die Mitgift der Frau ist zu einer wirtschaftlichen Transaktion zwischen den beteiligten Familien geworden. Da Frauen nicht unter Stand heiraten dürfen, müssen sie sich bei einer „höheren" Familie mit Geschenken an den Bräutigam und dessen Eltern „einkaufen". Dabei übersteigen die Kosten für die Geschenke und die Feier oft das Jahreseinkommen der Brautfamilie. Oft werden die Ehefrauen nach ihrer Hochzeit zu Nachzahlungen ihrer Mitgift angehalten. Kann nichts mehr gezahlt werden, fallen die Frauen oft inszenierten Unfällen zum Opfer.

Bloß (k)eine Heirat!

Bali Rai

„Nie im Leben! Ich heirate nicht!", schreit Manny, als er erfährt, dass sein Vater in Indien eine Braut für ihn ausgesucht hat, die er mit siebzehn heiraten soll. Ein Mädchen, das er noch nie gesehen hat! Die Nachricht trifft ihn wie ein Ziegelstein. Außerdem hat er ganz andere Pläne: Er will Torjäger bei Liverpool oder der erste asiatische Popstar werden, vielleicht einen Bestseller schreiben. Und seine Freundinnen wären lauter Supermodels.

Manny ist in England geboren, dort ist sein Zuhause. Er würde nie und nimmer so leben können wie sein Vater und seine Brüder. Die nennen ihn Kokosbirne – außen braun und innen weiß. Eines ist Manny klar: Es ist sein Leben, über das er selbst entscheiden will. Doch wie kann er dieser Heirat entgehen? Wie soll er sich dem Druck der Familie entziehen?

Recht und Gerechtigkeit

Lügen haben kurze Beine

Wolfgang Ecke

Kriminalrat Hoflehner zündete sich eine Zigarre an, dann drückte er auf den roten Knopf unter seiner Schreibtischplatte.

Ein Beamter namens Linde streckte seinen Kopf zur Tür herein und fragte: „Herr Kriminalrat haben geläutet?"

„Ja, schicken Sie mir den jungen Mann herein!"

Der Kopf verschwand wieder, und wenig später wurde ein junger Mann hereingeschoben. Sein Äußeres war das, was man gemeinhin als ungepflegt bezeichnet. Ebenso bestellt war es um seine Manieren. Ohne Aufforderung ließ er sich auf einen Stuhl fallen und raunzte los: „Wie lange muss ich eigentlich noch hier herumhocken? Ich hab meine Zeit nicht beim Lotto gewonnen!"

Der Kriminalrat paffte genüsslich seine Zigarre. Dann sagte er: „Guten Morgen, Herr Franke!"

Anton Franke blinzelte verblüfft. Dann holte er tief Luft und begann: „Ich will Ihnen mal was sagen ..."

Kriminalrat Hoflehner blies Franke eine dicke Rauchwolke entgegen, anschließend tippte er sich mit der Zigarrenspitze vor die Brust: „Noch rede ich, junger Mann! Sie sind gestern Abend um 23 Uhr 35 dabei erwischt worden, wie Sie gerade das Haus Luisenstraße 4 durch ...", hier räusperte er sich, „das Kellerfenster verließen. Ein unbequemer Ausgang, wie Sie inzwischen festgestellt haben werden. Außerdem gehört das Haus dem Strumpffabrikanten Schramm ... Der Herr Schramm darf den ganzen Tag durch sein Kellerfenster aus- und einsteigen, aber Sie, junger Mann, Sie heißen nicht Schramm, Sie heißen Franke ..."

Nach dieser langatmigen Einleitung gab sich der Kriminalrat wieder ganz dem Genuss der Zigarre hin. Es kümmerte ihn wenig, dass sein Gegenüber aufgesprungen war und die Fäuste schüttelte. „Alles ein Irrtum, Herr Kriminalrat ... Ich wollte die Schramms überraschen. Sie sind meine Freunde ..."

Drei, vier Minuten befasste sich Hoflehner ausschließlich mit dem Blasen von Kringeln. Dann sagte er: „Ach ... Machen Sie Ihre Besuche immer durchs Kellerfenster?"

„Ich sagte doch, es sollte eine Überraschung werden ... Ich habe vergeblich versucht, diese Tatsache Ihrem Beamten klarzumachen. Aber der verstand ja nur das kleine Einmaleins."

„Jaja, die Beamten ... Sie wollten Schramms also überraschen?"

„Wollte ich!“

„Soso ...“

„Ich hatte ja keine Ahnung, dass sie verreist waren ... Also bin ich rein. Und als ich merkte, dass niemand da war, bin ich sofort wieder umgekehrt. Ich bin nicht mal bis zur Küche ...“

Der Kriminalrat grinste freundlich. „Interessant, diese Version ... äußerst interessant ... Wie ich gelesen habe, sind Sie Student?“

„Ganz recht, Herr Kriminalrat!“

„Was studieren Sie denn?“

Franke zuckte mit den Schultern: „Im Augenblick mach ich gerade mal ‘ne Pause. Sonst hab ich’s mit den Sprachen!“

„Mit welchen? Neuen oder alten?“

„Was heißt neu und alt ... Fremdsprachen meine ich natürlich!“

„Natürlich ...“ Vorsichtig tupfte Hoflehner den Aschenkegel von seiner Zigarre, bevor er fortfuhr: „Wann haben Sie eigentlich erfahren, dass die Schramms verreist sind?“

„Ach, das war vor drei Tagen ... eigentlich ganz durch Zufall.“

„Wissen Sie wie spät es war, als Sie in das Haus eindrangen?“

Franke tat, als sei die Gewissenhaftigkeit seine stärkste Charaktereigenschaft: „Natürlich, es war genau 22 Uhr. Die Glocken haben gerade geläutet ... Und die überhört man ja nicht.“

„Hm ...“, brummte der Kriminalrat zum soundsovielten Mal.

„Noch eine letzte Frage, Herr Student. Der Gendarm Bohmleitner behauptete, Sie hätten in der Küche die Kühlschranktür offen gelassen ... stimmt das nicht?“

Anton Franke schüttelte energisch den Kopf: „Da irrt der Gendarm Bohmleitner, Herr Kriminalrat. Ich weiß zufällig ganz genau, dass ich sie wieder zugemacht habe!“

„Fein!“, freute sich Hoflehner. „Das wär’s. Und schon können Sie wieder gehen!“

„Ich kann gehen?“

„Ja, in Ihre Zelle zurück. Ich weiß jetzt, dass Sie nur ein ganz gewöhnlicher Einbrecher sind ... Jaja, Lügen haben kurze Beine.“

„Wieso Lügen?“

„Ich habe Sie beim Lügen ertappt, ganz einfach. Und nicht nur bei einer, Herr Student Franke, sondern gleich bei drei. Pfui!, kann ich nur sagen. Sie sollten sich wirklich schämen.“

Einbrecher verklagt Bestohlenen

Nach zwölftem Diebstahl im Haus baute Mann eine Höllenmaschine: Ein Täter tot, ein zweiter verletzt

von Hans Weissenberger

TROYES. Vor einem Gericht der zentralfranzösischen Stadt Troyes steht der unbescholtene Automechaniker Lionel Legras, 50, Vater von fünf Kindern, angeklagt wegen Totschlags und Körperverletzung. Er hat eine Höllenmaschine gebastelt, die einen Dieb tötete und einen anderen schwer verletzte. Der verletzte Dieb André Rousseau, 31, der bei der Explosion ein Auge verlor, hat Legras auf Schadenersatz und Schmerzensgeld verklagt.

Legras, der eine gutgehende Autowerkstatt in Villenaux-la-Grande im Department[1] Aube besitzt, hatte sich in einem Waldstück nahe Troyes ein schmuckes Wochenendhaus gebaut. Dort verbrachte er mit Frau und Kindern seine freien Tage. Doch das Idyll blieb nicht lange ungestört. Zwölfmal wurde in dem Häuschen eingebrochen. „Die Diebe plünderten das Haus regelrecht aus. Sie nahmen alles mit, was drin war“, klagte Legras. „Wenn sie nochmal kommen, kommt sie das teuer zu stehen.“

Bastler Legras baute ein Transistorgerät zur „Diebesfalle“ um. Er füllte Schwarzpulver in das Radio und koppelte einen Zünder an den Einschaltknopf. Das Radio versteckte er in seinem Geräteschrank in der Garage. Rings um das Haus stellte er Warnschilder auf: „Zutritt verboten – Lebensgefahr.“ So, dachte er, werden Diebe gewarnt und lassen sein Häuschen in Zukunft in Ruhe.

Die Holzfäller René Vermeulen, 31, und André Rousseau ließen sich nicht abschrecken: Am 22. November brachen sie gegen 21 Uhr in das Wochenendhaus ein.

Aus der Garage nahmen sie das Transistorradio mit. Vermeulen wollte es ausprobieren, und der Transistor flog in die Luft. Der Dieb wurde dabei so schwer verletzt, dass er wenige Stunden später im Krankenhaus starb. Rousseau verlor ein Auge.

Legras weiß die Nachbarn auf seiner Seite: Eine Petition[2] für ihn wurde innerhalb weniger Tage von mehr als 6000 Personen unterzeichnet. Der Fall wurde von der vor wenigen Monaten gegründeten Vereinigung „Legitime Verteidigung“ aufgegriffen. Die Vereinigung klebte Tausende Plakate, auf denen sie die Sache von Legras unterstützt.

Die immer höher schwappende Verbrecherwelle, so François Romerio, ehemaliger Pariser Chefrichter und Gründer von „Legitime Verteidigung“, könne durch die zu nachsichtigen Gerichte nicht gestoppt werden. Daher müsse sich der Bürger selbst verteidigen.

Doch der Fall ist juristisch kompliziert: Die Richter in Troyes müssen entscheiden, ob die Selbsthilfe von Legras nicht unverhältnismäßig angesichts des Schadens war und ob die Bombe des Bastlers als ein „Akt der Selbstverteidigung“ anzusehen war.

Der Anwalt von Rousseau meint: „Was wäre geschehen, wenn statt zwei erwachsener Männer zwei Kinder oder Jugendliche in das Haus eingedrungen wären und das Radio angeschaltet hätten? Oder wenn die Diebe den Transistor nicht eingeschaltet, sondern so, wie sie ihn vorfanden, verkauft hätten, und der völlig unschuldige Käufer damit in die Luft geflogen wäre?“

1 Departement: Bezirk, Kreis

2 Petition: Eingabe, Bittschrift an Parlament oder Regierung

Michael Kohlhaas

Herbert Lutz

Wenn jemand sein Recht ohne Rücksicht auf Verluste durchzusetzen versucht und sich hierdurch selbst schädigt oder gar um Kopf und Kragen bringt, so sagt man von diesem Menschen: „Er benimmt sich wie Michael Kohlhaas." – Wer war dieser Michael Kohlhaas, auf den diese Redensart zurückgeht?

Michael Kohlhaas hieß eigentlich Hans Kohlhase und lebte zu Beginn des 16. Jahrhunderts in der damals nahe von Berlin an der Spree gelegenen Stadt Cölln als wohlhabender und geachteter Kaufmann. Sein Schicksal, das im Folgenden geschildert werden soll, wurde durch eine Erzählung des Dichters Heinrich von Kleist bekannt, in der er Michael Kohlhaas genannt wird.

Hans Kohlhase ritt im Oktober 1532 mit einem Knecht von Cölln nach Leipzig, um dort Geschäfte zu machen. Unterwegs, in einem Dorfgasthof im Sächsischen, geriet er mit einigen Männern in Streit, die behaupteten, dass die beiden Pferde, auf denen Kohlhase und sein Knecht ritten, gestohlen seien. Da die Sache bedrohlich wurde, mussten die beiden fliehen und ihre Pferde zurücklassen, die vom Richter des Herren von Zaschwitz, zu dessen Besitz das Dorf gehörte, beschlagnahmt wurden.

Zwei Wochen später kam Kohlhase zurück mit dem Nachweis, dass die beiden Pferde ihm rechtmäßig gehörten. Der Herr von Zaschwitz war nun bereit, die Pferde wieder herauszugeben, aber nur gegen Erstattung eines Futtergeldes. Kohlhase weigerte sich, dieses zu bezahlen und forderte vielmehr seinerseits Schadenersatz, weil er durch den Zwischenfall zu spät nach Leipzig gekommen sei und Verluste bei seinen Geschäften erlitten habe.

Erst nach mehreren Monaten Rechtsstreit erhielt Kohlhase seine Pferde zurück, die aber mittlerweile in so schlechtem Zustand waren, dass eines kurz darauf starb. Dies empörte Kohlhase so sehr, dass er mehrere Jahr darum kämpfte, sein Recht sowie Schadenersatz zu bekommen. Als dies aber nicht gelang und die Rechtsstreitigkeiten schließlich sein Vermögen verschlungen hatten, griff er 1535 zur Selbsthilfe und versuchte als eine Art Raubritter mit einer Schar von Knechten mit Gewalt zurückzuholen, was er durch den Vorfall und die Prozesse verloren hatte.

Fünf Jahre lang wurden Kohlhase und seine Helfer behördlich gesucht, bevor es der Polizei 1540 gelang, ihn nach einem Überfall auf einen Silbertransport bei dem seither „Kohlhasenbrück" genannten Ort bei Potsdam zu fassen. Am 8. März 1540 wurde er vor dem Georgentor zu Berlin durch Rädern hingerichtet.

Der betrogene Krämer

Johann Peter Hebel

Ein Rubel ist in Russland eine Silbermünze und beträgt 27 Batzen hin oder her, ein Imperial aber ist ein Goldstück und tut zehen Rubel; deswegen kann man wohl für einen Imperial einen Rubel bekommen, zum Beispiel, wenn man in den Karten neun Rubel verliert, aber nicht für einen Rubel einen Imperial. Allein ein schlauer Soldat in Moskau sagte doch: „Was gilt's? Morgen auf dem Jahrmarkt will ich mit einem Rubel einen doppelten Imperial angeln." Als den andern Tag in langen Reihen von Kaufläden der Jahrmarkt aufging, vor allen Ständen standen schon die Leute, lobten und tadelten, boten ab und boten zu, und die Menge ging auf und ging ab, und die Knaben grüßten die Mägdlein, kommt auf einmal der Soldat mit einem Rubel in den Händen. „Wem gehört dieser Kaisertaler, dieser Rubel? Gehört er Euch?", fragt er jeden Krämer an jedem Stand. Einer, der ohnehin nicht viel Geld löste und lange zusah, dachte endlich: Wenn dich dein Geld an die Finger brennt, die meinigen sind nicht so blöde. „Hieher, Musketier, der Rubel ist mein." Der Soldat sagte: „Wenn Ihr mir nicht gerufen hättet, ich hätt Euch schwerlich gefunden unter der Menge", und gibt ihm den Rubel. Der Kaufmann betrachtet ihn hin und her und klingelt daran, ob er gut sei; ja, er war gut, und steckt ihn in die Tasche. „Seid so gut und gebt mir denn jetzt auch meinen Imperial", sagte der Musketier. Der Kaufmann erwiderte: „Ich habe keinen Imperial von Euch, so bin ich Euch keinen schuldig. Da habt Ihr Euren einfältigen Rubel wieder, wenn Ihr nur Spaß wollt machen." Aber der Musketier sagte: „Meinen zweifältigen Imperial gebt mir heraus, mein Spaß ist Ernst, und die Marktwache, die Polizei wird zu finden sein." Ein Wort gab das andere, das glimpfliche gab das trotzige, und das trotzige gab das schnöde, und es hängt sich an den Stand mit Leuten an, wie ein Bart an einem Bienenkorb. Auf einmal bohrt etwas wie ein Maulwurf durch die Menge. „Was geht hier vor?", fragte der Polizeisergeant, als er sich mit seinen Leuten durch die Menge durchgebohrt hatte. „Was geht vor? frag ich." Der Krämer wusste wenig zu sagen, aber desto mundfertiger war der Musketier. Vor keiner Viertelstunde, erzählte er, hab er diesem Mann für einen Rubel abgekauft, das und das. Als er ihn bezahlen wollte, in allen Taschen hatte er kein Geld gefunden, nur einen doppelten Imperial, den ihm sein Pate geschenkt hatte, als er gezogen wurde. So habe er ihm den Imperial als Unterpfand zurückgelassen, bis er den Rubel bringe. Wie er mit dem Rubel wieder kommen sei, hab er den rechten Kaufladen nimmer gefunden und an allen Ständen gefragt: „Wem bin ich einen Rubel schuldig?", so habe dieser da gesagt, er sei derjenige, und sei's auch und habe ihm auch den Rubel abgenommen, aber von dem Imperial wolle er nichts wissen. „Wollt Ihr ihn jetzt gutwillig herausgeben oder nicht?" Als aber der Polizeisergeant die Umstehenden fragte und die Umstehenden sagten: Ja, der Musketier habe an allen Kaufläden gefragt, wem der Rubel gehöre, und dieser habe bekannt, er gehöre ihm und habe ihn auch angenommen und daran geklingelt, ob er probat sei. Als der Polizeihauptmann das hörte, so gab er den Bescheid: „Habt Ihr Euren Rubel bekommen, so gebt dem

Soldaten auch seinen Imperial zurück, oder man petschiert Euch Euren Stand mit Lattnägeln zusammen, und Ihr werdet zwischen Euren eigenen Brettern eingeschachtelt und eingeschindelt, und könnt Ihr alsdann lang Hunger leiden, so könnt Ihr auch lang leben.“ Das sagte der Anführer der Polizeiwache, und wer dem Musketier für seinen Rubel einen Imperial herausgeben musste, war der Kaufmann. Merke: Fremdes Gut frisst das eigene, wie neuer Schnee den alten.

Ein Gerichtskuriosum

Verfasser unbekannt

Der Amtsrichter K. in H., ein urgemütlicher, netter Herr, hatte die löbliche Eigenschaft, Vergleiche zwischen den streitenden Parteien schnell herstellen zu können. Im Winter ging das schneller als im Sommer, und zwar durch folgende List.
K. konnte eine mächtige Portion Ofenwärme vertragen – und im Kachelofen seines Zimmers im Amtsgericht wurde immer riesig gefeuert. Am Ofen stand eine Bank, die K. mit Absicht da hatte hinstellen lassen.
Kamen nun streitende Parteien, so fragte K. sie: „Wollen Sie sich nicht vertragen?“ Sagten sie nein, so meinte K.: „Wissen Sie was, überlegen Sie sich die Sache noch eine Viertelstunde. Nehmen Sie, bitte, dort auf der Bank Platz.“ Aus der Viertelstunde wurde eine halbe Stunde. K. schrieb ruhig weiter. Der Schweiß rann in dicken Tropfen den Streitenden vom Kopf. Endlich steht einer auf: „Herr Amtsrichter, Sie haben Recht, es ist besser, dass wir uns vertragen.“ Der andere Durchwärmte steht ebenfalls auf und ist derselben Meinung seines geehrten Vorredners; und der Vergleich ist geschlossen. So haben K. und sein Kachelofen viel Gutes gestiftet.
Nur einmal ging die Sache schief, und das kam so. Wieder zwei Streithähne – Vergleich abgelehnt. „Bitte, da auf der Bank Platz zu nehmen, ich habe noch etwas zu schreiben. Überlegen Sie sich unterdess', ob nicht ein Vergleich zu machen ist.“
Eine Viertelstunde, eine halbe Stunde vergehen, nichts rührt sich. Nur der eine der Streitenden, der mächtig schwitzt, steht auf und sagt: „Herr Amtsrichter, wenn es Benneke will“, so hieß der andere Kampfhahn, „so wollen wir uns vertragen.“ – „Nun, Benneke, wie ist's?“, fragte der Amtsrichter. „Ich nicht, Herr Amtsrichter“, sagte Benneke höhnisch, „ich bin in meinem Rechte. Und das will ich Ihnen nur sagen: Mit dem Ofen, das hilft bei mir nicht. Ich kann das vertragen, denn ich bin Heizer in der Eisenfabrik.“ – „Na, dann treten wir in die Verhandlung ein“, meinte der Amtsrichter K. ärgerlich.

Der Erpresser

Ein Lebensbericht

Renate Welsh

Konstantin war zwölf, sein Bruder acht und seine Schwester fünf Jahre alt, als die Mutter starb. Der Vater arbeitete als Hilfskraft am Bau. Er machte sich Sorgen, seine Kinder könnten verwahrlosen, weil sie so viel sich selbst überlassen waren. Daher prügelte er sie für jedes Vergehen.

Konstantin hatte nie besonders gut gelernt, jetzt versagte er völlig. Er musste die zweite und dann auch die dritte Klasse der Hauptschule wiederholen. Konstantin saß also mit vierzehn in der dritten Klasse Hauptschule. Sein Nachbar Ronald, ein kleiner, zarter Junge, bat ihn um Schutz vor einem anderen Mitschüler, der ihn immer wieder verprügelte, und bot ihm dafür Geld an. Mit dem Geld ging Konstantin ins Kino, manchmal kaufte er sich Süßigkeiten oder eine Wurst.

Eines Abends war Konstantin frech zu seinem Vater. „Ich will dich nicht mehr sehen, schleich dich!“, sagte sein Vater.

Konstantin ging. Er übernachtete mehrmals in einem Heizungskanal, einmal bei seiner Großmutter, die ihn aber nach Hause zurückschicken wollte. Ronald versorgte ihn mit Geld und Essen. Einmal kam Ronald drei Tage lang nicht. Da drohte Konstantin ihn zu verprügeln, wenn er ihm nichts mehr brächte. Ronald stahl daraufhin Geld aus der Kasse des elterlichen Textilgeschäfts.

Jetzt ist Konstantin der Erpressung und gefährlichen Drohung angeklagt, außerdem des Diebstahls. Er hat aus einem offenen Wagen eine Pelzimitationsjacke gestohlen. Die Jacke liegt auf dem Richtertisch. Ein Erzieher aus dem Heim, in das Konstantin nach seiner Festnahme eingewiesen wurde, begleitet ihn.

Konstantin wird zu drei Monaten strengem Arrest verurteilt, ausgesetzt auf eine Bewährungszeit von drei Jahren.

Sein Vater steht auf. „Zu wenig ist das“, sagt er gepresst. „Meiner Ansicht nach ist das zu wenig.“

„Widerspruch einlegen können Sie nur, wenn Ihnen das Urteil zu streng erscheint“, erklärt der Richter.

Der Vater hat rote Augen. Seine Hände sind fahrig.

„Ich möchte dir noch ganz privat einen Rat mitgeben“, sagt der Richter zu Konstantin. „Versuch nicht, wieder aus dem Heim auszubrechen. Das führt fast zwangsläufig wieder zu Diebstählen, und zuletzt wirst du doch erwischt.“

„Ich will eh nicht fort von dort“, sagt Konstantin.

„Jugend nicht schlechter als früher"

Interview mit einem Jugendrichter

Von unserem Redaktionsmitglied Hans-Uli Mayer

Schlägerei, Autoaufbrüche, Drogenkonsum – seit Jahren steigt die Anzahl der von Jugendlichen begangenen Straftaten an. Auffallend dabei: Die Täter werden immer jünger und gewaltbereiter. Was ist los mit der Jugend? Ist sie schlechter als frühere Generationen? Reagiert der Staat angemessen mit Arbeitsstunden und Haftstrafen? Fragen, die wir Hermann Seiz gestellt haben, der Jugendrichter beim Ulmer Schöffengericht ist.

Frage: Herr Seiz, die Jugend von heute hat einen schlechten Ruf. Sie sei gewalttätig, heißt es, schütte sich mit Drogen zu und werde immer häufiger straffällig. Entspricht das Ihrer Beobachtung als Jugendrichter?

Seiz: Richtig ist, dass wir mehr Fälle zu bearbeiten haben als früher. Mehr Straftaten bedeuten aber nicht automatisch auch mehr Straftäter. Meiner Beobachtung nach wird nach wie vor nur ein geringer Teil der Jugend überhaupt straffällig. Die dann aber meist mehrfach. Es gibt also nicht unbedingt mehr Straftäter, aber mehr Wiederholungstäter.

Frage: Sind die Jugendlichen unserer Zeit schlechter als die früherer Jahre?

Seiz: Nein Es ist auch falsch, von der Jugend zu sprechen. Wie gesagt, der überwiegende Teil ist ganz in Ordnung und begeht keine Straftaten. Im Übrigen hat es schon immer Klagen über die jüngere Generation gegeben. Schon Sokrates* soll vor mehr als 2000 Jahren gesagt haben, dass die Jugend den Luxus liebe, schlechte Manieren habe, die Autorität verachte und keinen Respekt mehr vor den Alten habe.

Frage: Was sind die häufigsten Delikte? Lässt sich dabei eine Entwicklung ablesen?

Seiz: Insgesamt hat sicherlich der Gebrauch von Drogen zugenommen. Und der Anteil der Mädchen im Zusammenhang mit Gewaltdelikten. Das hat es früher nicht gegeben.

Frage: Worin sehen Sie die Gründe dafür?

Seiz: Das ist schwer zu beantworten. Eine ganz wesentliche Rolle spielen sicher die Arbeitslosigkeit der Eltern und die schlechten Zukunftsaussichten der Jugendlichen. Bei vielen sind die Verhältnisse im Elternhaus desolat, in fast allen Fällen die Bindung zu einem Elternteil schlecht oder gar nicht vorhanden. Das zeigt sich daran, dass die Jugendlichen heute ohne ihre Eltern vor Gericht erscheinen. Das halte ich für ein erschreckendes Zeichen. Diese Eltern haben offenbar kein Interesse an ihren Kindern.

Frage: Der Anteil straffällig gewordener ausländischer Jugendlicher an der Gesamtzahl lag in den vergangenen Jahren immer zwischen 40 und 50 Prozent. Warum ist deren Anteil so hoch?

Seiz: Es stimmt, ausländische Jugendliche sind im Vergleich zu ihren deutschen Altersgenossen öfter straffällig. Das hat natürlich auch mit den schlechteren sozialen Bedingungen zu tun, unter denen sie leben.

Frage: Wie schätzen Sie die Wirkung von Gerichtsverhandlungen, von Strafe ein?

Seiz: Vor der Haftstrafe hat der Gesetzgeber viele Möglichkeiten vorgesehen: gemeinnützige Arbeit, Täter-Opfer-Ausgleich, Bußgeld, Erfahrungskurse usw. In vielen Fällen ist es aber völlig gleichgültig, ob ich hart oder mild urteile. Für die, bei denen Straftaten nur eine Episode sind, ist es egal, weil die sowieso damit aufhören. Und bei denen, die mehrfach straffällig werden, nutzen meist weder harte noch milde Strafen etwas. Denen muss im Grunde anders geholfen werden. Wobei klar ist, dass es in manchen Fällen nicht mehr anders geht. Dann muss man auch mit aller Härte zeigen, wo es langgeht.

Jugendliche im Konflikt mit dem Gesetz

Anklage gegen Schüler

Die Staatsanwaltschaft Heilbronn hat Anklage gegen einen 16-Jährigen erhoben, der im letzten Jahr einen Anschlag auf seine Lehrerin versucht hatte.

Im Frühjahr muss sich der Beschuldigte vor dem Jugendschöffengericht in Heilbronn verantworten. Neben sechs Diebstählen wirft ihm die Staatsanwaltschaft vor, einen gefährlichen Eingriff in den Straßenverkehr versucht zu haben. Der Sonderschüler hatte im Juli 1999 vor, die Bremsschläuche am Fahrzeug seiner Lehrerin zu durchtrennen. Damit wollte er sich dafür rächen, dass er von der Schule verwiesen worden war. Durch die Aktion sollte die Lehrerin einen Unfall erleiden. So weit kam es glücklicherweise nicht. Versehentlich hatte der damals 15-Jährige anstelle der Bremsschläuche mehrere Kabel des Antiblockiersystems durchschnitten. Auf die Spur des Täters kam die Polizei schließlich, weil der Junge einigen Mitschülern von seinem Vorhaben erzählt hatte. Bei der Vernehmung gestand er.

Der Jugendliche war bereits wegen Körperverletzung bei der Polizei bekannt. Seit 11. November sitzt er in Untersuchungshaft. Seine Eltern hatten ihn wegen Tätlichkeiten und Diebstählen aus dem Haus gewiesen.

Aus: Stuttgarter Nachrichten vom 8. 2. 2000

Jugendliche erpressten Gleichaltrige wochenlang

Hamburg. Acht Jugendliche zwischen 14 und 17 Jahren, die wochenlang Gleichaltrige erpresst haben, sind von der Polizei in einem Stadtteil festgenommen worden. Die Eltern der Opfer hatten sie gemeinsam bei der Polizei angezeigt. Zu diesem Zeitpunkt waren die Kinder bereits drei Wochen den Tätern ausgesetzt gewesen.

In mindestens 17 Fällen haben die Täter, die ganz in der Nähe in den Wohnblocks wohnen, ihren Opfern aufgelauert. Die Masche war immer ähnlich. Sie hielten ihre Opfer fest und provozierten sie. Manchmal schlugen die Täter dabei auch zu. In einigen Fällen unterstellten sie den Jugendlichen Straftaten, für die sie dann „Entschädigungen" kassierten. In anderen Fällen ließen sie sich für ihren „Schutz" bezahlen. „In einem Fall drohten sie dem Opfer an, ihm ins Bein zu schießen, wenn er ihren Forderungen nicht nachkomme", sagte der Polizeisprecher. In allen Fällen erbeuteten die Täter Geldbeträge zwischen zehn und fünzig Mark.

Die Abteilung „Jugendliche Gewalttäter" nahm die Ermittlung auf. Acht Mitglieder der Bande konnten namhaft gemacht und festgenommen werden. In ihren Vernehmungen gaben mehrere Täter die Überfälle zu. Außerdem sind intensive Gespräche mit den Eltern der Täter geführt worden. Großen Anteil am Ermittlungserfolg hat auch eine Projektgruppe der Polizei, die nach dem tragischen Selbstmord des 16-jährigen Mirco ins Leben gerufen worden war. Der Junge hatte sich vor eine S-Bahn geworfen, weil er immer wieder von anderen Jugendlichen erpresst und beraubt worden war.

Aus: DIE WELT vom 13. 7. 1999

Brutale Attacke bei Ausflug

Die Staatsanwaltschaft Neuruppin hat nach einem Angriff auf zwei Berliner Schüler Haftbefehl gegen einen 16-Jährigen erlassen. Ihm wird Körperverletzung vorgeworfen. Er soll einen türkischen Jugendlichen am Hals gepackt und gegen einen Bus geworfen haben. Einem farbigen Jugendlichen schlug er mit der Faust ins Gesicht. Die Angegriffenen gehörten zu einer Gruppe Berliner Schüler. Als Motiv gab der Verhaftete an, der farbige Jugendliche habe ihn „so angeschaut". Der türkische Jugendliche habe ihm den erhobenen Mittelfinger gezeigt.
Bereits vor einer Woche waren Schüler in der Nähe von Jugendlichen attackiert worden.

Aus: DIE WELT vom 29. 5. 1998

Zehn Prozent der Schüler terrorisieren friedfertige Mehrheit

Nach den jüngsten Gewaltexzessen in deutschen Schulen fordern Politiker stärkere Überwachung und schärfere Mediengesetze. Der Amoklauf eines Schülers in Bad Reichenhall mit mehreren Toten und der Mord an einer Lehrerin in Meißen „eröffnet in Deutschland eine neue Dimension von Gewaltexzessen", sagt der Leiter eines Kriminologischen Forschungsinstitutes. Täter und Opfer werden immer jünger, die Übergriffe brutaler. Fast immer handelt es sich um männliche Jugendliche, die ihre Mitschüler terrorisieren. Aber, sagt der Soziologe Siegfried Lamnek, „90% der Schüler sind unbescholten". Die jüngsten Gewaltexzesse seien traurige Einzelfälle. Die Kriminalstatistiken sagen allerdings etwas anderes.

Aus: Berliner Zeitung vom 29. 12. 1999

Teenager erstechen Frau

Kempten (AP). Zwei Jugendliche sind am Freitag vom Landgericht Kempten wegen Mordes an einer 60-jährigen Frau zu langjährigen Haftstrafen verurteilt worden. Die 15-jährige Angeklagte muss acht Jahre ins Gefängnis, ihr 17-jähriger Freund acht Jahre und sechs Monate. Sie hatten vor einem Jahr in Lindau die Wirtin einer Ferienpension ermordet und ausgeraubt.
In seiner Urteilsbegründung sagte der Vorsitzende Richter, die Angeklagten seien reif genug gewesen, um das Unrecht ihrer Tat einzusehen und danach zu handeln. Als besonders belastend wertete er, dass die Jugendlichen den Überfall länger geplant und ein Messer, Tränengas und eine Spritze dabeigehabt hätten. Zu ihren Gunsten hätten ihre umfassenden Geständnisse gesprochen. Außerdem hätten sie zwar den Raubüberfall auf die Frau, nicht aber ihre Ermordung geplant. Während des Überfalls seien sie jedoch zu der Überzeugung gekommen: „Wir müssen die Frau zum Schweigen bringen."
Die Jugendlichen nahmen das Urteil mit starrem Blick auf, ihre Mütter brachen in Tränen aus.

Aus: Stuttgarter Nachrichten vom 5. 2. 2000

Schüler greifen früh zu Drogen

Kiel. Beim ersten Kontakt mit legalen Drogen wie Tabak und Alkohol sind Schüler meist zwischen 12 und 13 Jahre alt. Illegale Drogen probieren sie häufig im Alter zwischen 14 und 15 Jahren. Dies sind Ergebnisse einer Studie in Schleswig-Holstein. Fünf Prozent von 1800 befragten Schülern haben schon einmal Ecstasy probiert, 22,8 % Haschisch und 1 % harte Drogen wie Heroin. An erster Stelle stehen aber Alkohol (80,9 %) und Tabak (61,5 %).

Aus: Hamburger Abendblatt vom 3. 9. 1999

Jugendkriminalität angestiegen

Die Kriminalität unter Kindern und Jugendlichen ist von 1997 auf 1998 um 5,9 bzw. 3,4 % angestiegen. Wie aus der polizeilichen Kriminalstatistik hervorgeht, sind im Jahr 1998 genau 152 774 Kinder, 302 413 Jugendliche und 237 073 Heranwachsende wegen eines Tatverdachts in den Blick von Polizei und Justiz geraten.

Bei den Kindern spielt Ladendiebstahl mit 86 204 Fällen die größte Rolle. 14 024 Kinder wurden der Körperverletzung verdächtigt, die auch bei den Jugendlichen mit 47 494 Fällen stark zugenommen hat. Ebenfalls eine große Rolle spielen bei Jugendlichen Rauschgiftdelikte mit 29 222 Fällen.

Insgesamt wurden 1998 in Deutschland 6,6 % aller Kinder, 2,7 % aller Jugendlichen, 4 % aller Heranwachsenden und 2 % aller Erwachsenen einer Straftat verdächtig.

Gegen Jugendliche wurden mehr als 13 000 Haftstrafen verhängt, darunter mehr als 8 000 mit über 6 Monaten Dauer. In über 70 000 Fällen wurden Zuchtmittel wie Arrest, Geldstrafen und Verwarnungen angeordnet; in über 30 000 Fällen wurden Erziehungsmaßnahmen, wie z. B. Heimeinweisung eingeleitet.

Quelle: Bundeskriminalamt und Statistisches Bundesamt

Gesetze für Jugendliche

Jugendschutz

Jugendschutzvorschriften gibt es in den verschiedensten Gesetzen, sehr häufig auch in Landesgesetzen der einzelnen Bundesländer. Am wichtigsten ist das „Gesetz zum Schutz der Jugend in der Öffentlichkeit“.

Beispielsweise dürfen Jugendliche nur dann einen Film im Kino ansehen, wenn er für ihr Alter freigegeben ist. Erst ab einem Alter von 16 Jahren ist es Jugendlichen gestattet, Gaststätten bis 24 Uhr zu besuchen oder in der Öffentlichkeit zu rauchen. Ebenfalls im Jugendschutz verankert ist, dass Jugendliche nur in Ausnahmefällen vor der Volljährigkeit, also dem 18. Lebensjahr, eine Heiratserlaubnis erhalten. Die uneingeschränkte Strafmündigkeit beginnt ebenfalls frühestens mit der Volljährigkeit. Vertragsabschlüsse von Minderjährigen bedürfen der Genehmigung durch den gesetzlichen Vertreter, d. h. die Eltern oder den Vormund.

Jugendstrafrecht

Das *Jugendgerichtsgesetz (JGG)* regelt Besonderheiten für Verfahren gegen Jugendliche und Heranwachsende im Hinblick auf die Verfahrensabläufe und die Bestrafung.

Große Bedeutung kommt dem Alter des Täters zu:

- Bis zur Vollendung des 14. Lebensjahres gilt ein junger Mensch juristisch als Kind. In dieser Lebensphase kann er strafrechtlich nicht zur Verantwortung gezogen werden.
- Zu den Jugendlichen zählt, wer zur Zeit der Tat 14, aber noch nicht 18 Jahre alt ist. Bei Jugendlichen kommt das Jugendstrafrecht zur Anwendung.
- Als Heranwachsende bezeichnet man Personen, die zur Zeit der Tat das 18., aber noch nicht das 21. Lebensjahr erreicht haben. Begehen sie eine Straftat, muss das Gericht eine Einzelfallentscheidung treffen. Es richtet sich dabei danach, ob der Angeklagte nach seinem Reifegrad oder der Art seiner Tat eher wie ein Jugendlicher anzusehen ist oder eher wie ein Erwachsener.

Erziehungsmaßregeln

Unter *Erziehungsmaßregeln* versteht man

- die Erteilung von Weisungen oder
- die Anordnung, eine Hilfe zur Erziehung in Anspruch zu nehmen.

Weisungen sind Gebote und Verbote, welche die Lebensführung des Jugendlichen regeln und dadurch seine Erziehung fördern und sichern sollen. Den klassischen Fall einer Weisung stellt die Auflage dar, Arbeitsleistungen zu erbringen.

Einem jugendlichen Täter kann durch das Gericht aber auch *angeordnet* werden, bei einer bestimmten Familie oder in einem Heim zu wohnen oder sich bestimmten Vorschriften bezüglich seines Aufenthaltsortes unterzuordnen *(§ 9 JGG)*.

Zuchtmittel

Reichen solche *Erziehungsmaßnahmen* nicht aus, kommen *Zuchtmittel* in Betracht.

Dazu zählen: die *Verwarnung*, die *Erteilung von Auflagen* sowie der *Jugendarrest*.

Auch bei der *Erteilung von Auflagen* können dem Täter Arbeitsleistungen abverlangt werden; in Art und Dauer sind diese aber wesentlich schärfere als bei der *Weisung*. Ebenso kann dem Jugendlichen auferlegt werden, dass er nach besten Kräften den verursachten Schaden wieder gutmachen, sich persönlich bei dem Verletzten entschuldigen oder einen Geldbetrag zugunsten einer gemeinnützigen Einrichtung bezahlen muss.

Der *Jugendarrest* untergliedert sich in Freizeit-, Kurz- und Dauerarrest. Der Dauerarrest beträgt mindestens eine Woche.

Jugendstrafe

Die *Jugendstrafe*, d.h. der Freiheitsenzug in einer Jugendhaftanstalt, stellt die schwerste Art der Bestrafung dar.

Der Richter verhängt dann eine Jugendstrafe, wenn er aus der Straftat schädliche Neigungen des Jugendlichen ableitet und darüber hinaus feststellt, dass alle schwächeren Bestrafungsmöglichkeiten nicht ausreichen. *Das Mindestmaß der Jugendstrafe* beträgt sechs Monate, das Höchstmaß 5 Jahre. Dieses erhöht sich auf 10 Jahre, wenn nach dem allgemeinen Strafrecht (also dem für Erwachsene angewandten Strafrecht) für die Tat eine Höchststrafe von mehr als zehn Jahren Freiheitsstrafe zu verhängen wäre.

Bei einer Jugendstrafe bis zu einem Jahr kann eine Strafaussetzung zur Bewährung in Betracht kommen. Die Bewährungszeit liegt zwischen zwei und drei Jahren. Für deren Dauer erteilt das Gericht Weisungen und Auflagen und unterstellt den Jugendlichen der Aufsicht eines Bewährungshelfers.

Fehler finden und korrigieren

– Fremmde feeler sehen wier, di unzrigen ahber nischt. *(Seneca)*
– Wen wihr kaine Feller häten, würte es uns ncht so fiel vergnügen bereihten, sie an anteren zu behmercken. *(Horaz)*
– Es isst guht, das nimannt fehlervrei ist, denn er würde keinem eintzigen freunt in der wellt habben. *(William Hazlitt)*

1 Schreibt diese Zitate fehlerfrei auf. Korrigiert euch gegenseitig.

2 Welcher Spruch gefällt euch am besten?

3 Überlegt gemeinsam, wie ihr einen Text möglichst fehlerfrei schreiben könnt.
Ordnet die folgenden Tipps in die richtige Spalte und schreibt die Tabelle als Plakat:

Vor dem Schreiben	*Beim Schreiben*	*Nach dem Schreiben*
...	...	...

– Für eine ruhige Schreibumgebung sorgen.
– Einen kurzen Teil eines Satzes einprägen, auswendig aufschreiben.
– Silbe für Silbe überdeutlich mitsprechen.
– Schreib- und Korrekturmittel sorgfältig vorbereiten.
– Den geschriebenen Text Wort für Wort in aller Ruhe mit den gelernten Prüfmethoden kontrollieren.
– Gleichmäßig und lesbar schreiben, Buchstaben nicht „hüpfen" lassen.
– Den Partner um deutliche und langsame Aussprache bitten.
– Im Wörterbuch nachschlagen, wenn man mit den Prüfmethoden nicht weiterkommt und noch unsicher ist.
– Bei einem Diktat genau hinhören.
– Den Text dreimal kontrollierend lesen:
vorwärts (Sinnfehler),
rückwärts (Buchstaben- und Wortfehler),
vorwärts (Groß- und Kleinschreibung, Zeichensetzung, das – dass).

Lesen, was da steht

1 In den folgenden Sprüchen fehlen Buchstaben. Versucht, alle Wörter trotzdem zu lesen. Schreibt sie fehlerfrei auf.

1. Hoch le?e die Arbeit, so hoch, dass man nicht drankommt.
2. Pubertät ist, wenn die Eltern anfangen, schw?rig zu werden.
3. Scho?iere deine Eltern und lies ein Buch.
4. Wer zuletzt lacht, hat es nicht eher begri?en!
5. Man so?te auch aus den Fehlern anderer lernen, de? kein Mensch hat so viel Zeit, sie alle selbst zu machen.
6. Arbeit fasziniert uns. Wir kö?en stundenlang zusehen.

2 Welche Buchstaben habt ihr eingesetzt? Begründet jeden einzelnen Buchstaben.

3 Was sagen die Sprüche aus? Sprecht darüber.

4 Lest die folgenden Zitate langsam und genau durch. Kontrolliert auch, indem ihr sie rückwärts Wort für Wort lest. Wie viele Fehler findet ihr?

Der Mensch ist das einsige Tier, das abeiten mus. *(Kant)*
Meine Erfintungen sind nie zufellig entstahnden.
Ich habe garbeitet. *(Edison)*
Arbeite nur, die Freute kommt von selpst! *(Goethe)*

5 Lest im Anhang, S. 230 ff., nach, wer die genannten Personen sind.

6 Schreibt die fehlerhaft geschriebenen Zitate aus Aufgabe 4 mit einem Textverarbeitungsprogramm ab. Startet die automatische Rechtschreibkorrektur. Welche Fehler findet das Programm nicht? Warum?

+7 Sucht jede Woche einen witzigen Spruch. Schreibt ihn auf ein Plakat und hängt es in der Klasse (oder Schule?) auf. Sprecht vorher darüber und achtet darauf, dass die Sprüche fehlerfrei geschrieben werden.

Spruch der Woche

Wo wir sind,
klappt nichts mehr,
aber wir können nicht
überall sein.

Die Großschreibung testen

1+1

Info-Punkt

Tests zur Großschreibung
- Kann man das Wort mit einem der Artikel *der, die* oder *das* kombinieren?
- Gibt es das Wort in der Einzahl und der Mehrzahl?
- Ist es ein Wort mit den Wortbausteinen *-heit, -keit, -nis, -schaft, -ung?*
- Lässt sich direkt vor das Wort ein Adjektiv setzen, welches sich dabei verändert?

1 Sucht drei Sprichwörter aus und schreibt sie für einen Partner auf. Lasst dabei die Wortzwischenräume und *a, e, i, o, u, ä, ö, ü* weg, z. B.:

mrgnstndhtgldmmnd.

Der Partner muss das Sprichwort erraten und in der richtigen Schreibweise aufschreiben. Achtet auf die richtige Groß- und Kleinschreibung.

> Morgenstund hat Gold im Mund.
> Wer anderen eine Grube gräbt, fällt selbst hinein.
> Aller Anfang ist schwer.
> Bei großem Glück ist große Gefahr.
> Ohne Fleiß kein Preis.

Erklärt mit einer der Testmethoden die Großschreibung, z. B.:

Glück: Das Adjektiv „groß" verändert sich,
*wenn man es vor das Wort setzt, z. B.: bei groß**em** Glück.*

2 Zahlwörter schreibt man normalerweise klein. Manchmal sind die Wörter für Zahlen aber Nomen (Substantive) und müssen großgeschrieben werden.
- Schreibt die folgenden Rätsel auf Kärtchen.
- Löst die Rätsel. Notiert die Antwort auf der Rückseite.

> – Jim fürchtete sich nicht vor der wilden Dreizehn. Wie heißt sein Nachname?
> – Sie überholte den Letzten, den Zweiten, dann den Ersten. Wie viele rannten insgesamt mit?
> – Sagt man siebenmal dreizehn sind 81 oder ist 81?
> – Was macht dreimal sieben?
> – Bei welchem alten und bekannten Spiel kommt man nur heraus, wenn man eine Sechs würfelt?
> – Sie setzte alles auf die Zwei. Sie gewann ein Vermögen. Welches Spiel hat sie gespielt?
>
> *reiv, dnaS nenief, 19 tsi, thcin hcid eregrä hcsneM, etteluoR, fponK*

das oder dass?

1 Erklärt an dem folgenden Beispiel, wie man *das* und *dass* unterscheiden kann.

> Ein Mädchen, **das** (welches) nicht weiß, (was denn?) **dass** Jungen sich gerne stark fühlen, **das** (dieses Mädchen) muss noch viel lernen.

Info-Punkt

Die Konjunktion *dass* und das Relativpronomen *das* sowie der Artikel *das* klingen gleich, haben aber eine ganz unterschiedliche Funktion.

2 Setzt *das* oder *dass* ein und schreibt die Sätze richtig auf. Begründet eure Entscheidung.

- Es heißt, ■ Geld nicht stinkt. ■ sagen aber meistens nur die Reichen.
- Kennt ihr ■ blinde Huhn, ■ auch manchmal ein Korn findet?
- Wer ■ Gras wachsen hört, ist meistens nicht bereit, es auch zu mähen.
- Wenn zwei sich streiten, freut sich der Dritte – und ■ ist meistens der Rechtsanwalt.
- Ist es richtig, ■ sich Gegensätze anziehen?
- Ich glaube nicht, ■ ■ Sprichwort „Freunde stehlen einem die Zeit" zutrifft.
- Ein Haus, ■ sich den Armen verschließt, wird sich dem Doktor öffnen.
- ■ aller Anfang schwer ist, ■ merke ich jeden Morgen.
- Man sollte eine Redensart nicht verwenden, ohne ■ man sie verstanden hat.

Info-Punkt

Merke:
dass steht immer in Verbindungen wie:
dadurch dass;
ohne dass;
anstatt dass;
sodass;
vorausgesetzt, dass;
aus Angst, dass;
als dass;
so …, dass.

Nebensätze, S. 215 ff.

3 Tauscht euch aus, ob *das* oder *dass* eingesetzt werden muss. Schreibt dann den Text als Partnerdiktat.

1+1

> ■ Schreiben mit einem Diktierprogramm, ■ in Schreibbüros schon zum Teil Einzug gefunden hat, wird wohl dazu führen, ■ immer weniger Rechtschreibfehler gemacht werden. Allerdings lässt sich nicht vermeiden, ■ der Text von Hand nachkorrigiert wird. Dabei zeigt sich, ■ der Computer ganz andere Fehler macht, als ■ viele Leute tun. Zwar schreibt er jedes Wort richtig, ■ er erkannt hat. Aber er versteht eben nicht, ■ an mancher Stelle ein ganz anderes Wort gemeint war.

Zeichen setzen

Waltraud Legros erklärt in ihrem Buch „Was die Wörter erzählen“, wie unsere Sprache entstand und sich im Laufe der Jahrhunderte veränderte:

ARBEITEN

Arbeit, scheint es, regiert die Welt. Zumindest das Wort ist allgegenwärtig: Arbeit teilt die Menschen in Arbeitnehmer und Arbeitgeber, Geldverdienen ist Erwerbsarbeit, einkaufen Konsumarbeit, seine Wohnung tapezieren Eigenarbeit, und wenn wir einen lieben Menschen verlieren, sollen wir neuerlich, statt Trost zu suchen, Trauerarbeit leisten … Bedauerlich ist, dass das Verb „arbeiten“ die Verben „schaffen“ und „werken“ aus dem Alltag nahezu verdrängt hat. Zumindest in deren alter Form und Bedeutung. Denn **„schaffen“**, in dessen Familie alles „Schöpferische“ gehört, scheint seit Luther dem „Schöpfer“ vorbehalten, und das Verb „schaffen“ ist in seinen modernen Verbindungen ein schwaches Verb geworden, das wir brauchen und gebrauchen, wenn wir uns einen Rasenmäher „anschaffen“… oder ein Gesetz „abschaffen“.

1+1

Nebensätze, S. 215 ff.

1 Erklärt die Zeichensetzung in dem Text:
- Lest euch den Text zunächst gegenseitig vor. Versucht, durch Heben und Senken der Stimme und durch kurze Pausen zu verdeutlichen, wie die Sätze gebaut sind.
- Sucht Beispiele für Aufzählungen, Satzverbindungen und Satzgefüge.

2 In dem folgenden Text fehlen Satzzeichen. Schreibt ihn ab und setzt die Satzzeichen ein.

Fehlende Absätze und fehlende Satzzeichen tragen dazu bei dass du nicht verstanden wirst. Es wird dich keiner zwingen Absätze zu machen oder Satzzeichen zu setzen allerdings kann es nur in deinem Interesse sein wenn die Leute deine Briefe leicht „entziffern“ können um dir schneller antworten zu können. Und wenn du schreibst „Ich verspreche dir einen Brief zu schreiben“ und machst kein Komma dann kann das zu Missverständnissen führen.

3 Denkt euch Situationen aus, in denen die folgenden Sätze gesagt werden:

- *Ich verspreche dir, nicht zu kommen.*
- *Ich verspreche dir nicht, zu kommen.*

Korrektur lesen

ARBEITSTECHNIK

Korrektur lesen

1. Lest den Text langsam und aufmerksam durch, sodass ihr den Sinn versteht. Ergänzt fehlende Wörter und entfernt Wörter, die zu viel sind. Berichtigt Fehler, die ihr sofort erkennt.
2. Lest silbenweise Wort für Wort (beim letzten Wort des Textes beginnen). Lest nur das, was da steht.
   Berichtigt falsche Buchstaben. Leitet ab und verlängert, damit ihr in Zweifelsfällen den richtigen Buchstaben herausfindet.
   Lest den Text noch einmal durch und achtet auf
   – die Großschreibung,
   – die Zeichensetzung.
3. Schlagt unbekannte Wörter und Wörter, bei denen ihr euch nicht sicher seid, im Wörterbuch nach.

1 Sucht in dem folgenden Text die Fehler und schreibt den Text richtig auf. Beachtet die Hinweise zur Arbeitstechnik „Korrektur lesen“.

TIPP!

Ihr erleichtert euch die Arbeit, wenn ihr den fehlerhaften Text zunächst kopiert und dann die Fehler im Text markiert und/oder berichtigt.

Rückkehr nach Babylon?

In Babylon wolten die menschen vor langer zeit ein Bauwerg erichten, dass bis in den Himel reichen solte. Gott befürschtete, dass sie das auch schafen würden den sie sprachen eine gemeinsamme sprache und verstanden sich gut untereinander. Da gab er innen unterschiedliche Sprachen und verteilte sie über die Ganze Erde, sodass sie ein so überhepliches Werk nicht wieder holen konnten. Das berichtet jedenfals die Biebel.

Heute schetzen Sprachforcher dass etwa alle zwei wochen eine Sprache stierbt. Von den fast Siebentausend Sprachen der Welt wird die Helfte in den Nächsten Hundert Jahren ferstummen. Die Jungen Leute ziehen in die Stätte und machen die Erfarung, das sie nur mit der dortigen Sprache Abeit finden und forwärts komen.

Kleine Wesen – große Filme

1 Wie fit seid ihr in der Großschreibung?
Testet euch selbst mit einem der Texte, z. B. als Partnerdiktat.

DER SCHÜCHTERNE, JUNGE HOBBIT FRODO BEUTLIN ERBT EINEN RING, DER MEHR IST ALS NUR EIN SCHMUCKSTÜCK – ES IST DER MEISTER-RING, DER EINE, DER ALLES BEHERRSCHT, EIN WERKZEUG ABSOLUTER MACHT. MIT IHM KÖNNTE SAURON, DER BÖSE HERR VON MORDOR, MITTELERDE BEHERRSCHEN UND IHRE VÖLKER VERSKLAVEN. ES SEI DENN, ES GELINGT FRODO UND SEINEN GEFÄHRTEN, DIE SICH AUS MENSCHEN, HOBBITS, EINEM ZAUBERER, EINEM ZWERG UND EINEM ELBEN ZUSAMMENSETZEN, ÜBER GANZ MITTELERDE DEN RING ZU TRANSPORTIEREN, UM IHN IN DEN TIEFEN DES ORODRUIN, DES FEURIGEN BERGES, IN DIE SCHICKSALSKLÜFTE ZU WERFEN UND FÜR IMMER ZU ZERSTÖREN. DOCH DIESE REISE BEDEUTET, TIEF IN FEINDESGEBIET EINZUDRINGEN, WO DER DUNKLE HERR REGIERT UND SEINE ARMEEN VON ORKS UM SICH SCHART.

das neue schuljahr in hogwarts steht für harry potter, hermine und ron von beginn an unter keinem guten stern: der ausbruch des wegen mordes verurteilten zauberers sirius black liegt wie ein schatten über der schule. und es gibt neben dem zumeist fürchterlichen dauerregenwetter auch noch neuerungen in hogwarts. auf der einen seite kommt mit professor lupin zum ersten mal ein lehrer für verteidigung gegen die dunklen künste, bei dem die schüler richtig viel lernen. zum anderen haben sie einige neue fächer, darunter auch wahrsagekunst …

Info-Punkt

Tests zur Großschreibung
- Kann man das Wort mit einem der Artikel* *der, die* oder *das* kombinieren?
- Gibt es das Wort in der Einzahl und der Mehrzahl?
- Ist es ein Wort mit den Wortbausteinen *-heit, -keit, -nis, -schaft, -ung?*
- Lässt sich direkt vor das Wort ein Adjektiv setzen, welches sich dabei verändert?

2 Kontrolliert eure Texte mithilfe der Testmethoden für die Großschreibung.

Verben werden Nomen

1 In dem folgenden Text sind zwölf Nomen (Substantive) kleingeschrieben. Sucht sie heraus und erklärt, warum sie großgeschrieben werden müssen.

Die Reise ins Ich
(Regie: Joe Dante, 1987)
Eigentlich freut sich der gestresste Supermarktgehilfe Jack aufs ausspannen. Doch inmitten einer Menschenmenge setzt ihm ein von einem Killer verfolgter Wissenschaftler eine Spritze, zum fliehen bleibt keine Zeit. Dieses impfen hat für Jack ungeahnte Folgen. Ab jetzt hat er einen kleinen Mann im Ohr. Tuck ist Testpilot und Versuchsobjekt einer Forschungsgruppe, die sich mit dem verkleinern von Personen und Objekten befasst. Tuck wurde zusammen mit seinem U-Boot zum schrumpfen gebracht, zum aufbewahren wurde er in eine Spritze aufgezogen. Jetzt ist er in Jacks Körper, verursacht einigen Stress, doch durchs trinken und plaudern kommen sich die Männer näher. Eine Gangsterorganisation ist jetzt hinter Jack und Tuck her. Die Verfolgten treffen auf Tucks ehemalige Freundin, der schüchterne Jack findet sie zum verlieben. Die Männerfreundschaft gerät ins wanken, doch gemeinsames überleben ist wichtiger. Das überrumpeln der Gangster ist fast eine Kleinigkeit und Tuck wird in letzter Minute aus seiner ungewohnten Umgebung befreit.

2 Schreibt den Text in berichtigter Form auf.

3 Erklärt euch gegenseitig die Großschreibung aller Nomen (Substantive) im Text.

Info-Punkt

Tests zur Großschreibung
- Gehört zu dem Wort ein Artikel oder ein Pronomen (**das** *Schreiben*, **mein / dieses** *Schreiben)?*
- Steht vor dem Wort eine Präposition *(**auf** Biegen und Brechen)?*
- Steht vor dem Wort ein Attribut *(**gesundes** Essen)?*

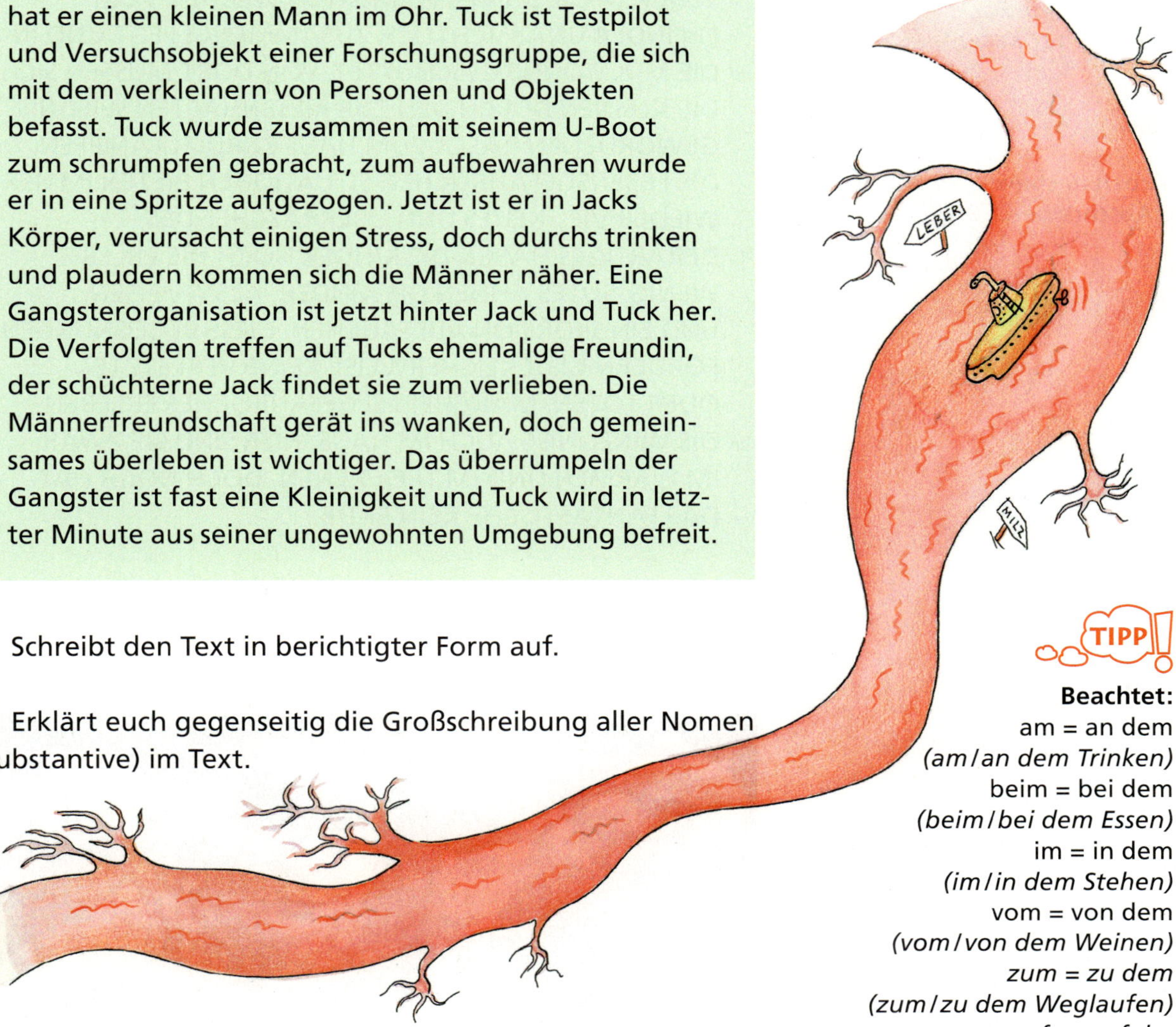

TIPP

Beachtet:
am = an dem
(am / an dem Trinken)
beim = bei dem
(beim / bei dem Essen)
im = in dem
(im / in dem Stehen)
vom = von dem
(vom / von dem Weinen)
zum = zu dem
(zum / zu dem Weglaufen)
aufs = auf das
(aufs / auf das Beste)

Adjektive werden Nomen

1 Schreibt den folgenden Text in richtiger Groß- und Kleinschreibung ab.

„Liebling, Ich habe die Kinder geschrumpft"
(Regie: Joe Johnston, 1988)

IN DIESEM FILM ERFINDET EIN ZERSTREUTER PHYSIKPROFESSOR EINE VERKLEINERUNGSMASCHINE. DAS VERHEXTE IST, DASS SEINE KINDER UND DIE NACHBARSJUNGEN IN SEINER ABWESENHEIT DURCH DIE MASCHINE AUF WENIGE ZENTIMETER GESCHRUMPFT WERDEN. DIE SO VERKLEINERTEN WERDEN VOM ERFINDER UNABSICHTLICH ZUSAMMENGEFEGT UND IN DIE MÜLLTONNE GESCHÜTTET. VON DORT MÜSSEN SICH DIE KLEINEN DURCH DEN ZUR RIESENHAFTEN WILDNIS GEWORDENEN RASEN ZUM HAUS ZURÜCKKÄMPFEN. DIE LEBENSGEFÄHRLICHEN SITUATIONEN BIETEN IMMER WIEDER VIEL NEUES UND ÜBERRASCHENDES, DERARTIGES HABEN DIE KINDER NOCH NIE ERLEBT. WENIG GUTES AHNEN DIE KINDER, ALS AMEISEN UND EIN SKORPION AUFTAUCHEN. DIESE BEGEGNUNGEN FORDERN GLÜCKLICHERWEISE KEINE VERLETZTEN ODER TOTEN. MANCHERLEI GEFÄHRLICHES ERLEBEN DIE WINZLINGE AUCH IM HAUS, HIER SIND SIE ZWAR IM WARMEN UND IM TROCKENEN, DOCH NOCH HAT DAS FANTASTISCHE KEIN ENDE.

2 Erklärt euch gegenseitig die Großschreibung aller Nomen (Substantive) im Text.

Info-Punkt

Tests zur Großschreibung
- Gehört zu dem Wort ein Artikel oder ein Pronomen *(das Beste, ein Rot, meine Liebste, jener Alte)?*
- Stehen vor dem Wort Wörter wie *alles, viel, nichts, etwas … (***alles** *Gute,* **viel** *Schönes,* **nichts** *Besonderes,* **manches** *Böse)?*
- Ist das Wort Bestandteil von Eigennamen* *(der Kleine Bär, Schweizer Käse)?*

Arbeitstechnik „Abschreiben", S. 228

TIPP

Beachtet:
aufs = auf das
(aufs/auf das Beste)
ins = in das
(ins/in das Schwarze)
im = in dem
(im/in dem Dunklen)
vom = von dem
(vom/von dem Ganzen)
zum/zur = zu dem/zu der
(zum/zu dem Liebsten, zur/zu der Liebsten)

Film ab und richtig schreiben

1 Schreibt die folgenden Texte in richtiger Groß- und Kleinschreibung auf.

Gullivers Reisen
(Regie: Peter Hunt, 1976)

gullivers reisen aus dem jahr 1726 ist das bekannteste werk des englischen autors jonathan swift und ist oft verfilmt worden. in dem roman kommt gulliver auf einer seiner weltreisen in das zwergenland lilliput und verliert fast seine freiheit. bei der zweiten schiffsreise fehlt es an süßwasser zum trinken, gulliver rettet sich auf die rieseninsel brobdingnag und kann erst nach zwei jahren das weite suchen. der held des buches, der im land lilliput eine ganze schiffsflotte an seilen hinter sich herzieht und riesige fässer wein der kleinen bewohner wie gefüllte bonbons verputzt, kann sich auf der insel der riesen nur mit mühe und not gegen ratten und fliegen wehren. etwas derartiges hat noch niemand erlebt, dennoch geht gulliver das reisen nicht aus dem kopf, und er erlebt noch viel erstaunliches beim erforschen der weltmeere.

Die unglaubliche Geschichte des Mister C.
(Regie: Jack Arnold, 1957)

der film schildert die in der tat unglaubliche geschichte eines mannes, der unter den auswirkungen einer radioaktiven wolke immer mehr schrumpft, bis er kleiner als ein zündholz ist und im puppenhaus wohnt. auf der flucht vor der zum riesenhaften untier gewordenen katze stürzt er in den keller. dort unten warten sensationelle abenteuer auf ihn. mit einer spinne kämpft er um ein stück brot, eine mausefalle wird ihm zum verhängnis und eine überschwemmung befördert ihn fast ins jenseits. zum schluss flieht er durch ein gitter nach draußen. der reizvolle abenteuerfilm mit besonderem aufwand an originellen tricks zählt heute zu den klassikern des fantastischen films.

2 Schreibt einen kurzen Text über den Film, den ihr als Letztes gesehen habt oder der euch besonders gefällt. Schreibt den Text mit dem PC in Großbuchstaben. Tauscht eure Texte aus und schreibt sie in der richtigen Groß- und Kleinschreibung.

Sammelsurium

Etwa 10 Prozent aller deutschen Wörter haben Rechtschreib-Besonderheiten. Sammelt sie und ergänzt sie nach und nach im Laufe des Schuljahres. Schreibt sie in Listen und Tabellen und prägt sie euch ein.

1 Schreibt die Namen der abgebildeten Tiere in eine Tabelle und ergänzt möglichst viele Wörter mit aa, ai, y.

Wörter mit ***aa***	*Wörter mit* ***ai***	*Wörter mit* ***y***
...	...	...

2 Welche Wörter in diesem Satz sind nicht einfach zu schreiben? Erklärt, warum das so ist.

Er fährt sein Pferd in die Stadt.

3 Sammelt Wörter mit **pf.** Benutzt dazu ein Wörterbuch.

- pf am Anfang: Pfad, Pfaffe, Pfahl, ...
- Wörter mit -opf: Knopf, stopfen, ...
- Wörter mit -mpf: kämpfen, Sumpf, ...

4 Vor welchen Buchstaben kann das unhörbare **h** stehen? Probiert es mit möglichst vielen Wörtern aus, z. B.:
Mehl, lahm, Huhn, Verkehr ...

5 Schreibt einen Satz mit **„Stadt"** und einen mit **„statt".**

+6 Erfindet einen kleinen Text, in dem möglichst viele dieser Wörter vorkommen:

erwachsen – vielleicht – ähnlich – Draht – ungefähr – gewöhnen – nächste

Arbeitstechnik „Schwierige Schreibungen einprägen", S. 228

Gleiches am Ende

1 Schreibt diese Wörter alphabetisch geordnet auf und bildet Sätze, in denen sie vorkommen.

Omelett	Quartett	violett	Kabarett
komplett	Tablett	Skelett	Kotelett

TIPP!
Schlagt nach, wenn ihr eine Aufgabe nicht lösen könnt.

2 Schreibt Antworten auf folgende Fragen:

1. Was ist ein Streichquartett und was ein Streichquintett?
   Unter einem Streichquartett versteht man …
2. Was sind Koteletts und was Koteletten?
   Koteletts sind …
3. Was sind Tabletts und was Tabletten? …

3 Ordnet den Fremdwörtern mit **-ieren** die deutschen Begriffe zu.

addieren – dividieren – korrigieren – kritisieren – probieren – trainieren – zensieren – radieren – kalkulieren – subtrahieren – multiplizieren

abziehen – malnehmen – teilen – hinzufügen – berichtigen – tadeln – versuchen – üben – benoten – tilgen – berechnen

4 Ordnet die Wörter nach Wortarten.

aggressiv – aktiv – Archiv – Motiv – naiv – negativ – aktivieren – passiv – objektiv – motivieren – positiv – primitiv – relativ – Adjektiv – Akkusativ – Dativ – Genitiv – Infinitiv – Nominativ – Substantiv – Superlativ – archivieren

+5 Stellt Listen von Fremdwörtern zusammen.

-al: sozial, … **-ant:** riskant, … **-ell:** speziell, … **-eur:** Redakteur, … **-ion:** Aggression, … **-tion:** Konzentration, … **-ine:** Maschine, … **-ik:** Grammatik, … **-tät:** Pubertät, …

Wie schreibt man das?

Theaterabonnement
Ab dem kommenden Monat bietet die Albert-Schweitzer-Schule allen Schülerinnen und Schülern ab der achten Klasse wieder ein Theaterabonnement an. Das Programm umfasst in dieser Spielzeit ein Drama, eine Komödie, ein Musical und eine Ballettaufführung im Großen Haus sowie vier Veranstaltungen im Jugendtheater. Die Eintrittskarten sind stark verbilligt und gelten als Fahrschein im öffentlichen Nahverkehr. Interessierte Schülerinnen und Schüler melden sich bitte im Sekretariat der Schule.
Die Theater-AG

das Orchester | das Kino | der Regisseur | der Filmprojektor | das Ballett | das Kinocenter | das Theater | das Foyer | das Abonnement | der Gastronomiebereich | die Garderobe | der Dolby-Surround-Ton | die Requisite | die Premiere

1 Erklärt, was die Wörter bedeuten.

2 Prägt euch die Schreibung der Wörter ein.
Diktiert euch die Wörter gegenseitig und kontrolliert.

3 Wertet das Partnerdiktat aus: Welche Stellen in den Wörtern sind schwierig zu schreiben? Warum? Wie kann man sich helfen?

1+1

Arbeitstechnik „Schwierige Schreibungen einprägen", S. 228

Laute und Buchstaben

die Loge, die Regie, die Szene, der Akt, das Kabarett, das Parkett, der Souffleur/die Souffleuse, der Maschinenmeister, die Projektionstechnik, das Multiplexkino, der Kinokomfortsessel, die Amphitheater-Architektur, das Popcorn, das Filmfestival, die Kassentheke, der Academy Award (Oscar), der Restaurantbesuch, das Theatercafé, der Champagner, das Büfett (Buffet), die Pirouette, der Jongleur, der Journalist, die Rezension, der Theatershop, zoomen, das Objektiv, der Balkon, die Etage, der Babysitter, das Chanson, der Videorekorder, thematisch, die These, rhythmisch, der Chor, kreativ, charakterisieren, das Musical, das Cembalo, atmosphärisch, der Stuntman, die Boutique (Butike), das Klavier, die Ouvertüre

1 Ordnet die Wörter nach ihrer Herkunft.
- Was vermutet ihr, aus welchen Sprachen die einzelnen Wörter kommen ?
- Überprüft eure Vermutungen im Wörterbuch.
- Tragt die Wörter in eine Tabelle ein, z. B.:

Lateinische und griechische Herkunft:	*Französische Herkunft:*	*Englische Herkunft:*	*Italienische Herkunft:*
das Theater	*die Loge*	…	…

2 Ergänzt die Tipps zum Nachschlagen am Rand.

3 Trainining: Fremdwörter nachschlagen
Bittet euren Partner, sein Buch zu schließen. Nennt ihm dann ein Fremdwort aus der Tabelle von Aufgabe 1.
Der Partner nennt die ersten Buchstaben des Wortes, ihr kontrolliert.
Wechselt die Rollen. Schlagt die Wörter nach, bei denen es einen Fehler gab.

Tipps zum Nachschlagen

Karakter? Charakter?
Wenn ich ein Wort unter <k> nicht finde, suche ich bei … oder …

Joga? Ioga? Yoga?
Wenn ich ein Wort unter <i> oder <j> nicht finde, suche ich bei …

Restorant? Restaurant?
Wenn ich ein Wort unter <o> nicht finde, suche ich bei …

Wideo? Video?
Wenn ich ein Wort unter <w> nicht finde, suche ich unter …

Orthografische Spuren

1 Lest den Text. Notiert Fremdwörter mit schwieriger Schreibung und prägt euch die Besonderheiten ein.

(1) Musik geht um die Welt, und auch manche Wörter haben eine Reise durch die Sprachen der Erde gemacht. Der Jazz kam aus Amerika, der Reggae aus Jamaika, und zusammen mit den Rhythmen der Musik breiteten sich die Bezeichnungen aus. An der besonderen Schreibung dieser Fremdwörter kann man oft noch heute wie an einem Fingerabdruck ihre Herkunft erkennen. Ähnlich erging es vielen Musikinstrumenten vom Cembalo über das Klavier bis zum Synthesizer und musikalischen Gattungen wie Operette, Chanson oder Musical.

(2) Auch in anderen Lebensbereichen signalisiert die Schreibung von Wörtern, aus welchen Kulturen wir einmal Traditionen und Moden übernommen haben. Woher stammen Philosophie, Theorie und Hypothese? Woher Organisation und Justiz? Aus welcher Sprache wurde das Girokonto übernommen? Aus welcher kommen Journalismus und Zivilcourage, Ateliers und Boutiquen (Butiken)? Und aus welcher Volleyball, Laptop und Checkliste? Das könnt ihr herausfinden, wenn ihr die Schreibung der Wörter in einem Wörterbuch überprüft.

2 Knickt zuerst die Hälfte der Seite in eurem Heft als Rand ab.

- Diktiert euch den Text dann gegenseitig.
- Nach der Korrektur: Schlagt schwierige Wörter nach. Schreibt die Wörter und eine kurze Bedeutungserklärung auf den Rand, z. B.:

wie Operette, Chanson oder Musical. *2. Auch in anderen Lebens-bereichen signalisiert die*	***Chanson**, das gesungenes Gedicht, Kabarettlied*

Fremdwörter üben

1 Übt die Schreibung von Fremdwörtern in der Klasse:

Ein Kim-Spiel

① Jede Partnergruppe braucht ca. zehn Fremdwörter. Schreibt sie mit einer kurzen, aber genauen Worterklärung gut lesbar auf eine Overhead-Folie. Zerschneidet die Folie, sodass jedes Wort mit der Erklärung auf einem Folienstreifen steht.

② Eine Partnergruppe legt ihre zehn Folienstreifen vermischt auf den Projektor. Sie schaltet den Projektor eine Minute lang ein. Dann schaltet sie ihn wieder aus und nimmt ein Wort weg.
Nun schaltet sie ihn wieder ein. Die Klasse muss raten, welches Wort fehlt. Wer richtig rät und das Wort erklären und fehlerfrei an die Tafel schreiben kann, darf das nächste Wort dazulegen. Die Partnergruppe ist während des Spiels „Schiedsrichter".

Klavier, das …

Rhythmus, der …

Firma, die …

Theater, das …

Boutique, die …

Ein Klapptafelspiel

① Jede Partnergruppe braucht eine Liste mit ca. zehn Fremdwörtern. Schreibt zu jedem Wort eine knappe, aber genaue Erklärung oder ein bedeutungsgleiches deutsches Wort auf.

② Eine Partnergruppe teilt den mittleren Teil der Klappentafel in zwei Hälften. Auf die linke Hälfte schreibt sie die Fremdwörter untereinander, auf die rechte die Erklärung dazu.
Die Klasse sieht sich zwei Minuten lang an, was an der Tafel steht. Dann wird die linke Hälfte zugeklappt. Die Partnergruppe liest eine der Erklärungen vor und die Klasse rät, wie das dazugehörige Fremdwort heißt.
Ihr könnt das Spiel leichter oder schwieriger machen, indem ihr der Klasse die Wörterliste an der Tafel gar nicht oder mehrmals zeigt.

Modul	…
Interesse	…
Jazz	…
Reggae	…
Laptop	…
Computer	…
…	…
Kino	…
Video	…
Requisite	…
…	…

Mut – Freude – Spaß – Leichtsinn

1 Hier fehlt doch etwas!
Welche unterschiedlichen Bedeutungen findet ihr?

Wir empfehlen ihm nichts zu den Spielregeln zu sagen.
(Was wird wem empfohlen?)
Heike verspricht ihrer Freundin das Trikot zu färben.
(Wessen Trikot wird gefärbt?)
Er riet dem Jungen schnell zu helfen.
(Wer soll hier wem helfen?)
Henrik Daniel sein Bruder und Sabrina wollten sich das Spiel ansehen.
(Wie viele Personen wollten sich das Spiel ansehen?)

2 Schreibt die Sätze zweimal auf, setzt die Kommas unterschiedlich, z. B.:

Wir empfehlen, ihm nichts zu den Spielregeln zu sagen.
Wir empfehlen ihm, nichts zu den Spielregeln zu sagen.

Satzzeichen unter sich
Hans Manz

Wenn ich Komma Komma Komma
Die Sätze nicht gliedern würde Komma
Könnte man sie gar nicht verstehen Punkt

Ach Komma du Großhans Komma
Du willst mehr sein als ein Fragezeichen Fragezeichen

3 Schreibt den Text von Hans Manz ab. Setzt an einigen Stellen anstelle eines Wortes das Satzzeichen.

Fallschirmspringen

Zweifel Freude und Angst schießen mir durch den Kopf.

Gebannt sehe ich unter mir weiße Wolken winzige Straßen einen sich windenden Fluss und grüne Wälder.

Wir haben die richtige Höhe erreicht die Sicherheitsleine ist eingehakt der Pilot gibt das Zeichen.

Ich wende mich ab dann überlege ich kurz aber ich springe doch.

Ich bin begeistert wie sich die Schwerelosigkeit anfühlt wie mich die eisige Luft umströmt wie ich mich auf einmal frei fühle.

4 Schreibt die Sätze ab, setzt die notwendigen Kommas.

Info-Punkt

Ein **Komma** steht bei **Aufzählungen** von
- Wörtern,
- Wortgruppen,
- Sätzen.

Achtung: *und* und *oder* ersetzen das Komma.

TIPP

Prüfen: Was zu einem Glied der Aufzählung gehört, erkennt ihr am besten, wenn ihr mitzählt: *Gebannt sehe ich unter mir 1. weiße Wolken, 2. winzige Straßen, …*

Zeichensetzung bei der direkten (wörtlichen) Rede

Die erste Ballonfahrt

Der Junge berichtet, dass er noch nie so etwas Schönes wie die Fahrt mit einem Heißluftballon erlebt habe.	Der Junge berichtet: „Mama, so etwas Schönes habe ich noch nie erlebt.“

1 Vergleicht die beiden Sätze. Erklärt die unterschiedliche Aussageweise und die Zeichensetzung.

direkte Rede, S. 220

2 Schreibt die folgenden Sätze in direkter (wörtlicher) Rede auf, z. B.: *Er sagte: „Ich …*

Er sagte, er habe oftmals die bunten Kugeln am Himmel gesehen.
Endlich, nach vielen Verschiebungen wegen der Ungunst des Wetters, berichtet er, sei es so weit gewesen. Sie seien am Nachmittag gestartet, erklärte er.
Er meinte, dass er keine Angst verspürt habe, eher Sorge, dass das Vergnügen vorzeitig zu Ende gehe.

Komma bei Haupt- und Nebensatz

Wasserrutschen – ein neuer Wettkampfsport

Kinder suchen in einem Schwimmbad gern die Wasserrutsche auf.	**weil**	Sie finden das Rutschen lustig.

HS, Konjunktion NS.
Konjunktion NS, HS.
HS, Konjunktion NS, HS.

Nebensätze, S. 215 ff.

1 Verbindet die beiden Sätze dreimal zu verschiedenen Satzgefügen nach den angegebenen Mustern. Achtet dabei auf die Stellung des Prädikates im Haupt- und im Nebensatz und auf die Kommasetzung:

- *Kinder suchen in einem Schwimmbad gern die Wasserrutsche auf, weil sie das ...*
- *Weil sie ...*

2 Verbindet die Satzpaare zu Satzgefügen. Unterstreicht anschließend die Prädikate, kreist die Konjunktionen ein und setzt die Kommas.

Wasserrutschen – ein neuer Wettkampfsport

Man muss sich wie in jeder Sportart warm machen.	(bevor) Man hält sich am Start bereit.
(Sobald) Der Startschuss fällt.	Man drückt sich von der Startstange ab.
(Wenn) Man hält die Kontaktfläche zwischen Körper und Rutschbahn so gering wie möglich.	Man rutscht am schnellsten.
Man sollte das Gesäß hochdrücken.	(damit) Man rutscht nur auf Fersen und Schulterblättern.
(Obwohl) Fettige Haut kommt der Schnelligkeit zugute.	Man darf sich nicht dick mit Creme einschmieren.

3 Formuliert aus folgendem Satzpaar ein Satzgefüge, bei dem der Nebensatz in den Hauptsatz eingeschoben ist. Achtet auf die Kommasetzung.

- Unter den vielen Badegästen in den Schwimmbädern befinden sich zahlreiche Rutschtalente.
- Das kann man vermuten.

4 Verbindet den ersten Hauptsatz mit den beiden anderen Hauptsätzen. Verwendet dazu die vorgegebenen Relativpronomen.

Gefährlicher Bergsport

Jährlich verzeichnet der Bergsport etwa hundert tödliche Unfälle.

der → Der Bergsport erfreut sich zunehmender Beliebtheit.

die → Die Unfälle passieren häufig durch den Leichtsinn einiger Bergtouristen.

Jährlich verzeichnet der Bergsport, der sich …, etwa hundert tödliche Unfälle, die …

5 Verbindet die folgenden Sätze zu Satzgefügen mit Relativpronomen, z. B.:

Ein Grund liegt in der großen Anzahl von ***Menschen****, die dem Alltag entfliehen wollen.*

– Ein Grund liegt in der großen Anzahl von Menschen.	– Die Menschen wollen dem Alltag entfliehen.
– Über Lifte, Wege und Schutzhütten gelangt man mühelos in größere Höhen.	– Die Wege sind ausgezeichnet markiert.
– Ein plötzlicher Wetterumschwung mit Kälte, Nässe, Sturm, Steinschlag und Bächen gefährdet den Menschen.	– Bäche verwandeln sich in reißende Fluten.
– Dabei warnen doch die Wetterberichte und auch die Einheimischen vor den Gefahren.	– Die Einheimischen verfügen häufig über einen großen Erfahrungsschatz.

TIPP!

So erkennt ihr **Nebensätze:**
- Am Ende steht das Prädikat.
- Nebensätze beginnen meist mit einem Einleitewort:
  - Konjunktion: *weil, als, dass, ob, …*
  - Relativpronomen: *der, die, das, dessen, deren, welcher, welche, welches, …*
  - Präposition mit Relativpronomen: *in die, auf dem, unter der, …*

Nebensätze, S. 215 ff.

Genauer schreiben, besser verkaufen

Flohmarkt für Computerspiele und Lernprogramme

Wir veranstalten einen Flohmarkt für Computerprogramme. Wir bieten allen eine einmalige Gelegenheit. Ihr könnt etwas verkaufen und kaufen. Alle sind eingeladen. Nachher wird ein Lehrer ein Computerspiel verlosen.

1 Stellt euch vor, dieser Handzettel wäre am schwarzen Brett eurer Schule angebracht. Würden die Informationen ausreichen? Fragt nach:

Wer? Wo? Wann? Was für ...?
Warum? Wem? Wie? Wen / Was? ...

2 Schreibt den Handzettel genauer.
Ergänzt die einzelnen Sätze durch folgende Informationen:
- Wer? – Die Schülervertretung der Erich-Kästner-Schule
- Wann? – am Freitag in der 5. und 6. Stunde
- Wem? – allen Computerfreaks, die ihre Softwaresammlung aufbessern wollen
- Was? – Computerspiele, die ihr nicht mehr benötigt
- Wie? – herzlich
- Wann? – im Anschluss an den Flohmarkt, wenn alle Stände abgebaut sind
- Wer? – Herr Schmidt, der die Internetgruppe leitet
- Was für ein? – das Computerspiel „Singstar Party"

3 Vergleicht eure überarbeitete Fassung mit dem ursprünglichen Handzettel.

4 Bestimmt in den Sätzen, die ihr gebildet habt, die Satzglieder oder Satzgliedteile.

Satzglieder, S. 214

Gespräche beim Flohmarkt

1 Verändert die folgenden Sätze, indem ihr Nebensätze ergänzt, z. B.:

- *Ich bin ganz schön sauer auf dich.*
- *Warum?*
  (weil – Du hast „Sim City" an jemanden anderen verkauft.)
  → Ich bin ganz schön sauer auf dich, weil du „Sim City" an jemanden anderen verkauft hast.

Schreibt die umgewandelten Sätze auf.

1
- *Du hättest in dem Moment aufpassen müssen.*
- *Wann?*
  (als – Ich habe meine Programme auf dem Tisch aufgestellt.)

2
- *Hast du eine Version von „Herr der Ringe" im Angebot?*
- *Welche? Was für eine?*
  (die – Die Version bezieht sich auf den 2. Teil des Films.)

3
- *Ich suche ein Quizspiel.*
- *Was für eins?*
  (das – Es gibt auch Auswahl-Antworten vor, ist aber viel witziger.)

4
- *Dann meinst du das Spiel „You don't know Jack".*
- *Welches? Was für eins?*
  (von dem – Es gibt mittlerweile mehrere Versionen.)

5
- *Ich benötige einen Virenscanner.*
- *Warum? Wozu?*
  (damit – Ich kann meinen Computer vor Viren schützen.)

6
- *Mich interessiert eine Tastatur.*
- *Warum?*
  (weil – Meine Tastatur funktioniert nicht mehr richtig.)

2 Um was für Nebensätze handelt es sich in den umgewandelten Sätzen? Begründet eure Antworten.

→ Nebensätze, S. 215 ff.

Werbetexte für Programme

1 Ergänzt den folgenden Werbetext zu dem Karaoke-Spiel „Singstar Party“ mit den passenden Adverbialsätzen. Schreibt den Text auf.

Singstar Party

weil es noch in die müdeste Party garantiert Stimmung bringt.	…, verkaufe ich es heute für 15 Euro.
wenn das Eis gebrochen ist und alle einen Versuch hinter sich haben,	Es ist das ultimative Karaoke-Spiel, … 30 Partyhits stehen zur Auswahl.
Obwohl ich dieses Spiel über alles liebe,	Du hörst das Lied, … Jetzt kannst du loslegen. Eine mitgelieferte Kamera und ein Mikrofon zeichnen deine Aktionen auf, gleichzeitig vergleicht das Programm deine Leistung und bewertet dich.
während gleichzeitig auf dem Bildschirm Text und Tonhöhe eingeblendet werden.	Glaub mir, …, geht die Party richtig los.

2 Lest den folgenden Verkaufstext für ein Computerspiel aufmerksam durch und überlegt, wo Kommas gesetzt werden müssen.

Herr der Ringe, Computerspiel, DVD

Ich verkaufe dieses Spiel das noch neu und original verpackt ist weil es mir zweimal geschenkt wurde.

Bereits das Intro mit Filmausschnitten die auf verblüffende Weise nahtlos in das Spielgeschehen übergehen wird dich sofort begeistern.

Zunächst solltest du auf einem Trainingslevel üben bei dem du dich im Kampf gegen die Schergen des bösen Zauberers Sauron mit den grundlegenden Kampftechniken vertraut machen kannst.

Die 16 Level die mit der Oscar-prämierten Filmmusik unterlegt sind zeichnen sich durch taktische Kämpfe realistische Animationen sowie tolle Grafikeffekte aus.

Insgesamt wirkt das Computerspiel „Die zwei Türme" aufgrund seiner aufwändigen und wohl einmaligen Machart eher wie ein Film in den man interaktiv eingreifen und den man verändern kann.

Allerdings benötigst du eine Grafikkarte die sehr leistungsfähig ist.

3 Schreibt den Text mit der richtigen Zeichensetzung auf. Unterstreicht in eurem Text die Relativsätze.

Relativsätze, S. 216

4 Lest den Text ohne Relativsätze vor. Wie verändert er sich, wenn ihr die Relativsätze weglasst?

- Ist der Text, in dem die Relativsätze weggelassen wurden, trotzdem verständlich? Warum?
- Welche Aufgabe haben die Relativsätze im Originaltext?

Das Leben ist schön

Das Leben ist schön
Italien 1998
Originaltitel: La vita è bella
Regie: Roberto Benigni
Drehbuch: Vincenzo Cerami, Roberto Benigni
Kamera: Tonio Delli Colli
Musik: Nicola Piovani
Schnitt: Simona Paggi
Darsteller: Roberto Benigni (Guido), Nicoletta Braschi (Dora), Giorgio Cantarini (Giosuè), Sergio Bustric (Ferrucio) u. a.
Laufzeit: 124 Min., teilweise dt. Untertitel
FSK: ab 6 J.

Italien, 1939, zur Zeit des Faschismus: Im ersten Teil des Films kommen Guido und sein Freund Feruccio in die Kleinstadt Arezzo. Dort möchte Guido einen Buchladen eröffnen. Er verliebt sich in die schöne Lehrerin Dora, die sich mit einem unsympathischen Lokalpolitiker verloben soll. Guido entführt sie von ihrer Verlobungsfeier, gewinnt ihr Herz und heiratet sie. Einige Jahre später haben sie einen kleinen Sohn, Giosuè, und leben glücklich zusammen. Um die Anzeichen des aufkommenden Antisemitismus, dem Guido als Jude ausgesetzt ist, kümmern sie sich nicht. In vielen humorvollen und komödiantischen Szenen wird dargestellt, wie Guido damit fertig wird. An Giusuès Geburtstag werden er und sein Sohn jedoch festgenommen und als Juden in ein Konzentrationslager verschleppt. Dora folgt ihnen aus Liebe freiwillig.
Der zweite Teil des Films spielt im Lager. Hier nimmt der Plot eine überraschende Wendung: Damit Giosuè die Schrecken des Lagers ertragen kann, versteckt ihn Guido. Er erzählt ihm eine fantastische Geschichte, die er mit Witz und Einfallsreichtum über lange Zeit aufrechterhält: Sie seien ein Team bei einem großen Abenteuerspiel und müssten von „den Bösen" durch unauffälliges Verhalten möglichst viele Punkte bekommen. Dann hätten sie die Chance, den Hauptpreis zu gewinnen – Giosuès Lieblingsspielzeug, einen echten Panzer.
Als das Konzentrationslager befreit wird, überleben Giosuè und Dora, Guido wird im letzten Moment erschossen.

Der Stoff des Films „Das Leben ist schön" erzählt ein fiktives Einzelschicksal. Es steht vor dem authentischen Hintergrund des italienischen Gewaltregimes in den 1930er und 1940er Jahren. Der Film zeigt die Kostbarkeit des Lebens auch in den fürchterlichsten Situationen.

1 Gebt wieder, was ihr über den Film bereits erfahren habt.

2 Kennt ihr weitere Filme, die sich mit dem Thema „Nationalsozialismus" befassen? Berichtet.

Arbeitstechnik „Einen Sachtext lesen und verstehen", S. 226

3 Erklärt die Begriffe *Regie, Drehbuch, Besetzung, Handlungsverlauf (Plot), fiktiv/authentisch, Stoff, Untertitel.*

4 Erklärt die Begriffe, die im weiteren Text vorkommen: *Zeitebene, Zeitsprung, Sequenz, Einstellung, Komödie, Tragödie, Tragikomödie.*

Der erste Teil des Films spielt auf zwei Zeitebenen. Er beginnt im Jahr 1939 mit der Reise Guidos nach Arezzo, dem Zusammentreffen mit Dora und dem erfolgreichen Werben um sie. Ein Zeitsprung führt auf die zweite Zeitebene; Guido und Dora sind verheiratet und haben einen kleinen Sohn. Die Einstellungen in diesem Teil des Films sind in hellen, leuchtenden Farben gehalten. Sie zeigen in vielen komödiantischen Sequenzen, wie die Lebensfreude über den dumpfen Faschismus triumphiert.
Der zweite Teil zeigt das Lagerleben in dunklen Farben, meist braun und grau. Der Film wird zur Tragikomödie. Zwangsarbeit und Vernichtung bilden zwar den schrecklichen Hintergrund. Die Hauptfigur trotzt ihnen aber mit Originalität und Humor.

5 Auf Seite 188 findet ihr ein Glossar (Begriffsverzeichnis) mit Fachbegriffen zum Thema Film. Überprüft eure Begriffserklärungen mithilfe dieses Verzeichnisses.

Fachsprache Film – ein Glossar

Drehbuch (screenplay)
Manuskript mit der genauen Planung des Films; enthält alle Ideen, Drehanweisungen und Dialoge der Figuren.

Einstellung (shot)
Stück eines Films zwischen zwei Schnitten, Grundeinheit von Filmen. Mehrere Einstellungen ergeben eine Sequenz.

fiktiv / authentisch
fiktiv – erfunden,
authentisch – den Tatsachen entsprechend

Kamerabewegungen
Die Kamera kann sich auf einem Wagen oder einem Kran bewegen. Man unterscheidet:
Ranfahrt – auf ein Objekt zu;
Rückfahrt – vom Objekt weg;
Seitfahrt – an mehreren Objekten vorbei;
Parallelfahrt – parallel zu einem sich bewegenden Objekt.
Außerdem gibt es den Kameraschwenk, die Drehung der Kamera um eine der drei Raumachsen.

Kameraperspektive
Standpunkt, von dem aus die Kamera auf das Objekt gerichtet ist:
Untersicht – Froschperspektive
Aufsicht – Vogelperspektive
Augenhöhe

Komödie
Lustspiel

Plot
Handlungsverlauf

Regie
Aufgabe der Regie ist die Verwirklichung der Filmideen. Der Regisseur/die Regisseurin (director) arbeitet oft am Drehbuch mit, wählt die Schauspieler aus und weist sie ein, entscheidet über Drehorte usw. Er/sie gilt als Autor/Autorin des Films.

Rückblende (Flashback)
Sprung auf eine vergangene Zeitebene

Schnitt
Letzter Arbeitsschritt bei der Filmherstellung: Die gedrehten Einstellungen werden vom Cutter auf die gewünschte Länge geschnitten und zum endgültigen Film zusammengefügt. Beim Schnitt werden wichtige Effekte erzeugt, z. B. kann eine hohe Schnittfrequenz (schnelle Schnittfolge) Spannung erzeugen.

Sequenz
Folge von Einstellungen, die inhaltlich zusammengehören

Sequenzprotokoll
stichwortartige, knappe Inhaltsangabe der Sequenzen eines Films

Stoff
Thematik eines Films, Bezug zur Wirklichkeit

subjektive Kamera
Die Kamera nimmt die Perspektive einer Figur ein; man sieht auf der Leinwand, was die Figur sieht.

Tragödie
Trauerspiel

Zeitlupe/Zeitraffer
Aufnahmetechnik, bei der die Bewegungen langsamer/schneller als in der Wirklichkeit erscheinen. Beim Betrachten des Films vergeht mehr/weniger Zeit als in der Handlung.

Einen Film untersuchen

1 Wählt einen Film aus, den ihr in der Klasse anschauen wollt. Analysiert den Film. So könnt ihr vorgehen:

1. Um den Film untersuchen zu können, braucht ihr eine Inhaltsbeschreibung. Schaut euch den Film an und schreibt dabei ein Sequenzprotokoll.
2. Vergleicht eure Sequenzprotokolle.
3. Tauscht eure Eindrücke aus:
   – Worum geht es in dem Film?
   – Was hat euch angesprochen, interessiert, gestört?
   – Welche Fragen habt ihr?
4. Klärt folgende Fragen:
   – Wo spielt die Handlung?
   – Wann spielt die Handlung?
   – Wer sind die Hauptfiguren?
   – Was ist wohl fiktiv, was ist authentisch?
5. Wählt einige interessante Sequenzen aus und besprecht sie.
6. Oft braucht man Sachwissen, um einen Film verstehen zu können. Informiert euch über den Stoff und über die Entstehung des Films.
7. Wie beurteilt ihr den Film abschließend?

Sequenzprotokoll: Das Leben ist schön

S 1 – 0:00 bis 2:00
Guido und sein Freund im Auto, Fahrt bergab mit defekten Bremsen, Durchfahrt durch ein Dorf, Verwechslung mit der Gutsherrschaft

S 2 – 2:00 bis 5:00
Reparatur des Autos, Gespräch „Prinz" Guido – Eleonora, Dora fällt in Guidos Arme, Dialog Dora – Guido

S 3 – 5:00 bis …

Werbung find ich gut!

1

2

3

1 In dem folgenden Untersuchungsbogen findet ihr Angaben zur Werbeanzeige (1) auf S. 190. Prüft, ob die Angaben zutreffen.

Fundort Wochenzeitschrift

Produktgruppe Urlaub

Wofür wird geworben? Fluglinie (Lufthansa)

Was ist abgebildet? Gesichter eines jungen Paares, das aneinandergelehnt schläft

---

Slogan „Alles für diesen Moment“ und „There‘s no better way to fly“

Weiterer Text (zusammengefasst)
Ausgebildetes Fachpersonal kümmert sich um die Sicherheit, sodass man beruhigt fliegen kann.

Verhältnis von Text zu Bild Das Bild steht im Vordergrund.

Besonderheiten Junge Menschen in einer Zweierbeziehung werden angesprochen, das Logo der Fluglinie ist deutlich auf dem Bild erkennbar. Die drei Sätze über dem Slogan „Alles für diesen Moment“ sind gleich gebaut und vermitteln dadurch zusätzliche Sicherheit.

2 Für die weitere Arbeit müsst ihr euch eigenes Untersuchungsmaterial beschaffen. Bildet Arbeitsgruppen und einigt euch auf bestimmte Produkte oder Produktgruppen (z. B. Urlaub, Auto, Kosmetik, Mobilfunk, Fernsehen, Videoaufzeichnung).

3 Sammelt Werbeanzeigen aus Zeitschriften oder Zeitungen oder besorgt euch Werbeunterlagen aus verschiedenen Geschäften.

4 Verschafft euch einen Überblick über das Werbematerial in eurer Gruppe und wählt einige Anzeigen aus, die euch besonders gut gefallen, die besonders auffällig oder besonders schlecht sind.

5 Untersucht diese Anzeigen genauer. Füllt dazu in einem ersten Schritt einen Untersuchungsbogen aus. Ihr könnt dafür ein eigenes Muster entwickeln oder das abgebildete Beispiel oben übernehmen.

Auf den zweiten Blick – Werbung analysieren

1 Untersucht eure ausgewählten Beispiele mithilfe der folgenden Fragen genauer.

Fragen, die helfen können, Werbung zu analysieren:

1. Was fällt dir beim ersten Blick besonders auf? (Zeigt euch die Anzeige gegenseitig fünf Sekunden. Was habt ihr gesehen?)
2. Welche Farben werden verwendet?
3. Welche Gegenstände oder Personen werden dargestellt?
4. Gibt es eine direkte Verbindung von Text und Bild oder muss man die Verbindung erst herausfinden?
5. Welche Personen (alt, jung, Frauen, Männer) sollen besonders angesprochen werden?
6. Wie werden Frauen oder Männer dargestellt und welche Wünsche werden dadurch beim Betrachter geweckt?
7. Warum werden gerade diese Gegenstände, Personen, Farben gewählt?
8. Warum werden vor allem junge Menschen dargestellt?
9. Welche Gefühle lösen die Abbildungen aus?
10. Wird eine „Geschichte“ in der Werbung erzählt? Was wird erzählt? Welche Personen kommen vor?

2 Fasst eure Ergebnisse schriftlich zusammen.

3 Sucht nun in euren Anzeigen nach **sprachlichen** Auffälligkeiten. Lest dazu die Tabelle mit den angeführten Beispielen aufmerksam durch.

1 Redewendung
Hier werden bekannte Redewendungen leicht verändert:
Ich sehe was, was du nicht siehst – ZDF.

2 Informationen
Hier werden informierende Texte verwendet,
um das Produkt zu erklären.

3 Adjektive
Hier werden Adjektive verwendet: *verführerischer* Duft, *herzhafter* Geschmack, oder neue Wörter durch Zusammensetzungen gebildet: *aprilfrisch.*

4 Imperative
Hier werden Werbetexte als Aufforderungen formuliert:
Hol dir die Krönung!

5 Fremdsprache
Hier werden bekannte Redewendungen in einer Fremdsprache verwendet: *„Theres no better way to fly".*

6 Steigerungen
Hier werden Komparative und Superlative verwendet:
Wenn sie noch **länger** *warten, haben sie den* **erfolgreichsten** *Mercedes aller Zeiten verpasst.*

7 Sprachspiele
Hier wird mit Wortklang und Wortbedeutung gespielt:
Darf's ein bisschen **Meer** *sein?* (Reklame für eine Schiffsreise).

4 Prüft, ob ähnliche sprachliche Mittel in euren Werbetexten verwendet wurden. Vielleicht müsst ihr die Übersicht noch ergänzen.

5 Stellt eure Gruppenergebnisse in der Klasse vor:
Könnt ihr Gemeinsamkeiten feststellen?
Wie wird das Interesse der Konsumenten geweckt?

6 Bewertet die ausgewählte Werbung: Können die Versprechen eingehalten werden? Ist die Werbung glaubhaft?

Freude am Lernen – Schillerschule!

Ich lerne gern
Mathildenschule!

EINFACHER
IST EINFACH BESSER

Haupt- und
Realschule Essen

Let's make
things better

OFFENE SCHULE
BABENHAUSEN

Die leichte Art zum Haupt-
und Realschulabschluss

PARKSCHULE

Manches ist ***preiswert,***
die Comeniusschule
ist ***mehr wert!***

How to
make it

Europaschule Weimar

„Über den
Unterricht
hinaus"

Freie Schule Darmstadt

SCHNELLER LERNEN,
WENIGER RAUFEN!

ASTRID-LINDGREN-SCHULE

Wir haben das Outfit,
du hast den Kopf –
Kantschule!

1 Was haltet ihr von solcher Werbung?

2 Untersucht genauer, was in den einzelnen Slogans versprochen wird. Was bedeutet zum Beispiel die Aussage der Freien Schule Darmstadt „Über den Unterricht hinaus"?

3 Habt ihr ähnliche Slogans bei eurer Untersuchung von Werbeanzeigen gefunden? Nennt Beispiele.

4 Schaut euch die Werbeslogans noch einmal genauer an und achtet auf die sprachlichen Besonderheiten.
Welche Slogans gefallen euch, welche findet ihr besonders einfallsreich und warum?

5 Lasst eure Fantasie spielen und erfindet ähnliche Werbetexte: Werbt für
- ein Fantasieprodukt,
- für euren Lehrer/eure Lehrerin,
- für ein Jugendcafé,
- ...

Am einfachsten ist es, wenn ihr dazu bekannte Werbeslogans verwendet und diese abwandelt, z. B.:

Mitmachen und Mitlachen – Das Witzemagazin der 8b

Genieß ein Stück Schulfreiheit! – Die Theater-AG

Ein königliches Vergnügen – Matheunterricht bei Frau König

6 Tauscht eure Arbeitsergebnisse aus. Welche sprachlichen Mittel habt ihr verwendet und wie wirken sie auf euch?

7 Sprecht über Vor- und Nachteile von Werbung:
- Was soll durch Werbung erreicht werden?
- Wie reagieren die Verbraucher eurer Meinung nach darauf?

8 Wie steht ihr zur Werbung?
- Lasst ihr euch von der Werbung beeinflussen?
- Könnt oder wollt ihr das verhindern? Begründet.

Info-Punkt

Slogan

Ein Slogan ist ein kurzer Spruch, der sich leicht einprägt. Slogans werden in der Werbung verwendet. Er kann das Erkennungszeichen einer Marke sein oder die wichtigsten Eigenschaften des Produktes zusammenfassen. Das Wort stammt aus Schottland und heißt ursprünglich „Schlachtruf".

Berühmte Frauen

Friedensnobelpreis* 2004 für Wangari Maathai

Als erste Afrikanerin erhielt die kenianische Umweltschützerin Wangari Maathai den Friedensnobelpreis.

Sie ist stellvertretende Umweltministerin ihres Landes und engagiert sich auch für Menschenrechte und Demokratie.

Frage: Frau Maathai, Ihr Green Belt Movement **gilt** als erfolgreichste Umweltorganisation Afrikas. Sie selbst wurden mit Preisen überhäuft. **Hatten** Sie mit einem solchen Erfolg **gerechnet**, als sie vor 27 Jahren mit ihrer Arbeit **begannen**?
Maathai: Nein, ich hatte keine Ahnung. Zuerst **handelte** ich mehr nach meinem Instinkt. Wenn ich Probleme **erkenne**, dann **überlege** ich mir, was man tun kann. Ich mag es nicht, lange über Probleme zu reden. Als ich also von den Frauen vom Land **gehört habe**, dass sie kein Feuerholz, kein Futter für die Tiere und kein sauberes Trinkwasser hatten, **kam** mir die Idee, Bäume zu pflanzen. Dadurch würden die Frauen Feuerholz, Futter für die Tiere und Baumaterial bekommen. Gleichzeitig könnte die Bodenerosion verhindert werden.
Frage: Wo begannen Sie damit, Bäume zu pflanzen?
Maathai: Die ersten Bäume **setzten** wir in Nairobi. Am 5. Juni 1977, dem Welt-Umwelttag, **haben** wir dort sieben Bäume **gepflanzt**. Nur zwei **haben** bis heute **überlebt**. Die **sind** allerdings ziemlich groß … Damals **waren** es sieben Bäume, heute sind es über 30 Millionen. Wir **haben** eine weite Strecke **zurückgelegt** … Wenn wir Erfolg haben und ich **bin** sicher, dass wir erfolgreich **sein werden**, dann **wird sich** der Trend (Wälder zu roden) in den nächsten fünf Jahren **umkehren**.

TIPP!

Schlagt nach oder informiert euch im Internet.

1 Was ist der Nobelpreis? Welche Persönlichkeiten haben schon den Friedensnobelpreis erhalten?

Zeitformen des Verbs, S. 217

2 Übernehmt die Tabelle in euer Heft. Tragt die fett gedruckten Zeitformen ein.

Präsens	*Perfekt*	*Präteritum*	*Plusquamperfekt*	*Futur*
…	…	…	…	…

Zeitformentraining

Zeitformen und Zeitstufen
S. 217, 218

1 Erprobt diese Trainingsmöglichkeiten. Wählt aus.

Zeitformen-Ecken

Eine Gruppe schreibt Kärtchen mit Verben im Präsens. Eine andere Gruppe schreibt Verben im Perfekt oder im Präteritum usw.
In jeder Ecke eures Klassenzimmers dürfen die Verben nur in einer vorher bestimmten Zeitform genannt werden. In der Mitte ist ebenfalls eine Zeitform stationiert. An allen Stationen stehen „Experten", die jeweils einen Punkt auf dem Kärtchen notieren, wenn ihr die richtige Form wisst. Also: Ihr zieht z. B. das Kärtchen „sie singen", geht damit in die Präteritum-Ecke, sagt „sie sangen" und erhaltet für diese richtige Antwort einen Punkt, der auf dem Kärtchen vermerkt wird. Wenn ihr vier Punkte erreicht habt, zieht ihr ein neues Kärtchen. Wenn ihr die richtige Zeitform nicht sagt, behält der Experte euer Kärtchen. Setzt euch ein Ziel: Wer z. B. zuerst zehn Kärtchen mit je vier Punkten hat, ist der Sieger.

ich gehe

du denkst

er schläft

wir essen

ihr sitzt

sie singen

Zeitformen erkennen

Stellt Spielkarten her: Auf die eine Seite schreibt ihr eine Zeitform, auf die Rückseite ein Verb in dieser Zeitform. Legt die Karten so hin, dass man das konjugierte Verb erkennt. Wer die Zeitform als erster richtig nennt, erhält die Spielkarte. Derjenige mit den meisten Spielkarten hat gewonnen.

sie schwammen

Präteritum

Zeitformen-Kette

Bildet 5er-Gruppen und setzt euch in einen Kreis. Einer beginnt und sagt ein Verb im Infinitiv. Die anderen müssen das Verb in die verschiedenen Zeiten setzen – immer in der Reihenfolge: Präsens – Perfekt – Präteritum – Plusquamperfekt – Futur. Überlegt, was der Spieler tun soll, der die richtige Form nicht weiß.

laufen – ich laufe – ich bin gelaufen – ich lief – ich war gelaufen – ich werde laufen – träumen

Zeitformen und Zeitstufen – Präsens

1 Hier sind Aussagen über Leben und Werk berühmter Frauen. Um wen handelt es sich?

„Geboren **wurde** ich im November 1907. Der Hof, auf dem wir **wohnten, hieß** und heißt heute noch Näs und er liegt ganz in der Nähe von Vimmerby, einer kleinen Stadt in Småland. Als ich dreizehn Jahre alt **war, zogen** wir in das große neuerbaute Haus auf Näs ein. Auf der Veranda **ließ** ich später Pippi Langstrumpf ihr Pferd unterstellen …

Sie **begeistert** das Publikum in aller Welt, das in ihr jedoch meist nur das blonde, superweibliche Sexidol **sieht.** In den 50er Jahren **spielt** sie die Hauptrolle in zahlreichen, meist komischen Filmen. Der anspruchsvolle Film „Nicht gesellschaftsfähig" **hat** nur mäßigen Erfolg. Zwei Jahre später, am 4. August 1962, **nimmt** sie sich das Leben.

2 Die Texte informieren über Ereignisse aus der Vergangenheit. In welchen Zeitformen stehen die Verben?

3 Untersucht die folgenden Sätze. In welcher Form stehen die Verben?
Welche Zeitstufe (Gegenwart – Vergangenheit – Zukunft) drücken sie aus?

1. Als der „Engel der Armen" am 5. September 1997 stirbt, trauert die ganze Welt um den Verlust einer einzigartigen Frau.
2. Ein Bericht über sie läuft gerade im Fernsehen.
3. Der von ihr gegründete Orden tritt auch die nächsten Jahrzehnte für Nächstenliebe auf der ganzen Welt ein.

4 Schreibt nun selbst Sätze oder einen kleinen Text über bekannte Persönlichkeiten. Verwendet dabei ausschließlich das Präsens. Nennt den Namen nicht, lasst die anderen raten, z. B.:

Seit ihrem vierten Lebensjahr spielt sie Tennis …
Auch künftig engagiert sie sich für …

Zeitformen und Zeitstufen – Perfekt und Präteritum

1 Wenn man selbst erlebte Geschichten mündlich erzählt, verwendet man oft das Perfekt. In geschriebenen Texten gebraucht man meist das Präteritum.
Stellt euch vor, ihr habt ein außergewöhnliches Sportereignis im Fernsehen verfolgt. Wie würdet ihr am nächsten Tag darüber sprechen?
Wie könnte der Zeitungsbericht dazu aussehen?
Ergänzt die begonnenen Texte oder prüft bei einem Bericht über ein aktuelles Ereignis selber nach, welche Zeitformen verwendet werden.

+2 Schreibt selbst einen Bericht über ein aktuelles Ereignis, das ihr im Fernsehen verfolgt habt.

Hast du gesehen, wie Prinz den Elfmeter verschossen hat? Sie ist viel zu langsam angelaufen. Die Torfrau hat ...

In der 58. Minute verschoss Prinz zu allem Unglück noch einen Elfmeter. Die Spielerinnen protestierten heftig, weil …

Zeitformen und Zeitstufen – Plusquamperfekt und Präteritum

Nachdem die 20-jährige Kindergärtnerin den Thronfolger von England, Prinz Charles, geheiratet hatte, glaubten viele, Prinzessin Diana würde nun ein sorgenfreies Leben genießen …

1 Bildet selbst solche Sätze über berühmte Persönlichkeiten, in denen ihr das Präteritum und das Plusquamperfekt verwendet, z. B.:

Nachdem Steffi Graf ihre Karriere beendet hatte, heiratete sie ...

Info-Punkt

Das **Plusquamperfekt** verwendet man oft, wenn man über etwas berichtet, das noch vor dem geschehen ist, was man im Präteritum wiedergibt. Das Plusquamperfekt kommt häufig gemeinsam mit den Wörtern *nachdem, vorher, zuvor, früher* vor.

Praktikumspräsentation – Kosmetikerin

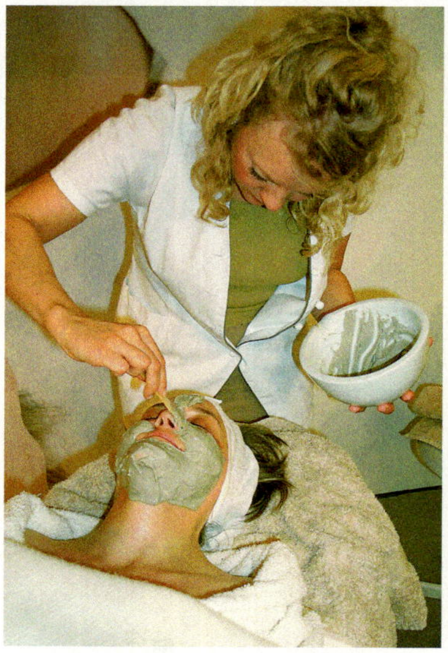

Betriebspraktikum, S. 72 ff.

Maria berichtet:

Ich stelle euch heute den Beruf der Kosmetikerin vor, mein Praktikum habe ich im Beauty Salon in der Lyoner Straße abgeleistet, in dem vier Kosmetikerinnen tätig sind. Der Arbeitstag beginnt dort morgens um 9 Uhr.

1. Bevor die ersten Kunden behandelt werden, werden die Behandlungsräume und Liegen vorbereitet. Zusätzlich bedeutet das, dass Handtücher und Decken zurechtgelegt und alle Präparate und Hilfsmittel bereitgestellt werden.
Die Art und Weise der Behandlung ist sehr unterschiedlich: Bei Neukundinnen oder Neukunden wird zunächst eine ausführliche Hautdiagnose* mit Beratung durchgeführt.
Hautbehandlungen werden in der Regel in unterschiedlicher Form von den Kosmetikerinnen vorgenommen: Die Haut wird gereinigt und gepeelt, sie wird mit Kräutern bedampft, Haare und Unreinheiten werden entfernt, ebenso kleinere Talgzysten. Natürlich werden auch die Hände und Füße behandelt und kosmetisch versorgt. Packungen, Masken und andere Auflagen werden im Gesicht angebracht, Wimpern und Augenbrauen werden gefärbt, die Haut dekoriert … Darüber hinaus werden auch kosmetische Mittel verkauft.
Alle Behandlungen werden in Kundenkarteikarten eingetragen und dokumentiert. Am Ende des Behandlungstages werden alle Arbeitsgeräte gereinigt und die benutzten Handtücher, Waschlappen und Laken gewaschen.

2. In der ersten Woche habe ich all diese Tätigkeiten beobachtet und ich durfte den Kosmetikerinnen helfen. Ich konnte feststellen, dass der Beruf wirklich vielseitig und interessant ist und der Kontakt mit den Kunden jede Menge Abwechslung bietet.
Die eigentlichen Tätigkeiten einer Kosmetikerin führte ich allerdings noch nicht selber aus.
Ich habe jedoch oft bei der Vorbereitung der Behandlungsräume geholfen und die Arbeitsgeräte zurechtgelegt.
In der letzten Woche führte ich bei Stammkunden, wenn diese einverstanden waren, auch die Grundreinigung und das Peeling durch.
Die komplizierteren Arbeiten aber überließ ich den Kosmetikerinnen.

1 Lest den Praktikumsbericht aufmerksam durch. Vielleicht habt ihr selbst schon etwas über den Beruf der Kosmetikerin erfahren und könnt die aufgeführten Tätigkeiten erklären und ergänzen.

2 Lest jetzt noch einmal Marias Bericht und achtet auf die unterschiedliche sprachliche Darstellung im ersten und zweiten Teil ihres Berichtes:

- Wie bildet Maria ihre Sätze, wenn sie beschreibt, wie die Kundinnen behandelt werden?
- Wie formuliert sie, wenn sie beschreibt, was sie selbst getan hat?

3 Übernehmt die Tabelle in euer Heft. Sucht alle Passivformen aus dem Bericht heraus und ordnet sie ein:

Die Tätigkeiten einer Kosmetikerin (Passiv)

Subjekt	*Personalform von werden*	*Partizip II*
die Kunden	*werden*	*behandelt*
die Behandlungsräume	*...*	*...*

4 Schreibt alle Sätze auf, in denen Maria berichtet, was sie während ihres Praktikums getan hat.

5 Im zweiten Abschnitt berichtet Maria, was sie selbst getan hat. Dabei verwendet sie Aktivformen. Versucht, die Aktivsätze in Passivsätze umzuwandeln (ab Zeile 25), z. B.:

Aktivsatz:
In der ersten Woche habe ich all diese Tätigkeiten beobachtet.

Passivsatz:
In der ersten Woche wurden all diese Tätigkeiten von mir beobachtet.

Was verändert sich?

Info-Punkt

Das **Passiv*** kommt häufig in beschreibenden Texten vor, in denen ein Vorgang oder die beschriebenen Dinge im Vordergrund stehen.
Das Passiv wird mit einer Personalform von **werden** und dem **Partizip II** gebildet:

Die Haut wird gereinigt.

Die Kunden wurden behandelt.

Aktiv/Passiv, S. 219

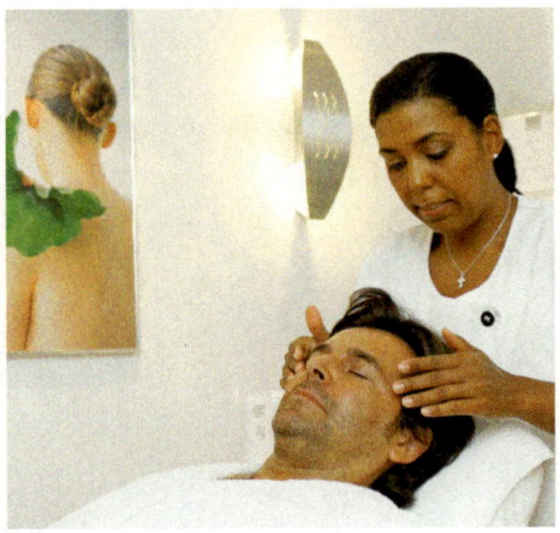

Info-Punkt

Wenn man die handelnde Person nicht nennen will, kann man mit einem unpersönlichen Subjekt wie „man" **Aktivsätze** bilden und so komplizierte Passivkonstruktionen vermeiden: *Zuerst reinigt man die Haut und entfernt die Haare.*

Aktiv/Passiv, S. 219

Es muss nicht immer Passiv sein

1 Passivsätze klingen manchmal etwas umständlich. Das kann an der mehrteiligen Verbform liegen, die mit „werden" gebildet wird.
Formt die Passivsätze im folgenden Text in Aktivsätze um. Verwendet „man" und das Verb im Aktiv*, z. B.:

Passivsatz:
Avocados werden nicht nur gegessen, ihr Fruchtfleisch wird auch zur Herstellung von Gesichtsmasken verwendet.

Aktivsatz mit „man":
Avocados isst man nicht nur, das Fruchtfleisch verwendet man auch zur Herstellung von Gesichtsmasken.

Schöne Haut durch Avocados

Avocados werden nicht nur gegessen, das Fruchtfleisch wird auch zur Herstellung von Gesichtsmasken verwendet. Durch eine Avocado-Gesichtsmaske wird die Haut auf natürliche Art und Weise entspannt und erfrischt.
Die Avocado wurde im 16. Jahrhundert von dem spanischen Eroberer Cortéz in Mexiko entdeckt.
Die Pflanze wurde von ihm nach Europa gebracht und damit auch in unseren Breitengraden bekannt gemacht.
Wegen ihrer positiven Wirkungen für die Haut wird die Avocado in vielen Kosmetika verwendet.
Soll die Avocado für eine Gesichtsmaske verwendet werden, muss beim Einkauf darauf geachtet werden, dass sich die Frucht leicht mit den Fingern eindrücken lässt. Wenn das Fruchtfleisch noch fest ist, muss man die Frucht einfach einige Tage zum Nachreifen liegen lassen.

2 Beschreibt, wie eine Avocado-Gesichtsmaske hergestellt wird. Formt die schräg gedruckten Sätze und Satzteile in Passivsätze oder in Aktivsätze mit „man" um, z. B.:

Beim Einkauf muss darauf geachtet werden, dass ...
oder
Beim Einkauf muss man darauf achten, dass ...

Entscheidet, welcher Satz jeweils besser klingt.

Arbeitstechnik „Einen Vorgang beschreiben", S. 222

Die Avocado-Gesichtsmaske

Beim Einkauf darauf achten, dass sich die Frucht leicht mit den Fingern eindrücken lässt.

Nur reife Früchte verwenden.

Zunächst die Frucht rundherum bis zum Kern durchschneiden.

Die so entstehenden beiden Hälften sanft gegeneinanderdrehen, um sie voneinander zu lösen.

Etwa zwei Esslöffel pürierte Avocado mit einem Teelöffel Bio-Joghurt und einem halben Teelöffel Honig verrühren.

Die Masse erst unmittelbar vor der Verwendung herstellen, da das Fruchtfleisch von Avocados schon nach kurzer Zeit an der Luft braun wird.

Die angemischte Avocadomasse anschließend auf das Gesicht auftragen.

Man sollte sich bequem in einen Stuhl oder eine Liege legen und die Maske etwa 10 bis 15 Minuten einwirken lassen.

Anschließend die Reste mit lauwarmem Wasser abwaschen.

Damit die in die Haut eingezogenen Inhaltsstoffe der Avocado auch nach der Maske noch weiterwirken können, *keine Seife beim Abwaschen verwenden.*

Die Haut beginnt anschließend leicht zu prickeln und ist nach der Maske herrlich weich. Außerdem wird die Durchblutung der Haut gefördert.

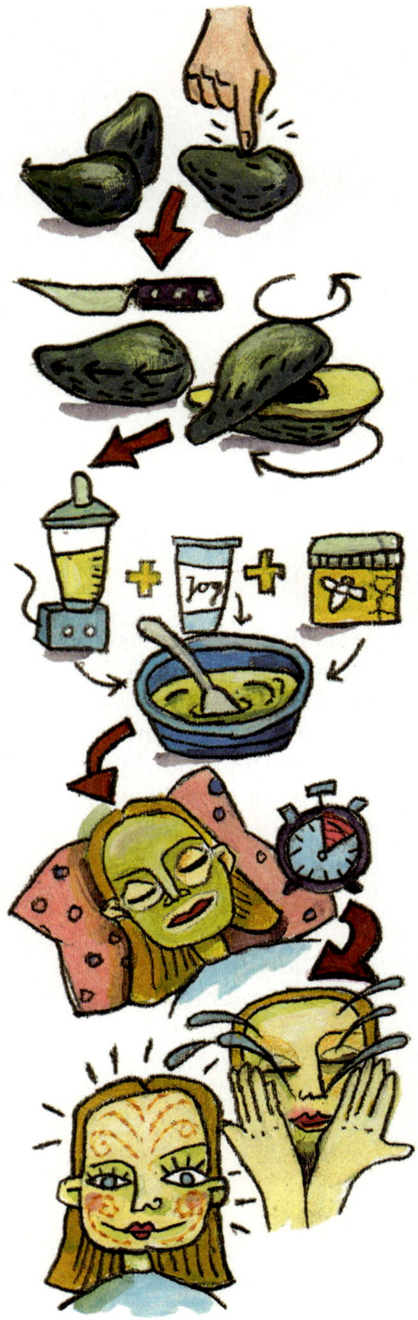

+3 Überzeugt euch von der wohltuenden Wirkung der Avocado-Gesichtsmaske. Besorgt die Zutaten und probiert die Maske aus.

Der furchtlose kleine Frosch

Ein Satzpuzzle

gelbe | aus den Regenwäldern Kolumbiens | giftigste | der ganzen Welt

1 Der Baumsteigerfrosch ist das Tier.

viele gierige | des kleinen Kaltblüters

2 Eigentlich gibt es Feinde.

kleine bunte | vor gierigen Feinden

3 Doch der Frosch lebt dort ohne Angst.

runzelige | des gelben Frosches | todbringenden

4 Denn die Haut ist mit Stoffen gefüllt.

gefährliche | eines einzigen Frosches | zehn

5 Das Gift kann Menschen töten.

Info-Punkt

Attribute* bestimmen Nomen (Substantive) näher. Sie stehen entweder vor dem Bezugsnomen (vorangestellte Attribute) oder hinter dem Bezugsnomen (nachgestellte Attribute), z. B.:
die wuchernde → Wildnis ← des Regenwaldes

Auch Nomen innerhalb von Attributen kann man durch Attribute näher bestimmen, z. B.:
die wuchernde Wildnis des tropischen → Regenwaldes

Attribute, S. 216

1 Lest die Sätze 1 bis 5 aufmerksam durch und erweitert sie durch die angegebenen Wörter und Wortverbindungen, z. B.:

Der gelbe Baumsteigerfrosch aus den Regenwäldern Kolumbiens …

2 Vergleicht die erweiterten Sätze mit den ursprünglichen Sätzen. Wie haben sie sich verändert?

3 Schreibt die Sätze mit allen Attributen auf.

Eine besondere Ernährung

1 Informiert euch darüber, warum der Baumsteigerfrosch auch Pfeilgiftfrosch genannt wird.

Der gelbe Baumsteigerfrosch wird auch Pfeilgiftfrosch genannt. Er trägt diesen auffälligen Namen, weil die Indios in Südamerika seit vielen Jahrhunderten aus seiner runzeligen Haut ein starkes Gift gewinnen. Die Indios streichen mit der Spitze ihrer Pfeile über den Rücken des Frosches und benutzen diese Pfeile beim Jagen von Tieren. Das gefährliche Gift der Baumsteigerfrösche stammt vermutlich aus dem speziellen Futter und kann theoretisch zehn Menschen töten. Die Frösche fressen reichlich giftige Ameisen, aber auch unzählige Spinnen und für andere Tiere ungenießbare Milben. So nehmen sie jede Menge giftiger Stoffe über die Nahrung auf. Das Gift wird dann über spezielle Drüsen auf dem Rücken des Frosches wieder abgegeben. Fasst man einen Pfeilgiftfrosch an, fängt die Haut an zu brennen. Außerdem kann das Gift zum Beispiel durch kleine Verletzungen in die Poren der Haut eindringen und schon in geringsten Konzentrationen zu Schwindel und starker Übelkeit führen. Bei kleineren Tieren kann diese Art der Aufnahme des Giftes sogar Herz- und Atembeschwerden auslösen und schließlich zum qualvollen Tod führen.

2 Sucht aus dem Text Nomen (Substantive) heraus, die durch Attribute näher bestimmt werden. Schreibt sie mit den Attributen auf, z. B.:

der gelbe Baumsteigerfrosch,
das gefährliche Gift der Baumsteigerfrösche

3 Tragt die gefundenen Nomen (Substantive) in eine Tabelle ein.

Präpositionen/ Artikel	*vorangestelltes Attribut*	*Nomen (Substantive)*	*nachgestelltes Attribut*
der	*gelbe*	*Baumsteigerfrosch*	
das	*gefährliche*	*Gift*	*der Baumsteigerfrösche*

4 Vergleicht eure Ergebnisse.

Ein Textpuzzle

Info-Punkt

Wörter wie *abgefeuert, erschreckend, lähmend, schnappend, sterbend* sind **Partizipien.** Auch sie können als Attribute ein Nomen (Substantiv) genauer bestimmen, z. B.: *eine erschreckende Nachricht.*

1 Mit einem einfachen sprachlichen Experiment könnt ihr einen spannenden Text selbst zusammenstellen. Lest zuerst die Sätze durch.

1. Der Pfeil zischt durch die feuchte Urwaldluft.	abgefeuerte
2. Er trifft mit Präzision, die Wirkung tritt sofort ein.	erschreckender, lähmende
3. Der Spinnenaffe windet sich in Krämpfen.	vom Pfeil getroffene
4. Das Tier fällt vom Baum.	nach Luft schnappende
5. Wenige Minuten später ist das Tier von seinen Leiden erlöst.	sterbende
6. Das Gift am Blasrohrpfeil war sein Schicksal.	todbringende
7. Die Chicó-Indianer gewinnen es seit Jahrhunderten von den giftigen Fröschen.	im tropischen Regenwald lebenden
8. Sie brauchen ihre Pfeile nur über den Rücken des Tieres zu streichen.	mit Giftdrüsen besetzten

2 Schreibt den Text auf. Verwendet in den Sätzen alle gegebenen Partizipien als Attribute.

+3 Vergleicht diese beiden Sätze:

Der vom Pfeil getroffene Spinnenaffe windet sich in Krämpfen.
Der Spinnenaffe, der vom Pfeil getroffen worden ist, windet sich in Krämpfen.

+4 Formt einen Satz aus Aufgabe 1 in ein Satzgefüge mit Relativsatz um (vgl. Aufgabe +3).

Relativsätze, S. 216;
Attributsätze, S. 217

Die Haltung im Terrarium

Pfeilgiftfrösche sind manchmal in Terrarien zu finden, weil sie gut zu halten sind und aus preiswerten Nachzuchten gekauft werden können. Allerdings sollten nur Kinder, die mit der Haltung anderer Tiere in Terrarien vertraut sind, das versuchen. Die Frösche brauchen viel Pflege, ein flaches Terrarium mit vielen Verstecken und kleinen Wasserpfützen.

Weil die Frösche aus den Tropen kommen, muss es schön warm sein: Sie brauchen Temperaturen zwischen 26 und 30° C, nachts genügen 20° C. Die Luftfeuchtigkeit muss 80 bis 100 Prozent betragen. Viel Licht ist nicht nötig: Es reicht eine einfache Energiesparlampe, weil die Frösche im Urwald ja auch im Schatten und nicht in der direkten Sonne leben.

Im Terrarium werden sie mit Insekten wie Springschwänzen, Blattläusen, Fruchtfliegen, Mehl- und Wachsmotten gefüttert. Wichtig ist, dass sie lebendes Futter bekommen. Und weil die in Gefangenschaft lebenden Tiere keine giftigen Ameisen bekommen, sind sie selbst auch nicht giftig. Die Tiere müssen regelmäßig gefüttert, ebenso regelmäßig muss das Terrarium gereinigt werden. Besonders für die Jungtiere ist eine gleichmäßige und regelmäßige Fütterung lebensnotwendig, schon nach 48 Stunden ohne Nahrung sterben sie.

Der Pfeilgiftfrosch gehört zu den geschützten Arten. Er darf zwar ohne Genehmigung gehalten werden, muss aber bei den zuständigen Behörden angemeldet sein. Deshalb ist von Anfang an darauf zu achten, dass alle wichtigen Kaufquittungen und Belege zur Herkunft und Pflege des Tieres aufbewahrt werden.

1 In diesem Text findet ihr viele Attribute. An welchen Stellen wird der Text durch sie besonders anschaulich, wo könnte man auf sie verzichten? Sprecht darüber.

+2 Schreibt einen Text zu einem Tier eurer Wahl. Überlegt, zu welchen Punkten ihr etwas schreiben wollt: Aussehen, Lebensweise, Ernährung, Pflege, Paarung, Rasse und Zucht, Besonderheiten. Achtet besonders auf die Attribute, z. B.:

ein dichtes borstiges Fell mit schwarzweißen Flecken ...,
eine auf Mäuse lauernde Katze ...

TIPP!
Zusätzliche Informationen findet ihr in einem Tierlexikon, eurem Biologiebuch oder auch im Internet.

Drei Wünsche

… As he door köhm, wöör de See ganß gröon un geel un goor nich mee so blank.
So güng he staan und säd
‚Manntje, Manntje, Timpe Te,
Buttje, Buttje in der See,
myne Fru de Ilsebill
will nich so, as ik wol will.'
Do köhm de Butt answemmen un säd ‚na, was will se denn?' ‚Ach,' säd de Mann, ‚ik hebb di doch fungen hatt, nu säd myn Fru, ik hadd my doch wat wünschen schullt. Se mag nich meer in'n Pißputt wanen, se wull geern ‚ne Hütt.' ‚Ga man hen,' säd de Butt, ‚se hett se all.' …

… „Niemand wird so ein dreckiges altes Ding kaufen wollen. Komm, ich poliere sie dir." Sie spuckte auf einen Lappen und rieb die Lampe damit. Sofort fing die Lampe an zu summen. Dann funkelte und blitzte sie, und im nächsten Moment erschien in einer violetten Rauchwolke ein anderer Geist, dreimal so groß und mächtig wie der erste.
„Ich bin der Sklave der Lampe", brüllte er. „Sag mir, was du willst, und du wirst es bekommen." Beim Anblick dieser teuflischen Kreatur schrie Aladins Mutter entsetzt auf und fiel ohnmächtig zu Boden. Aladin packte die Lampe und stammelte: „Wir wollen Essen – viel Essen!" …

1 „Du hast drei Wünsche frei!" – Kennt ihr Geschichten, in denen jemand solch eine Chance bekommt? Erzählt.

Du hast drei Wünsche frei

„Du hast drei Wünsche frei!“ – Wer hat nicht schon einmal überlegt, was er einer Fee **antwortete,** die ihm dieses verlockende Angebot **machte?**
Aus Sagen und Märchen weiß man nur zu gut, wie leicht man da einen Fehler machen **könnte** und wie schnell dann die einmalige Chance verspielt ist. Also, was tun? Sich mit dem ersten Wunsch wünschen, dass man viele Wünsche **hätte?** Aber **fühlte** sich die Fee dann nicht betrogen? **Verschwände** sie nicht verärgert für immer? Und weitere Fragen drängen sich auf: **Erfüllte** die Fee nur Wünsche für die Zukunft? Oder **könnte** man auch wünschen, dass die Dinge in der Vergangenheit anders gelaufen **wären?** Was **geschähe,** wenn die Wünsche von anderen nicht zu den eigenen **passten** – **gäbe** es da eine Wunschkonkurrenz?

Indikativ/Konjunktiv, S. 219 f.

Beispiel für einen Text mit Konjunktivformen, S. 50

Info-Punkt

Diese Verbformen stehen im **Indikativ:**
ich nehme
du sprichst
wir geben

Diese Verbformen stehen im **Konjunktiv:**
ich nähme
du sprächst
wir gäben

Man kann auch so formulieren:
ich würde nehmen
du würdest sprechen
wir würden geben

2 Der Text enthält Verben im Konjunktiv.
Ersetzt die Konjunktivformen durch Formen mit „würde“, z. B.:

... was er einer Fee antworten würde, ...
... die ihm dieses verlockende Angebot machen würde ...

Beurteilt, welche Formulierungen besser klingen.

3 Indikativ oder Konjunktiv? Ordnet die Verbformen in eine Tabelle ein, z. B.:

Verbform im Indikativ (Wirklichkeitsform)	*Verbform im Konjunktiv (Möglichkeitsform)*
er isst	*er äße*
...	...

er äße – er isst
wir tränken – wir trinken
sie kommen – sie kämen
ihr sprecht – ihr sprächt
ich bräuchte – ich brauche
er müsste – er muss
sie weiß – sie wüsste
es wäre – es ist
ich ließe – ich lasse
er riefe – er ruft
du darfst – du dürftest
ihr stündet – ihr steht
es geschieht – es geschähe
wir sehen – wir sähen
sie sängen – sie singen
wir brächten – wir bringen

4 Wie kann man sagen, dass etwas nur unter einer bestimmten Bedingung möglich wäre? Bildet Sätze, z. B.:

Wenn ich mir etwas wünschen könnte, machte ich eine Reise nach … (oder: … würde ich eine Reise nach … machen).

hätte
machte
könnte
beriete
wäre
spielte
hülfe
gewänne
erfüllte

Wenn ich mir etwas wünschen (können)	(spielen) ich Lotto und (gewinnen).
Wenn ich sehr reich (sein)	(erfüllen) ich mir einen Traum.
Wenn ich die Möglichkeit (haben)	(helfen) ich meinen Freunden.
	(machen) ich später eine Ausbildung zum/zur …
	(helfen) ich meinen Freunden.
	(beraten) ich mich mit meinen Eltern.

5 Was würdet ihr euch wünschen, wenn ihr drei Wünsche frei hättet? Ordnet eure Wünsche. Notiert Stichworte.

Etwas Persönliches	*Etwas Materielles*	*Beruflicher oder schulischer Erfolg*	*Etwas für Freunde und Familie*	*Etwas für alle Menschen*	*Etwas, was anderen schadet*
5 kg abnehmen	*Lottogewinn*	…	…	…	…

6 Schreibt eure Wünsche als Sätze auf. Verwendet Verbformen im Konjunktiv und Formulierungen mit „würde“. Lest eure Wunschsätze vor, z. B.:

Ich würde mir wünschen, mein Bruder sänge in unserer Band mit.

Ich würde mir wünschen, dass alle Menschen in Frieden lebten.

Ich würde mir wünschen, ich nähme fünf Kilo ab.

Drei Wünsche
Erika Täuber

Der Spatz auf der Tenne hörte, wie Hans und Grete sich etwas zu Weihnachten wünschten. Da darf ich auch nicht zurückstehen, dachte er und begab sich zum Herrgott.

„Na, was möchtest du denn?“, fragte der hohe Herr und schmunzelte.

„Ich möchte ein Adler sein; denn der ist der König der Lüfte!“

„Gut“, sagte der Herrgott. „Weil bald Weihnachten ist, will ich dir deinen Wunsch erfüllen. Flieg dort zum Felsenriff!“

Ach, das war ein herrliches Leben! Der Adler war der Sonne am nächsten und hatte keine Feinde. Doch bald merkte er, dass alle Tiere sich vor ihm fürchteten. Mit niemandem konnte er schwatzen, Neuigkeiten austauschen oder sich herumbalgen. Es war sterbenslangweilig.

„Wenn ich das vorher gewusst hätte“, rief er aus, „wäre ich doch lieber …

+7 Schreibt einen Text.

Wählt A, B oder C.

A

Ihr erzählt die Geschichte des Spatzen weiter. Er wünscht sich zweimal etwas, was ihn unglücklich macht. Erst beim dritten Mal …

B

Ihr ersetzt die Figur des Spatzen durch ein anderes Tier, z. B.:

Die Maus auf der Tenne hörte,…
… „Ich möchte ein Löwe sein, denn der Löwe,…"

C

Ihr erfindet eine Geschichte, in der eine Fee jemandem drei Wünsche gewährt.
Erzählt aus der Perspektive der Fee. Beginnt z. B. so:

Sieben Wochen lang war ich diesmal in der alten Zauberflasche eingesperrt gewesen und hatte am Wegesrand gelegen. Endlich bemerkte mich ein sympathischer junger Mann. Er hob die Flasche auf, öffnete sie neugierig und endlich …

Direkt oder indirekt?

Trainingslager in Kroatien
Die Leichtathletik-Jugendmannschaft des TSV Sandheim absolvierte in den Osterferien ein Trainingslager in Kroatien. Anja Feigle, eine der Teilnehmerinnen, berichtet, dass sie mit dem Vereinsbus nach Pula gefahren sind. Das sei eine kleine Stadt, die nicht weit von der Küste entfernt liege. Das Tagesprogramm umfasste Anja zufolge zwei Trainingseinheiten am Vormittag und eine nachmittags. Danach hätten sie Freizeit gehabt. Entweder seien sie am Strand gewesen oder in die Stadt gegangen. Sie hätten viel Spaß zusammen gehabt. Anja fand, dass das Essen in Kroatien meist sehr lecker schmeckte, dass man sich an die Suppe aber erst gewöhnen müsse. Als sportliches Ziel gibt Anja an, sie wollten die Qualifikation für die Badischen Meisterschaften im Sommer schaffen. Hart genug trainiert hätten sie ja. Der Verein wünscht der Mannschaft viel Erfolg in dieser Saison.

Frage: Anja, du bist mit der Leichtathletik-Mannschaft des TSV Sandheim in den Osterferien in Kroatien im Trainingslager gewesen. In welchem Ort wart ihr denn?
Anja: Wir sind mit dem Vereinsbus nach Pula gefahren. Das ist eine kleine Stadt, die nicht weit von der Küste entfernt liegt.
Frage: Wie sah denn da das Tagesprogramm aus?
Anja: Am Vormittag gab es zwei Trainingseinheiten, nachmittags nochmal eine.
Frage: Hattet ihr denn gar keine Freizeit?
Anja: Doch, klar. Nach dem Training waren wir am Strand oder wir sind in die Stadt gegangen. Wir hatten viel Spaß zusammen.
Frage: Und wie ist das Essen in Kroatien?
Anja: Also, an die Suppe muss man sich erst gewöhnen. Aber dann schmeckt es meist sehr lecker.
Frage: Was ist denn euer sportliches Ziel?
Anja: Wir wollen die Quali für die Badischen Meisterschaften im Sommer schaffen. Hart genug trainiert haben wir jetzt ja …
Frage: Na, dann wünsche ich euch viel Glück. Vielen Dank für das Gespräch.

Info-Punkt

So kann man wiedergeben, dass ein anderer etwas gesagt hat:
- Tilo sagt: „Anja kommt mit."
- Tilo sagt, dass Anja mitkommt/mitkomme.
- Tilo sagt, Anja komme mit.
- Tilo sagte, Anja käme mit.
- Tilo sagte, Anja würde mitkommen.
- Tilo zufolge kommt Anja mit.

1 Vergleicht Anjas Antworten im Interview mit den Sätzen im Zeitungstext. Was hat Anja gesagt, in welcher Form steht es in der Zeitung?

2 Schreibt die Tabelle ab und ergänzt weitere Formulierungen.

direkte Rede	indirekte Rede				
	Konjunktivformen			Indikativformen	
Anja sagt: „Nina nimmt die Stoppuhr mit."	*Anja sagt, Nina nehme die Stoppuhr mit.*	*Anja sagt, Nina nähme die Stoppuhr mit.*	*Anja sagt, Nina würde die Stoppuhr mitnehmen.*	*Anja sagt, dass Nina die Stoppuhr mitnimmt.*	*Anja zufolge nimmt Nina die Stoppuhr mit.*
	Der Trainer meint, die Mannschaft gehe gut vorbereitet an den Start.				
	Der Platzwart informiert, das Stadion werde um 18 Uhr geschlossen.				*Nach Auskunft des Platzwarts wird das Stadion um 18 Uhr geschlossen.*
		Nina meint, sie äßen heute doppelte Portionen.			

3 Was meint ihr: Welche der Formulierungen klingen gut, welche weniger gut?

4 Formuliert die folgenden Aussagen in indirekter Rede.

indirekte Rede, S. 220

Alex: „Fußballspielen ist gefährlich für das Nasenbein."
Aisha: „Am liebsten spiele ich Volleyball."
Mirko: „Schwimmer brauchen einen langen Atem."
Nina: „Eiskunstläufer haben den schicksten Dress."
Jan: „Montags lese ich immer den Sportteil in der Zeitung."

Grammatik im Überblick

Satzglieder

S. 182

- Die Wörter im Satz, die beim Umstellen zusammenbleiben, bilden ein Satzglied. Durch die Umstellprobe kann man herausfinden, was alles zu einem Satzglied gehört. Danach kann man durch Fragen bestimmen, um welches Satzglied es sich handelt.
- Das Prädikat kann einfach oder mehrteilig sein.

Mein kleiner Bruder	verkauft	seinem Freund	sein altes Aquarium	auf dem Flohmarkt.
Wer oder was? Subjekt	einfaches Prädikat	Wem? Dativobjekt	Wen oder was? Akkusativobjekt	Wo? Wohin? Woher? Wann? Seit wann? Wie lange? Wie? Warum? Weshalb? Adverbialbestimmung

Mein kleiner Bruder	hat	seinem Freund	sein altes Aquarium	auf dem Flohmarkt	verkauft.
Wer oder was? Subjekt	Mehrteiliges Prädikat: Teil 1	Wem? Dativobjekt	Wen oder was? Akkusativobjekt	Wo? Wohin? Woher? Wann? Seit wann? Wie lange? Wie? Warum? Weshalb? Adverbialbestimmung	Mehrteiliges Prädikat: Teil 2

- Man kann Satzglieder umstellen und durch andere Ausdrücke ersetzen.

Auf dem Flohmarkt	hat	mein kleiner Bruder	seinem Freund	sein altes Aquarium	verkauft.
Sein altes Aquarium	hat	mein kleiner Bruder	seinem Freund	auf dem Flohmarkt	verkauft.
Sein altes Aquarium	hat	er	ihm	dort	verkauft.

Nebensätze

S. 183, 185

Konjunktionalsätze

- Konjunktionalsätze werden durch Konjunktionen eingeleitet (dass, weil, ob, …).
- Konjunktionalsätze sind Nebensätze. Sie können nicht für sich allein stehen. Sie sind unselbstständig. Sie sind ein Satzglied des Hauptsatzes. Man nennt sie deshalb auch Gliedsätze. Es gibt Subjekt-, Objekt-, und Adverbialsätze, z. B.:

HS
●●●●●.

Der Erfolg der Jugendmannschaft hat zu Beginn der Saison den sportlichen Durchbruch bedeutet.

NS HS
■■■■■, ●●●●●.

Subjektsatz – Wer oder was?

Dass die Jugendmannschaft so erfolgreich war, hat zu Beginn der Saison den sportlichen Durchbruch bedeutet.

HS NS
●●●●●, ■■■■■.

Objektivsatz – Wen oder was?

Der Erfolg der Jugendmannschaft hat zu Beginn der Saison bedeutet, dass die Aufstiegschancen deutlich gestiegen sind.

HS NS HS
●●●●●, ■■■■■, ●●●●●.

Adverbialsatz – Wann?

Der Erfolg der Jugendmannschaft hat, als die Saison begann, den sportlichen Durchbruch bedeutet.

- Nach Adverbialsätzen* kann man wie nach Adverbialbestimmungen fragen:

Sie stiegen auf, weil die Mannschaft so erfolgreich war. → **Warum?**

Sie trainierten besonders hart, als die Saison begann. → **Wann?**

Sie gewannen die wichtigsten Spiele, indem sie besonders kooperativ spielten. → **Wie?**

S. 181, 204

Relativsätze

- Relativsätze werden durch Relativpronomen eingeleitet (welche, welcher, welches, welchen, der, die, das, dem, den, …). Vor dem Relativpronomen kann eine Präposition stehen.
- Relativsätze sind Nebensätze. Sie können nicht für sich allein stehen. Sie sind unselbstständig. Sie sind Teil eines Satzgliedes und bestimmen ein Nomen (Substantiv) näher. Relativsätze sind Attributsätze, z. B.:

Die Biologin fand eine Korallenschlange, welche nicht besonders groß wird, und brachte sie ins Institut.

Das Gift der Korallenschlange, das die Biologen erforschen, ist besonders gefährlich.

Das Gift der Korallenschlange, die durch ihre auffällige Färbung gut zu erkennen ist, bedeutet eine tödliche Gefahr für das Opfer.

Der Biss einer Korallenschlange, gegen den man sich durch festes Schuhwerk schützen kann, führt zu ernsten gesundheitlichen Problemen.

S. 202 ff.

Attribute

- Attribute sind Teile von Satzgliedern. Sie bestimmen ein Nomen (Substantiv) näher. Attribute können dem Nomen (Substantiv) vorangestellt oder nachgestellt sein.

Satzglied ohne Attribut:
Manche Indios jagen mit dem **Gift.**

Satzglied mit einem vorangestellten Attribut:
Manche Indios jagen mit dem furchtbaren **Gift.**

Satzglied mit zwei vorangestellten Attributen:
Manche Indios jagen mit dem furchtbaren, tödlichen **Gift.**

Satzglied mit einem nachgestellten Attribut:
Manche Indios jagen mit dem **Gift** des Baumsteigerfrosches.

- Attribute können durch weitere Attribute näher bestimmt werden:

Manche Indios jagen mit dem furchtbaren, tödlichen **Gift** des südamerikanischen Baumsteigerfrosches.

- Auch Nebensätze können Attribute sein. Solche Nebensätze heißen **Attributsätze:**

Manche Indios jagen mit dem furchtbaren, tödlichen **Gift**

des südamerikanischen Baumsteigerfrosches, der im Regenwald lebt.

Das **Gift** des Baumsteigerfrosches, der im Regenwald lebt, ist tödlich.

Zeitformen des Verbs

S. 196 ff.

- Verben haben verschiedene Formen:
  – einen Infinitiv/eine Grundform (lachen, springen, heimkommen),
  – ein Partizip I und ein Partizip II (lachend/gelacht, springend/gesprungen, heimkommend/heimgekommen),
  – eine Personalform (ich lache, du springst, ich kam heim, ...).
- Verben bilden Zeitformen:

Präsens	**Perfekt**	**Präteritum**
ich lache du lachst ...	ich habe gelacht du hast gelacht ...	ich lachte du lachtest ...
ich springe du springst ...	ich bin gesprungen du bist gesprungen ...	ich sprang du sprangst ...
ich komme heim du kommst heim ...	ich bin heimgekommen du bist heimgekommen ...	ich kam heim du kamst heim ...

Plusquamperfekt	**Futur**
ich hatte gelacht du hattest gelacht ...	ich werde lachen du wirst lachen ...
ich war gesprungen du warst gesprungen ...	ich werde springen du wirst springen ...
ich war heimgekommen du warst heimgekommen ...	ich werde heimkommen du wirst heimkommen ...

- Im Präsens und Präteritum bilden die Verben einfache Formen:

Verbstamm	Endung	Verbstamm	Endung
(ich) lach-	e	(ich) lach-	te
(du) lach-	st	(du) lach-	test
…	…	…	…

- Im Perfekt, Plusquamperfekt und Futur bilden die Verben zusammengesetzte Formen:

Präsens von haben/sein	Partizip II
(ich) bin/habe	gelacht gesprungen

Präteritum von haben/sein	Partizip II
(ich) war/hatte	gelacht gesprungen

Präsens von werden	Infinitiv
(ich) werde	lachen springen

Zeitstufen

S. 196 ff.

Man kann über Ereignisse auf den Zeitstufen Gegenwart, Zukunft und Vergangenheit sprechen.

- **Gegenwart:**

Alexandra sieht gerade den Film. (Präsens)

- **Zukunft:**

Alexandra sieht morgen den Film. (Präsens)
Alexandra wird morgen den Film sehen. (Futur)

- **Vergangenheit:**

Alexandra hat gestern den Film gesehen. (Perfekt)
Alexandra sah gestern den Film. (Präteritum).
Alexandra hatte den Film vorgestern schon gesehen, in den Sonja sie gestern einladen wollte. (Plusquamperfekt. Das erste Ereignis war schon vorbei, als das zweite eintrat.)

Aktiv und Passiv

S. 200 ff.

Ereignisse und Vorgänge können im Aktiv und im Passiv ausgedrückt werden.

- Wenn man im Passiv formuliert, steht der Vorgang oder die Tätigkeit im Mittelpunkt.
- Wenn man im Aktiv formuliert, stehen die ausführenden Personen, Dinge oder Instanzen im Mittelpunkt.

Aktiv	Passiv
Die Kosmetikerin **reinigt** die Haut fachgerecht.	Die Haut **wird** von der Kosmetikerin fachgerecht **gereinigt.**
Man **reinigt** die Haut fachgerecht.	Die Haut **wird** fachgerecht **gereinigt.**

Konjunktiv

S. 208 ff.

- Verbformen können im Indikativ (Wirklichkeitsform) und im Konjunktiv (Möglichkeitsform) gebildet werden. Es gibt zwei verschiedene Konjunktivformen, den Konjunktiv I und den Konjunktiv II.

Indikativ	Konjunktiv
	Konjunktiv I:
er kommt	er komme
er liest	er lese
er sucht	er suche
	Konjunktiv II:
	er käme
	er läse
	er suchte
	Man kann auch so formulieren:
	er würde kommen
	er würde lesen
	er würde suchen

- So kann man Indikativ und Konjunktiv verwenden:

Er liest die Gebrauchanweisung.
(Indikativ, Wirklichkeitsform)

Er sagt, er lese die Gebrauchsanweisung.
(Konjunktiv I, indirekte Rede)

Wenn ich sie fände, läse ich die Gebrauchsanweisung.
(Konjunktiv II, Möglichkeitsform, Bedingung)

Ich würde mal in der Gebrauchsanleitung nachlesen.
(Möglichkeit, Formulierung mit *würde*)

Direkte Rede – indirekte Rede

S. 212 f.

Wenn man ausdrücken möchte, dass eine andere Person etwas meint oder gesagt hat, kann man wählen: direkte Rede oder indirekte Rede.

- **Direkte Rede (wörtliche Rede):**

Die Fee sagt: „Du darfst dir etwas wünschen."

- **Indirekte Rede:**

Die Fee sagt, er dürfe sich etwas wünschen.
(Konjunktiv I)

Die Fee sagt, er dürfte sich etwas wünschen.
(Konjunktiv II)

Die Fee sagt, dass er sich etwas wünschen darf/dürfe/dürfte.
(Nebensatz mit der Konjunktion dass)

Der Fee zufolge darf er sich etwas wünschen.
(Formulierung mit Ausdrücken wie:
der Fee zufolge, nach Meinung der Fee, wie die Fee sagt)

Für die Zeichensetzung bei der direkten (wörtlichen) Rede gelten folgende Regeln:

„~~~~~~",	________ .	________:	„~~~~~~."
direkte Rede	Begleitsatz	Begleitsatz	direkte Rede
„~~~~~~?",	________ .	________:	„~~~~~~?"
direkte Rede	Begleitsatz	Begleitsatz	direkte Rede
„~~~~~~!",	________ .	________:	„~~~~~~!"
direkte Rede	Begleitsatz	Begleitsatz	direkte Rede

Arbeitstechniken

→ Sprechen, Zuhören, Spielen

→ Konflikte im Gespräch lösen

Wiederholung aus Klasse 7

S. 8 ff.

1. Bemüht euch, nicht laut zu werden.
2. Zeigt keine drohenden Gesten.
3. Hört euch die Meinung des anderen an, ohne ihn zu unterbrechen.
4. Vermeidet Verallgemeinerungen.
5. Antwortet auf Vorwürfe nicht mit Gegenvorwürfen.
6. Geht auf den anderen ein, versucht ihn zu verstehen.
7. Trefft Vereinbarungen.

→ Sich auf eine Diskussion vorbereiten

Wiederholung aus Klasse 7

S. 15 ff.

- Durchdenkt das Problem oder die Fragestellung genau.
- Überlegt, was dafür spricht (pro) und was dagegen spricht (kontra).
- Unterscheidet Wichtiges von Unwichtigem.
- Beschafft euch gegebenenfalls weitere Informationen.
- Entscheidet euch für einen Standpunkt und legt euch die Begründungen zurecht.
- Bedenkt auch, welche Gegenargumente andere in der Diskussion vorbringen könnten.

→ Eine Geschichte mit eigenen Worten nacherzählen

Wiederholung aus Klasse 6

S. 140 ff.

1. Notiert beim Lesen alles Wichtige in der gegebenen Reihenfolge in Stichworten.
2. Erzählt die Geschichte anhand eurer Stichworte nach:
   - Fügt nichts Neues hinzu.
   - Verwendet die direkte (wörtliche Rede), wenn sie im Text vorkommt.
   - Erzählt im Präteritum.

→ Ein Referat halten

S. 27

1. Vorbereitung:
   - Legt das genaue Thema fest.
   - Stellt einen Zeitplan für die Arbeit auf.
2. Arbeit am Referat:
   - Sammelt möglichst viel Material.
   - Wählt Wichtiges aus.
   - Verwendet für Notizen Karteikarten.
3. Den Vortrag vorbereiten/einen Verlaufsplan anfertigen:
   - Notiert in Stichworten, welche Informationen ihr weitergeben wollt.
   - Formuliert den Einleitungs- und den Schlusssatz.
4. Den Vortrag proben:
   - Übt den Vortrag so lange, bis ihr euch sicher fühlt.

Wiederholung aus Klasse 7

S. 13

→ Einen Rollentext auswendig lernen

1. Lest einen Satz, deckt ihn ab und sprecht ihn auswendig.
2. Lernt zuerst nur einen Satz, danach zwei, dann drei usw.
3. Bittet einen Partner, den Text der anderen Darsteller zu lesen, oder nehmt ihn auf Band auf.
4. Prägt euch für euren Einsatz jeweils das letzte Wort eures Vorredners ein.

→ Schreiben

Wiederholung aus Klasse 7

S. 200 ff.

→ Einen Vorgang beschreiben

1. Bezeichnet genau, welche Gegenstände oder Zutaten gebraucht werden.
2. Beschreibt treffend, welche Tätigkeiten ausgeführt werden müssen.
3. Beachtet die Reihenfolge genau.
4. Achtet auf Satzanfänge, die deutlich machen, in welcher Reihenfolge etwas geschieht, z. B.:
   Zuerst … ; Als Erstes … ; Anschließend … ; Als Nächstes … ; Dann … ; Danach … ; Jetzt … ; Nun … ; Schließlich … ; Zum Schluss … ; Als Letztes …
5. Verwendet das Präsens.

Wiederholung aus Klasse 7

S. 73 ff.

→ Einen Bericht schreiben

1. Schreibt den Bericht kurz, genau, sachlich.
2. Gebt Antworten auf folgende Fragen:
   - Was? *das Geschehen in der richtigen Reihenfolge*
   - Wo? *Ort des Geschehens*
   - Wer? *beteiligte Personen*
   - Wann? *der genaue Zeitpunkt des Geschehens*
   - Warum? *Grund und Folge des Geschehens*
3. Schreibt im Präteritum.

S. 107

→ Eine Inhaltsangabe schreiben

1. Lest den Text aufmerksam, klärt Schwierigkeiten und unbekannte Wörter.
2. Formuliert den Einleitungssatz (Titel, Textart, Verfasser, „Worum geht es?“).
3. Beantwortet W-Fragen (Wer? Was? Wo? Wann? Warum?).
4. Erstellt ein Inhaltsdiagramm (Handlungsablauf in Überschriften).
5. Schreibt das Wichtigste in verständlichen Sätzen und verbindet diese zu einem Text (zunächst, anschließend, danach, später, schließlich, …).
6. Schreibt im Präsens. Vermeidet die wörtliche Rede.

→ Ein Bewerbungsschreiben verfassen

1. Achtet auf die Form: sauberes, weißes DIN-A4-Papier, Rand, richtige Einteilung, Absätze, Computerfassung oder saubere handschriftliche Fassung.
2. Nehmt alles Wichtige auf: Absender, Anschrift, Ort und Datum, Betreff/Bezug, Anrede, Berufswunsch, Begründung, Vorstellungswunsch, Grußformel, handschriftliche Unterschrift, Anlagenverweis.
3. Schreibt richtig und gut: Anredepronomen großschreiben, keine Rechtschreibfehler, keine Zeichenfehler, keine Trennungsfehler, keine unvollständigen oder falschen Sätze, keine unpassenden Ausdrücke oder Umgangssprache, angemessene Wortwahl, keine Wiederholungen.

S. 64 f., S. 57, Abschnitt „Einen sachlichen Brief schreiben“

→ Einen tabellarischen Lebenslauf schreiben

1. Nehmt alle wichtigen Daten als einzelne Punkte in den Lebenslauf in dieser Reihenfolge auf:
   - Name
   - Anschrift
   - Geburtsdatum
   - Geburtsort
   - Familie
   - Schulbildung
   - Sprachkenntnisse
   - besondere andere Kenntnisse und Fähigkeiten, Hobbys
2. Am Ende des Lebenslaufes nicht vergessen:
   - Ort
   - Datum
   - Unterschrift
3. Verwendet sauberes, weißes DIN-A4-Papier.
4. Achtet auf die Form:
   richtige Randbreite und Einteilung des Blattes, Absätze.
5. Schreibt richtig:
   Vermeidet Rechtschreibfehler (nutzt das Rechtschreibprogramm des PC).
6. Verwendet keine unpassenden Ausdrücke oder Umgangssprache, achtet auf angemessene Wortwahl. Vermeidet Wiederholungen.

S. 66 ff.

→ Ein Protokoll schreiben

1. Gebt im Protokollkopf an:
   - das Fach/den Anlass,
   - die Klasse (Teilnehmer),
   - das Thema,
   - das Datum und die Zeit,
   - den Namen des Protokollierenden.

S. 79

(Fortsetzung nächste Seite)

2. Gliedert den Hauptteil.
   - Trennt Wichtiges von Unwichtigem.
   - Beachtet die Reihenfolge der Unterpunkte.
   - Haltet wichtige Ergebnisse fest.
   - Formuliert knapp, aber genau.
   - Verwendet das Präsens.
3. Beendet das Protokoll mit Datum und Unterschrift.

→ Einen sachlichen Brief schreiben (S. 57, 64 f.)

→ Etwas mitschreiben

S. 80

1. Schreibt in Stichworten mit.
2. Verwendet Abkürzungen.
3. Unterstreicht Wichtiges in euren Notizen.
4. Notiert verkürzte Sätze, die ihr aber später noch versteht.
5. Lasst auf dem Blatt einen breiten Rand für spätere Zusammenfassungen.

Wiederholung aus Klasse 7

→ Eine Umfrage vorbereiten

S. 102

1. Klärt, welche Daten nötig sind, z. B. Alter, Geschlecht, Schulbildung (Klasse), Geschwister.
2. Formuliert die Fragen so, dass nur eindeutige Antworten möglich sind.
3. Denkt beim Zusammenstellen der Fragen an die Auswertung.

Wiederholung aus Klasse 7

→ Freies Arbeiten nach Plan (S. 56 ff.)

→ Lesen und Literatur

→ Ein Gedicht verstehen

S. 83, 138 f.

1. Lest das Gedicht mehrmals, auch laut.
2. Stellt fest, um welches Thema es geht.
   Fasst den Inhalt (auch Strophe für Strophe) zusammen.
3. Klärt fremde oder nicht bekannte Wörter.
4. Untersucht die Form und Gestaltung (Reim, Bilder, Vergleiche, Personifizierung – Der Tag leuchtet, ...).
5. Überlegt, wie das Gedicht wirkt und was damit beabsichtigt sein könnte.
6. Bewertet das Gedicht abschließend. Begründet euer Urteil.

→ Ein Gedicht auswendig lernen

Wiederholung aus Klasse 7

1. Lernt das Gedicht strophenweise.
2. Wiederholt die bereits gelernten Strophen immer wieder.
3. Macht zwischen den Lernphasen Pausen, damit das Gelernte im Gedächtnis verankert wird.
4. Lest das Gedicht noch einmal vor dem Schlafengehen oder sagt es in Gedanken auswendig auf. So behält man etwas besser.
5. Wiederholt den Text in immer größer werdenden Zeitabständen an mehreren Tagen, bis ihr ihn nicht mehr vergesst.

S. 84

→ Ein Gedicht wirkungsvoll vortragen

Wiederholung aus Klasse 7

1. Übt den Gedichtvortrag vor einem Spiegel: Schaut euch an und kontrolliert eure Haltung.
2. Steht entspannt und selbstbewusst. Achtet auf ein angemessenes Sprechtempo, macht an den passenden Stellen Pausen.
3. Wartet beim Vortrag vor Zuhörern so lange, bis es ganz ruhig geworden ist.
4. Schaut während eures Vortrags die Zuhörer an.
5. Unterstützt euren Vortrag durch Mimik und Gestik. Ihr könnt dabei einen Gegenstand, der mit dem Inhalt des Gedichts zu tun hat, als Requisit verwenden, z. B. einen Handschuh bei der Ballade „Der Handschuh“.
6. Bleibt nach dem Vortrag noch einen Moment stehen, bis sich die Spannung bei den Zuhörern gelöst hat.

S. 24

→ Einen literarischen Text genau lesen und verstehen

Wiederholung aus Klasse 7

1. Immer, wenn ihr beim Lesen zu einer wichtigen Information kommt, stellt ihr dazu eine kurze W-Frage:
   Wer tut etwas?
   Wann ereignet es sich?
   Wo passiert es?
   Was geschieht?
   Warum kommt es dazu?
2. Beantwortet die Frage, notiert die Antwort in Stichworten und lest weiter bis zur nächsten Information.
3. Wenn zu dem Text Bilder oder Grafiken gehören, prüft, ob diese weitere Informationen enthalten.
4. Versucht, eure Notizen beim Aufschreiben zu ordnen, z. B. bei einer Kriminalgeschichte:
   – Ausgangssituation und Tat,
   – Spuren und Hinweise (Verdächtige),
   – Ermittlungen und Lösung.
5. Fasst den Text nach dem Lesen anhand eurer Notizen mit eigenen Worten zusammen.

S. 31, 86 ff.

Wiederholung aus Klasse 7

S. 48 ff., 116 ff., 126 ff., 134 ff., 186 ff., 200 ff., 205, 207

→ Einen Sachtext lesen und verstehen

Vor dem Lesen

Orientiert euch anhand der Überschrift und evtl. vorhandener Diagramme und Bilder über das Thema.

Überblickslesen

Verschafft euch einen Überblick über den Textinhalt:

- Erfasst den Aufbau des Textes (Gliederung in Abschnitte, Zwischenüberschriften, Hervorhebungen, ...)
- Lest die einzelnen Abschnitte kurz an und überlegt, was ihr vermutlich aus dem Text erfahren werdet.

Genaues abschnittsweises Lesen

Lest nun Abschnitt für Abschnitt genau, schlagt Unbekanntes nach. Beantwortet nach jedem Abschnitt für euch die Frage, was in dem Abschnitt steht. Notiert das Wichtigste.

Nach dem Lesen

Denkt über den gesamten Text nach: Was habt ihr erfahren? Was wisst ihr jetzt mehr? Was seht ihr jetzt anders?

S. 113

→ Ein Diagramm verstehen und auswerten

1. Lest die Überschrift und alle zusätzlichen Angaben.
2. Überlegt, was ihr schon selbst zu dem Thema wisst.
3. Untersucht, welche Angaben das Diagramm enthält:
   Welche Größen/Zahlen sind dargestellt, wie verhalten sie sich zueinander und was sagen sie aus?
4. Stellt fest, welche Form für die Darstellung der Zahlen gewählt wurde.
5. Schlagt unbekannte Begriffe nach, wenn es nötig ist.
6. Prüft die Aktualität, die Quelle und eventuell die Art der Erhebung.
7. Fasst eure Ergebnisse gedanklich zusammen:
   Was habt ihr durch das Diagramm erfahren, welche Absicht wird deutlich, was ist sehr wichtig, was eher unwichtig, welche Ergänzungen sind denkbar/wünschenswert?

S. 121

→ Wörter (Begriffe) aus dem Zusammenhang erschließen

1. Lest den Satz.
2. Zerlegt lange Wörter in Wortbausteine, z. B.: Herz – still – stand.
3. Prüft, was in dem Satz noch gesagt wird.
4. Lest den vorhergehenden und den folgenden Satz. Auf diese Weise kann man oft die Bedeutung eines Wortes (Begriffes) in dem besonderen Zusammenhang finden.
5. Ersetzt das Wort (den Begriff) durch eine eigene Formulierung und prüft, ob sich ein Sinn ergibt.

→ Sich schnell über den Inhalt eines Buches informieren

Wiederholung aus Klasse 6

S. 22 ff.
Kapitel, „Thema: Autorenporträt“

1. Seht euch den Titel des Buches und die äußere Gestaltung des Umschlages an. Überlegt, was ihr daraus über den Inhalt entnehmen könnt.
2. Lest den Klappentext (er steht auf der Umschlagklappe oder auf der Rückseite des Buches).
3. Überfliegt das Inhaltsverzeichnis (zu Beginn oder am Ende des Buches). Daraus erfahrt ihr z. B., ob das Buch eine zusammenhängende Geschichte oder mehrere Geschichten enthält.
4. Prüft, ob das Buch am Anfang oder Ende kurze Informationen über den Autor enthält. Auch sie verraten oft etwas über den Inhalt.

→ Ein Buch vorstellen

Wiederholung aus Klasse 6

S. 20

1. Sucht aus einem Buch eurer Wahl eine geeignete Textstelle aus.
2. Prüft beim ersten lauten Lesen, wie viel Zeit ihr benötigt.
3. Übt schwierige Stellen. Achtet auf sicheres Lesen, deutliche Aussprache, angemessenes Lesetempo und sinngemäße Betonung.
4. Überlegt, wie ihr den Buchauszug einleiten und erklären wollt.
5. Übt diese Einleitung in Form eines kurzen Vortrages.

→ Rechtschreibung

→ Beim Schreiben mitsprechen

Wiederholung aus Klasse 7

S. 162, 164 ff.

1. Schreibt bewusst leserlich.
2. Sprecht beim Schreiben Laut für Laut und Silbe für Silbe wie ein Roboter mit.
3. Lest nach jeder Silbe und nach jedem Wort, was da steht.
4. Berichtigt Verschreibungen.

→ Ableiten

Wiederholung aus Klasse 7

S. 162 ff.

Oft könnt ihr durch Ableiten herausfinden, wie ein Wort geschrieben wird.

Verlängert das Wort:

Bei Nomen (Substantiven) hilft:
Plural bilden Ber**g** – Ber**g**e, Schu**h** – Schu**h**e.

Bei Adjektiven hilft:
durch ein e verlängern run**d** – run**d**e, fro**h** – fro**h**e.

Bei Verben hilft:
Grundform (Infinitiv) oder Wir-Form bilden
lie**b**st – lie**b**en, la**g** – la**g**en, ge**h**t – ge**h**en, ho**ff**t – ho**ff**en.

Findet den Wortstamm heraus:

l**ä**nger – l**a**ng; B**äu**me – B**au**m.

Wiederholung aus Klasse 7

S. 164, 168 ff.

→ Großschreibung

So könnt ihr testen, ob ein Wort großgeschrieben werden muss:

- Kann man das Wort mit einem der Artikel *der, die* oder *das* kombinieren?
- Gibt es das Wort in der Einzahl (Singular) und der Mehrzahl (Plural) *(Rabe – Raben)?*
- Ist es ein Wort mit den Wortbausteinen *-heit, -keit, -nis, -schaft, -ung?*
- Lässt sich direkt vor das Wort ein Adjektiv setzen, welches sich dabei verändert *(schöner Baum, langes Leben)?*
- Gehört zu dem Wort ein Artikel oder ein Pronomen *(das Schreiben, mein/dieses Schreiben)?*
- Steht vor dem Wort eine Präposition *(auf Biegen und Brechen)?*
- Steht vor dem Wort ein Attribut *(gesundes Essen)?*
- Stehen vor dem Wort Wörter wie *alles, viel, nichts, etwas, … (alles Gute, viel Schönes, nichts Besonderes, manches Böse)?*
- Ist das Wort Bestandteil von Eigennamen *(der Kleine Bär, Schweizer Käse)?*

Wiederholung aus Klasse 7

S. 172 f., 174 ff.

→ Schwierige Schreibungen einprägen

Für das Einprägen von schwierigen Schreibungen gibt es viele Möglichkeiten:

1. Lest die Wörter mehrmals aufmerksam, schreibt sie und überprüft die Schreibung selbst.
2. Schlagt die Wörter im Wörterbuch nach.
3. Schreibt die Wörter in Schönschrift, gestaltet sie.
4. Stellt Wörter mit ähnlicher Schreibung zusammen.
5. Schreibt die Wörter auf, unterstreicht oder markiert schwierige Stellen.
6. Schreibt die Wörter mit dem Finger in die Luft, auf den Tisch oder auf den Rücken des Nachbarn.
7. Lasst euch die Wörter diktieren.
8. Diktiert die Wörter selbst jemandem und korrigiert.
9. „Robotersprache“: Sprecht die Wörter, wie man sie schreibt (Ste-war-dess).

Wiederholung aus Klasse 7

S. 170

→ Abschreiben

1. Lest zuerst den ganzen Text, damit ihr den Inhalt versteht.
2. Lest jetzt den ersten Satz, prägt euch die erste Wortgruppe ein, deckt sie ab und schreibt sie auswendig auf.
3. So schreibt ihr Wortgruppe für Wortgruppe auf. Achtet auf besondere und schwierige Wörter sowie auf die Zeichensetzung.
4. Vergleicht jeden Satz genau und prüft, ob ihr Fehler gemacht habt.
5. Berichtigt den Text.

→ Korrektur lesen

S. 167

1. Lest den Text langsam und aufmerksam durch, sodass ihr den Sinn versteht. Ergänzt fehlende Wörter und entfernt Wörter, die zu viel sind. Berichtigt Fehler, die ihr sofort erkennt.
2. Lest silbenweise Wort für Wort (beim letzten Wort des Textes beginnen). Lest nur das, was da steht.
   Berichtigt falsche Buchstaben. Leitet ab und verlängert, damit ihr in Zweifelsfällen den richtigen Buchstaben herausfindet.
   Lest den Text noch einmal durch und achtet auf
   – die Großschreibung,
   – die Zeichensetzung.
3. Schlagt unbekannte Wörter und Wörter, bei denen ihr euch nicht sicher seid, im Wörterbuch nach.

Brecht, Bertolt
wurde 1898 in Augsburg geboren und starb 1956 in Berlin. Er emigrierte 1933 in die USA und lebte nach dem Krieg in der DDR, wo er das berühmte „Berliner Ensemble" gründete. Er schrieb viele bedeutende Theaterstücke wie zum Beispiel „Mutter Courage und ihre Kinder" oder „Leben des Galilei", Erzählungen und Gedichte. Bekannt sind aber auch viele seiner Arbeiten für Kinder, wie zum Beispiel die Gedichte „Der Kirschdieb" und „Drachenlied" oder die Geschichte (Parabel) „Der hilflose Knabe".

Vom Lernen, 41

Brender, Irmela
wurde 1935 in Mannheim geboren. Sie ist eine der erfolgreichsten deutschen Kinder- und Jugendbuchautorinnen und hat sich auch als Übersetzerin (insbesondere mit den Merlin-Romanen von T. A. Barron) einen Namen gemacht.

Anna liebt Jens, Katharina liebte Georg, 140–142

Busch, Wilhelm
wurde 1832 in Wiedensahl bei Hannover geboren und starb 1908 in Mechtshausen/Harz. Er ist der wohl volkstümlichste deutsche Humorist, wobei insbesondere seine Bildergeschichten (zum Beispiel „Max und Moritz" oder „Die fromme Helene") weltweit bekannt sind. Aber auch verschiedene Kalendergeschichten (wie zum Beispiel „Eine Nachtgeschichte") werden heute noch gern gelesen.

Verwunschen, 139

Ecke, Wolfgang
wurde 1927 in Radebeul geboren und starb 1983 in Murnau. Er schrieb mehr als 600 Hörspiele und über 50 Bücher, hauptsächlich Kriminalgeschichten für Kinder. Bekannte Serienfiguren sind Perry Clifton, der Meisterdetektiv Balduin Pfiff und der „Club der Detektive".

Lügen haben kurze Beine, 150/151

Ernst, Otto
wurde 1862 in Ottensen (Holstein) geboren und starb 1926 in Groß-Flottbek bei Hamburg. Er war zunächst Volksschullehrer, seit 1901 freier Schriftsteller und schrieb Werke unterschiedlicher Gattungen. Bekannt wurde vor allem die Kindheitsgeschichte seiner jüngsten Tochter „Appelschnut" aus dem Jahre 1907.

Nis Randers, 108/109

Fontane, Theodor
wurde 1819 in Neuruppin geboren und starb 1898 in Berlin. Er ist neben Gottfried Keller der bedeutendste Romancier (die aus dem Französischen stammende Bezeichnung für einen Romanschriftsteller) des ausgehenden 19. Jahrhunderts. Besonders populär sind seine zahlreichen Romane und Erzählungen (wie zum Beispiel „Effi Briest" oder „Irrungen, Wirrungen") sowie seine Balladen, wie zum Beispiel „Herr von Ribbeck auf Ribbeck im Havelland".

John Maynard, 59 und 104/105

Fritz, Walter Helmut
wurde 1929 in Karlsruhe geboren. Seine zumeist lyrischen Werke zeichnen sich besonders durch den Einsatz sparsamer Mittel aus.

Greisin, 61

Goethe, Johann Wolfgang von
wurde 1749 in Frankfurt am Main geboren und starb 1832 in Weimar. Er gilt als der bedeutendste und universale deutsche Dichter und wird oft auch „Dichterfürst" genannt. Das berühmteste Werk ist sein Drama „Faust" (zwei Teile). Aber auch viele seiner anderen Theaterstücke wie „Egmont" werden heute noch gespielt. Darüber hinaus schrieb er Romane (zum Beispiel „Die Leiden des jungen Werthers") und wissenschaftliche Abhandlungen. Viele seiner Balladen (unter anderem die vom „Erlkönig") und Gedichte (darunter so bekannte wie „Gefunden" oder das lustige „Die Frösche") finden sich in heutigen Schullesebüchern.

Arbeite nur, die Freude kommt von selbst! (Zitat), 163

Grimm, Jacob
wurde 1785 in Hanau geboren und starb 1863 in Berlin. Er war ein bedeutender Forscher und gilt als Begründer der Wissenschaft von der deutschen Sprache und Literatur. Zusammen mit seinem Bruder Wilhelm veröffentlichte er die Kinder- und Hausmärchen (1812–1815 in zwei Bänden).

Grimm, Wilhelm
wurde 1786 in Hanau geboren und starb 1859 in Berlin. Er gilt als der eigentliche Sammler der

deutschen Märchen (zum Beispiel „Der süße Brei" und „Die Bienenkönigin") und Sagen, die er zusammen mit seinem Bruder Jacob herausgab.

Von dem Fischer un syner Fru (Ausschnitt), 208

Härtling, Peter
wurde 1933 in Chemnitz geboren. Er gehört zu den namhaftesten deutschen Autoren der Gegenwart, schrieb zahlreiche Romane und Erzählungen, die sich häufig den Biografien berühmter Künstler (wie Eduard Mörike, Nikolaus Lenau oder Robert Schumann) widmen, teilweise aber auch autobiografischen Charakter haben. Als Kinderbuchautor (zum Beispiel mit „Das war der Hirbel") errang der Autor ebenfalls große Anerkennung.

Nachts, 84

Hazlitt, William
wurde 1778 in Maidstone (Kent) geboren und starb 1830 in London. Er schrieb zunächst Essays, ehe er aufgrund einer unglücklichen Liebe zum Dichter wurde.

Es ist gut, dass niemand fehlerfrei ist ... (Zitat), 162

Hebel, Johann Peter
wurde 1760 in Basel geboren und starb 1826 in Schwetzingen. Er war Pfarrer und Schulleiter und führte die alemannische Mundart in die Dichtung ein. Seine einfachen und humorvollen Kalendergeschichten und Anekdoten machten ihn bekannt und beliebt. Einige dieser Geschichten (wie zum Beispiel „Der kluge Richter", „Die beiden Fuhrleute" oder „Das Mittagessen im Hof") finden sich heute noch in fast allen Schullesebüchern.

Der betrogene Krämer, 155/156

Heine, Heinrich
wurde 1797 in Düsseldorf geboren und starb 1856 in Paris. Er gilt als einer der wichtigsten Lyriker des 19. Jahrhunderts. Viele seiner Gedichte (wie zum Beispiel „Die Lore-Ley") gehören zu den bekanntesten Werken der deutschen Literatur. Seine Schriften waren zu seinen Lebzeiten wegen seiner politischen Haltung in Deutschland verboten.

Ein Jüngling liebt ein Mädchen, 138

Hiesel, Franz
wurde 1921 in Wien geboren und starb 1996 in Oberpullendorf (Burgenland). Der österreichische Autor fand vor allem durch seine zahlreichen Hör- und Fernsehspiele Beachtung.

Sie werfen Steine ins Wasser, 36–39

Horaz (Horatius, Flaccus, Quintus)
wurde 65 v. Chr. in Venusia (Apulien) geboren und starb 8 v. Chr. in Rom. Der römische Dichter war zunächst Schreiber, bevor er unter Kaiser Augustus zum römischen Staatsdichter wurde. Er schrieb zahlreiche lyrische Werke, besonders berühmt sind die „Oden (Carmina)".

Wenn wir keine Fehler hätten ... (Zitat), 162

Kant, Immanuel
wurde 1724 in Königsberg geboren, wo er auch 1804 starb. Er ist der bedeutendste deutsche Philosoph, seine Schriften übten großen Einfluss auf zahlreiche andere Philosophen aus.

Der Mensch ist das einzige Tier ... (Zitat), 163

Kästner, Erich
wurde 1899 in Dresden geboren und starb 1974 in München. Er schrieb viele Werke für Erwachsene, zählt aber besonders zu den beliebtesten und berühmtesten Kinder- und Jugendbuchautoren in Deutschland. Zu seinen bekanntesten Werken gehören „Emil und die Detektive", „Das doppelte Lottchen" und „Das fliegende Klassenzimmer", die auch alle verfilmt wurden. Aber auch seine Nacherzählungen von Schelmengeschichten wie „Der versalzene Getreideacker" werden heute noch gern gelesen.

Porträt (über den Autor), 20–22
Als ich ein kleiner Junge war, 23
Besagter Lenz ist da, 24
Das doppelte Lottchen, 24
Die Konferenz der Tiere, 25

Legros, Waltraud
wurde 1938 in Klagenfurt geboren und lebt in Mars Saint Eusébe. Sie veröffentlichte zahlreiche Fachbücher zur Sprachdidaktik und Etymologie.

Arbeiten, 166

Lenz, Siegfried
wurde 1926 in Lyck (Masuren) geboren. Er errang mit vielen seiner Romane großes Aufsehen, so

1963 mit „Stadtgespräche" und 1968 mit „Die Deutschstunde". Große Bedeutung haben aber auch seine teils heiteren, teils tragischen Erzählungen wie „So zärtlich war Suleyken" oder „Das serbische Mädchen".

Eine Liebesgeschichte, 28–31

Loriot (Victor von Bülow)
wurde 1923 in Brandenburg an der Havel geboren. Er gilt als der erfolgreichste deutsche Humorist und Cartoonist, verfasste zahlreiche Bücher und hatte sogar jahrelang eine eigene Fernsehsendereihe.

Das Ei, 12/13

Lutz, Herbert
wurde 1950 in Calw (Schwarzwald) geboren und lebt in Bad Teinach. Er ist Verlagslektor und Autor. Bekannt sind vor allem seine Geschichte „Die fremden Schafe" und die Nacherzählungen von Schelmengeschichten (über Till Eulenspiegel und über die Bürger von Schilda).

Michael Kohlhaas, 153

Mannel, Beatrix
wurde 1961 in Darmstadt geboren und lebt in München. Die Kinderbuchautorin schrieb Drehbücher für den Tigerentenclub, Kurzromane für die Zeitschrift „Bravo" und Kriminalromane für Erwachsene. Besonders erfolgreich ist sie aber mit den Jugendbüchern über das Mädchen Jule.

Jule, filmreif, 95–99

Manz, Hans
wurde 1931 in Wila (Züricher Oberland) geboren und lebt in Zürich. Er ist vor allem bekannt durch seine Sprachbücher („Sprachbuch für Kinder und Neugierige: Die Welt der Wörter") und Sprachgedichte (wie zum Beispiel „Ich" oder „Was Wörter alles können"). Der vielseitige Schriftsteller veröffentlichte aber auch schon Erzählungen, einen Roman und verschiedene Kinderbücher.

Liebeserklärung, 138
Satzzeichen unter sich, 178

Mörike, Eduard
wurde 1804 in Ludwigsburg geboren und starb 1875 in Stuttgart. Er war zunächst Geistlicher und schrieb nach seiner vorzeitigen Pensionierung (aus gesundheitlichen Gründen) viele Naturballaden und -gedichte (unter anderem „Septembermorgen"), aber auch andere Werke wie Novellen und Romane.

In der Frühe, 82

Ohms, Hans Herbert
lebte von 1910 bis 1991. Er war Lehrer, Schriftsteller und Übersetzer.

Abends am Fenster, 85

Reding, Josef
wurde 1929 in Castrop-Rauxel geboren und lebt in Dortmund. Der Autor hat sich oft politisch und sozial engagiert. So arbeitete er beispielsweise nach dem Krieg in den USA für die Bürgerrechtsbewegung Martin Luther Kings. 1958 entstand der erfolgreiche Kurzgeschichtenband „Nennt mich nicht Nigger".

Fahrerflucht, 91/92

Ringelnatz, Joachim
wurde 1883 als Hans Bötticher in Wurzen geboren und starb 1934 in Berlin. Er war ein großer Humorist und Kabarettist und schrieb viele meist heitere und sprachspielerische Gedichte (zum Beispiel „Herbst").

Morgenwonne, 85

Rohrbach, Carmen
wurde 1948 in Bautzen geboren. Nachdem 1974 ihre Flucht aus der DDR missglückte, kam sie für zwei Jahre ins Gefängnis und wurde dann in die Bundesrepublik Deutschland abgeschoben. Dort verwirklichte die gelernte Biologin ihren Traum – sie zählt heute zu den namhaftesten Reiseschriftstellerinnen.

Heiratsmarkt in Marokko, 146–148

Seneca, Lucius Annaeus
wurde um 4 v. Chr. in Cordoba (Spanien) geboren und starb 65 n. Chr. in Rom. Der römische Dichter und Philosoph veröffentlichte zahlreiche Schriften, naturwissenschaftliche Bücher sowie neun Tragödien. Er war zwischenzeitlich Erzieher des Kaisers Nero und wurde wegen angeblicher Beteiligung an einer Verschwörung zum Selbstmord gezwungen.

Fremde Fehler sehen wir … (Zitat), 162

Stünzner, Günther von
wurde 1910 in Namslau (Schlesien) geboren und starb 1988. Er war Pfarrer und Schriftsteller und veröffentlichte neben anderen Werken verschiedene Gedichtsammlungen.

Der Morgen, 82

Tieck, Ludwig
wurde 1773 in Berlin geboren, wo er 1853 auch starb. Er gilt als der eigentliche Begründer der Romantik (wie man die kunsthistorische Epoche ab etwa 1800 bezeichnet). Zu seinen bekanntesten Veröffentlichungen zählen die „Volksmärchen" aus dem Jahre 1797.

Unsinn und Poesie, 83

Walker, Kate
wurde 1950 in Newcastle (Australien) geboren, wo sie heute noch lebt. Sie ist eine international bekannte und preisgekrönte Kinder- und Jugendbuchautorin.

Liebesbriefe, 143–145

Weisenborn, Günther
wurde 1902 in Velbert geboren und starb 1969 in Berlin. Er gehörte nach dem Zweiten Weltkrieg zu den bekanntesten deutschen Schriftstellern und machte sich vor allem als Dramaturg einen Namen. Sein Theaterstück „Die Illegalen" war 1946 eines der meistgespielten Stücke der Nachkriegszeit.

Zwei Männer, 86–88

Welsh, Renate
wurde 1937 in Wien geboren. Sie arbeitete als Übersetzerin und ist seit 1970 freiberufliche Schriftstellerin. Bekannt sind vor allem ihr Jugendbuch „Drachenflügel" und der 1980 mit dem Deutschen Jugendliteraturpreis ausgezeichnete Jugendroman „Johanna".

Der Erpresser, 156

Weitere Persönlichkeiten sowie Autoren, die nicht im Autorenverzeichnis aufgeführt sind

Arnold, Jack 171
lebte von 1916–1992; US-amerikanischer Filmregisseur, der besonders in den 1950er Jahren mit Sciencefiction- und Horrorfilmen populär wurde

Barthelmes, Jürgen 52
geboren 1944; Medienexperte beim Deutschen Jugendinstitut in München, Verfasser von Schriften zur Medienerziehung

Bemmann, Helga 23
arbeitet als Autorin und Herausgeberin vor allem von Künstlerbiografien

Benigni, Roberto 186
geboren 1952; einer der populärsten italienischen Schauspieler und Regisseure

Bohle, Vera 136 / 137
1969 geboren; einzige deutsche Minenräumerin; gab mit 29 Jahren ihren Job als TV-Redakteurin auf und ging zur Sprengschule nach Dresden

Böhme, Michael 44
geboren 1943; deutscher Maler, seine Themen sind vor allem das Universum (Space Art) und die Poesie der Landschaft

Buck, Pearl S. 101
lebte von 1892–1973; US-amerikanische Schriftstellerin, schrieb zahlreiche weltweit populäre Romane und erhielt 1938 den Nobelpreis für Literatur

Christie, Agatha 101
lebte von 1890–1976; Erfinderin der berühmten literarischen Detektivfiguren Hercule Poirot und Miss Marple, ihre über 70 Kriminalromane wurden weltweit mehr als 200 Millionen Mal verkauft

Dante, Joe 169
geboren 1948; US-amerikanischer Schauspieler und Regisseur, bekannt vor allem durch Fantasie- und Horrorkomödien

Edison, Thomas 163
lebte von 1847–1931; gilt als einer der größten Erfinder aller Zeiten; zu seinen bekanntesten der über 1500 Erfindungen zählen die Glühbirne, der Kinematograph und das erste Gerät, mit dem man Schallwellen aufzeichnen und wiedergeben konnte

Graf, Steffi 198 / 199
geboren 1969; erfolgreichste deutsche Tennisspielerin aller Zeiten; feierte zahlreiche Turnier-

siege und wurde 1999 zur „Sportlerin des Jahrhunderts" gekürt

Hardt, Ulli 19
deutscher Autor

Hopper, Edward 42
lebte von 1882–1967; einer der bedeutendsten US-amerikanischen Maler, seine Themen sind schweigende Menschen und einsame Orte

Hunt, Peter 171
lebte von 1928–2002; US-amerikanischer Regisseur, der zu Beginn seiner Karriere zunächst für den Schnitt der ersten fünf James-Bond-Filme verantwortlich war

Johnston, Joe 170
1950 geboren; erfolgreicher US-amerikanischer Filmregisseur

Lindgren, Astrid 198
lebte von 1907–2002; weltberühmt wurde sie durch ihre Kinderbücher (u.a. „Pippi Langstrumpf", „Die Kinder aus Bullerbü" und „Kalle Blomquist"), die häufig auch verfilmt wurden

Maathai, Wangari 196
1940 geboren; erste afrikanische Frau, die für ihre Arbeit als Umwelt- und Menschenrechtsaktivistin 2004 den Friedensnobelpreis erhielt

Magritte, René 47
lebte von 1898–1967; einer der namhaftesten französischen Vertreter der surrealistischen Malerei (eine Stilrichtung der modernen Kunst)

Mitchell, Margaret 101
lebte von 1900–1949; amerikanische Journalistin, die nur einen Roman schrieb („Vom Winde verweht"), der zum erfolgreichsten Buch der USA wurde; weltweiten Erfolg hatte auch die Verfilmung mit Vivian Leigh und Clark Gable in den Hauptrollen

Monroe, Marilyn 198
lebte von 1926–1962; populärste US-amerikanische Filmschauspielerin der 1950er Jahre

Munch, Edvard 19
lebte von 1863–1944; norwegischer Maler und Grafiker, einer der bedeutendsten Wegbereiter des Expressionismus (Stilrichtung in der modernen Kunst)

Mutter Theresa 198
lebte von 1910–1997; die aus Kalkutta stammende Ordensschwester gilt vielen gläubigen Menschen als moderne Heilige; sie übte tätige Nächstenliebe und wurde 1979 für ihren Einsatz für die Menschenwürde mit dem Friedensnobelpreis geehrt

Prinz, Birgit 199
geboren 1977; populärste deutsche Fußballspielerin, die 2003 mit der Nationalmannschaft der Frauen Fußballweltmeisterin wurde

Charles Philip Arthur George, Prinz of Wales 199
geboren 1948; direkter Thronfolger der britischen Königin Elizabeth II.

Rai, Bali 149
geboren 1971; englischer Autor indischer Abstammung, der mit 8 Jahren zu schreiben begann, sein erster Roman „Bloß (k)eine Heirat" wurde bereits in mehrere Sprachen übersetzt

Sokrates 157
lebte von 469 v. Chr. bis 399 v. Chr.; bedeutender griechischer Philosoph (Denker)

Spencer, Diana Frances (Lady Di) 199
lebte von 1961 – 1997; bis 1996 Ehefrau von Prinz Charles, wird als „Königin der Herzen" bezeichnet, kam bei einem Autounfall ums Leben

Swift, Jonathan 171
lebte von 1667–1745; irischer Dichter, sein bekanntestes Werk ist der satirische Roman „Gullivers Reisen"

Täuber, Erika 211
schrieb die bekannte Weihnachtsgeschichte „Drei Wünsche"

Wallace, Edgar 101
lebte von 1875–1932; gilt als der Begründer der modernen Kriminalliteratur im 20. Jahrhundert; schrieb über 100 Kriminalromane, von denen zahlreiche auch verfilmt wurden

Weissenberger, Hans 152
deutscher Journalist

Textarten

Anleitung

Einfache Hauptsätze und eindeutige Formulierungen sowie die genaue Reihenfolge der einzelnen Arbeitsschritte sind für eine Anleitung besonders wichtig, denn sie soll dem Leser einen Sachverhalt möglichst kurz und anschaulich erklären. Dabei kann es sich um ein Spiel, um die Anfertigung eines Produktes oder auch um Sport-Übungen handeln. Anleitungen gehören zu den Sachtexten.

Die Avocado-Gesichtsmaske, 203

Ein Kim-Spiel, 177

Ein Klapptafelspiel, 177

Jonglierbälle selbst gemacht, 181

Ballade

Balladen waren im Mittelalter ursprünglich Tanzlieder, später wurde der Begriff in England im 18. Jahrhundert vor allem auf alte Volkslieder übertragen. Die zumeist dramatischen Ereignisse werden dabei häufig auch in dialogischer Form geschildert. In Deutschland sammelten zunächst Dichter wie Clemens Brentano und Gottfried Herder Volksballaden des 13. bis 15. Jahrhunderts. Seit etwa 1770 schufen viele Dichter wie zum Beispiel Johann Wolfgang von Goethe, Friedrich Schiller, Gottfried August Bürger, Theodor Fontane, Friedrich Uhland und Annette Droste-Hülshoff zahlreiche bekannte Kunstballaden.
Balladen haben oft viele gereimte Strophen, sie werden daher heute häufig Erzählgedichte genannt.

Es waren zwei Königskinder, Volksballade, 138

John Maynard, Theodor Fontane, 59, 104/105

Nis Randers, Otto Ernst, 108/109

Verwunschen, Wilhelm Busch, 139

Bericht

In den meisten Berichten (zum Beispiel in Unfall- und Arbeitsberichten) wird in sachlicher Sprache ein Ereignis oder ein Geschehen zumeist im Präteritum dargestellt. Der Berichtende verzichtet dabei auf eine Wertung des Geschehens, überlässt es dem Hörer oder Leser, sich eine eigene Meinung zu bilden. Mithilfe der W-Fragen kann man einem Bericht die notwendigen Informationen entnehmen. Eine besondere Form des Berichts ist die Reportage, bei der auch persönliche Eindrücke (häufig aus der unmittelbaren Situation heraus) wiedergegeben werden (zum Beispiel Sportreportage, Berichte von Film- und Fernsehveranstaltungen). Manchmal sind Berichte auch mit einer persönlichen Stellungnahme verbunden (zum Beispiel in Abschlussberichten von Praktika oder Tagungen).

Der dritte Tag (Praktikumsbericht), 74

Tagesbericht Betriebspraktikum, 73

Abschlussbericht (Praktikum), 76

Einbrecher verklagt Bestohlenen (Kriminalbericht), Hans Weissenberger, 152

Biografie / Autobiografie

In einer Biografie werden ausführlich die Lebensstationen eines Menschen, seine Ansichten, die berufliche / künstlerische Entwicklung und sein Handeln (zumeist im geschichtlichen Zusammenhang) durch einen Autor dargestellt. Oft beruhen diese auf gesammelten Fakten, es können aber auch dichterische Elemente einbezogen sein. Wenn diese eindeutig überwiegen, spricht man von einem biografischen Roman. In einer Autobiografie schildert die betroffene Person selbst ihr Leben, wobei häufig die innere Entwicklung im Mittelpunkt steht. Eine Kurzbiografie zählt dagegen zumeist zu den Sachtexten, da hier ausschließlich Fakten (zum Beispiel Lebensdaten, künstlerische Stationen, Werke) aufgelistet werden.

Als ich ein kleiner Junge war (Ausschnitte), Erich Kästner, 23

Humor auf Taille (Ausschnitt), Helga Bemmann, 23

Brief

Schon vor Jahrtausenden haben die Menschen Mitteilungen in schriftlicher Form angefertigt. In der heutigen Zeit versteht man Briefe vor allem als schriftliche Mitteilungen, die per Post oder Kurier von einem Absender (der den Brief verschickt) an einen Adressaten (der den Brief erhält) gesendet werden. Die wichtigsten Briefformen sind Privatbriefe und Geschäftsbriefe. Oft müssen bestimmte Normen in der Form ein-

gehalten werden (zum Beispiel bei einem Bewerbungsschreiben).
Zunehmend nutzen heutzutage viele Menschen auch die neuen Kommunikationsmittel und verschicken Informationen aus dem privaten oder beruflichen Alltag durch E-Mails oder SMS.

Diagramm

Ein Diagramm ist die grafische Darstellung (Schaubild) von Zusammenhängen, die in Zahlen ausgedrückt werden. Es zählt zu den Sachtexten, wobei es in verschiedener Form (zum Beispiel als Säulen-, Kreis-, Balken- oder Kurvendiagramm) sowohl allein als auch in Verbindung mit anderen Texten auftreten kann.

Dialog / Gespräch

Wenn sich zwei oder mehrere Personen in ständigem Wechsel (Rede und Gegenrede) miteinander unterhalten, spricht man zumeist von einem Dialog. In diesem Sinne zählen also auch alle Formen von Alltagsgesprächen dazu. In der Literatur ist der Dialog das Hauptgestaltungsmittel des Dramas, er findet sich aber auch in Balladen und natürlich in der erzählenden Literatur.

Erzählung, Geschichte

In der Literatur versteht man unter Erzählungen im Gegensatz beispielsweise zum Roman kürzere literarische Texte, die in einer Gruppe mit Märchen, Kurzgeschichten und Novellen erfasst werden. Inhaltlich gibt es dabei keine Einschränkungen. Eine exakte Zuordnung der Erzählung ist aber oft sehr schwer. So sollte sie zum Beispiel einen Umfang von etwa 6 bis 60 Seiten haben. Häufig spricht man deshalb bei kürzeren Texten auch von einer Geschichte, die erzählt wird.

Fabel

In dieser anschaulichen literarischen Form sprechen (entweder in Reimen oder in Prosa) und handeln fast immer zwei oder mehrere Tiere. Sie verkörpern menschliche Eigenschaften, die der Leser erkennen soll (zum Beispiel Neid, Geiz, Dummheit, Klugheit oder Faulheit). Fabeln enthalten meist eine Lehre (man spricht dann von einer Moral), die der Leser beherzigen soll.

Gedicht

Gedichte sind zumeist kürzere literarische Texte in einer besonderen Gestaltung (zum Beispiel ein bestimmter Sprechrhythmus, Einteilung in Strophen / Verse, Wiederholungen oder Wörter, die sich reimen). Oft verwenden die Autoren dabei eine bildreiche Sprache. Gedichte sind aus Liedern hervorgegangen. In der Antike begleiteten fahrende Sänger ihren Vortrag auf der „Lyra", einem Saiteninstrument. Man spricht deshalb als Oberbegriff für alle Gedichtformen von der Lyrik.

Satzzeichen unter sich, Hans Manz, 178
Sie (Schülergedicht), 55
Unsinn und Poesie, Ludwig Tieck, 83
Ich habe gehört, ihr wollt nichts lernen, Bertolt Brecht, 41

Inhaltsangabe / Klappentext

In einer Inhaltsangabe wird über den wesentlichen Inhalt eines Textes informiert. Die Inhaltsangabe muss ohne direkte (wörtliche) Rede und im Präsens abgefasst werden. Manchmal dienen Inhaltsangaben auch nur zur Orientierung und sind daher sehr kurz, sie finden sich zum Beispiel häufig bei Büchern auf Klappentexten. Oft wird dabei auch der Ausgang der Handlung nicht dargestellt, aus Verkaufsgründen dafür das Werk besonders „angepriesen".

Bloß (k)eine Heirat! (Buch), Bali Rai, 149
Das doppelte Lottchen (Buch), Erich Kästner, 24
Das Leben ist schön (Film), 186
Die Konferenz der Tiere (Buch), Erich Kästner, 25
Die Reise ins Ich (Film), 169
Die unglaubliche Reise des Mister C. (Film), 171
Erlkönig (Gedicht-Einleitung), 107
Gullivers Reisen (Buch/Film), 171
Harry Potter (Buch), Joanne K. Rowling, 168
Herr der Ringe (Buch), John Ronald Reuel Tolkien, 168
Jule, filmreif (Buch), Beatrix Mannel, 94
Liebling, ich habe die Kinder geschrumpft (Film), 170

Interview

Ein Interview ist eine zumeist öffentliche Befragung einer Person. Diese kann spontan erfolgen, aber auch zwischen den beiden Gesprächspartnern vereinbart sein (zum Beispiel in einer Fernsehsendung). Um ein interessantes Gespräch mit einer anderen Person führen zu können, sollte sich der Interviewer über die Person, die er befragen will, gut informieren. Der Erfolg eines Interviews hängt oft wesentlich von der Art der Gesprächsführung ab, vor allem vom Einsatz verschiedener Fragetechniken und Fragetypen (Entscheidungsfrage, Ergänzungsfrage, provozierende Frage).

Anja Feigle (Sportlerin des TSV Sandheim), 212
Antworten einer Speisewagenkellnerin (ohne Fragen), 69
Beatrix Mannel, 100/101
Bewerbung (fiktives Gespräch ohne Überschrift), 63
Gewichtsprobleme – Ein Interview, 115
Jugend ist nicht schlechter als früher (Interview mit einem Jugendrichter), 157
Wangari Maathai, 196

Jugendbuch

Als Kinder- und Jugendliteratur bezeichnet man Bücher, die für junge Menschen zwischen 3 und etwa 18 Jahren geschrieben werden. Allerdings gibt es nicht immer eine klare Alterstrennung. So mögen viele Erwachsene zum Beispiel Märchen oder Fantasy-Romane, während Jugendliche durchaus auch Gedichte oder Erzählungen lesen (die sie zum Beispiel im Unterricht kennen lernen), die ursprünglich nicht für sie geschrieben wurden.
Im 18. und 19. Jahrhundert dienten Jugendbücher nahezu ausschließlich der Erziehung. Die heutige Jugendliteratur möchte unterhalten, spannende und interessante Geschichten erzählen, die natürlich auch zum Nachdenken anregen sollen. Das Zusammenleben der Menschen, schulische und familiäre Probleme, geschichtliche Ereignisse, Freundschaft und erste Liebe, humorvolle Begebenheiten, abenteuerliche Expeditionen und kriminalistische Ermittlungen sind nur einige der vielfältigen Themen heutiger Kinder- und Jugendliteratur.

Jule, filmreif (Ausschnitt), Beatrix Mannel, 95–99

Kalendergeschichte

Immer noch werden Jahreskalender hergestellt, obwohl es sie bereits seit der Erfindung des Buchdrucks im 15. Jahrhundert gibt. In ihnen wurden schon damals kurze Geschichten oder Anekdoten abgedruckt. Man nennt diese Textart deshalb Kalendergeschichten. Sie sollten den Leser vor allem unterhalten. Gleichzeitig wurden ihm dabei aber auch nützliche Ratschläge erteilt oder eine bestimmte Lehre vermittelt. Und so findet man solche Geschichten auch noch in den heutigen Jahreskalendern.

Kurzgeschichte

Nach dem Zweiten Weltkrieg entwickelte sich in Deutschland diese besondere Form des Erzählens. In einer einfachen Sprache wird in einer verknappten Handlung das Schicksal zumeist Benachteiligter der Gesellschaft aus ihrer Sicht dargestellt. Zurückzuführen ist diese literarische Form auf die amerikanische Short Story, die sich vor allem durch ihre Kürze und die realitätsnahe Sprache und Handlung auszeichnet. Einer ihrer bekanntesten Vertreter ist Ernest Hemingway. Seit Mitte der 1960er Jahre wird der Begriff der Kurzgeschichte nur noch selten verwendet (dafür zum Beispiel Erzählung, Prosatext oder auch kurze Geschichte).

Märchen

„Es war einmal" – wenn eine Geschichte mit diesen Worten beginnt, weiß der Leser sofort, dass es sich nur um ein Märchen handeln kann. Die Handlung ist fantastisch, Tiere können sprechen, Hexen und Zauberer erfüllen Wünsche oder bestrafen böse Menschen. Über Jahrhunderte hinweg haben sich die Menschen immer wieder diese Geschichten erzählt. Jeder hat die Handlung etwas ausgeschmückt. Diese so genannten Volksmärchen wurden erstmals im 19. Jahrhundert von den Brüdern Grimm gesammelt und veröffentlicht. Später haben Dichter wie Hans Christian Andersen oder Wilhelm Hauff neue Märchen geschrieben (sie heißen deshalb Kunstmärchen). Sie sind heute bei Jung und Alt genauso beliebt, zumal man kaum einen Unterschied zu den überlieferten Märchen erkennen kann.

Sachtext

Sachtexte sind keine literarischen Texte wie Romane oder Erzählungen. Man bezeichnet sie oft auch als Gebrauchstexte. Sie befassen sich zumeist mit einem Thema (zum Beispiel Geschichte, Geografie, Sport). Sachtexte sind keine „erfundenen" Geschichten, sondern in erster Linie Informationsquellen für den Leser und existieren in vielfältiger Art – vom Lexikonartikel bis zum Fachbuch, von Gesetzestexten bis hin zu Protokollen, Anleitungen oder Unfallberichten. Darüber hinaus können sie Fotos, Illustrationen oder grafische Übersichten enthalten.

Spruch (Ausspruch/Zitat)

Ursprünglich wurden früher vor allem Gedichte oder Dramen durch Sinn- und Denksprüche unterbrochen oder beendet (man bezeichnet sie auch als Sentenz). Viele dieser „geflügelten Worte" sind auch heute noch bekannt. Aussprüche (Zitate) von Persönlichkeiten (Künstler, Politiker u.a.) werden aber auch in vielfältiger Form Texten oder Reden entnommen.

Zeitungsmeldung

Wenn Ereignisse kurz, sachlich und ohne eine persönliche Meinung wiedergegeben werden, spricht man von einem Bericht. Meist stehen Berichte im Präteritum. Zeitungsmeldungen sind eine Form des Berichts (wie zum Beispiel Sportberichte oder Schadensmeldungen) und gehören zu den Sachtexten. In Zeitungsmeldungen wird neben dem Präteritum auch das Präsens verwendet.

Themen

Ehe

Einsamkeit

Einsicht

Erfahrungen sammeln

Erinnerung

Ernährung / Ernährungsprobleme

Familie / Familienkonflikte

Fantasie

Feigheit

Film / Verfilmung

Gastfreundschaft

Gefahr

Gefühle

Geschwister

Gesundheitsrisiko

Gewalt

Gleichgültigkeit

Habgier

Heirat / Heiratsantrag

Hilflosigkeit

Hilfsbereitschaft

Humor, Witz

Identität (Ich)

Jahreszeiten

Jugendstrafrecht

Kaltherzigkeit

Kameradschaft

Kindheit

Klugheit

Körperschmuck (Piercing, Tattoo)

Kriminalität

Lebensabend

Leichtsinn

Liebe

Liebeskummer

List

Miteinander leben

Mut

Natur

Naturgewalten

Organspende

Persönlichkeit

Praktikum

Raumfahrt

Rettung

Schiffsunglück

Schule / Schulkonflikte

Sport / Freizeitsport

Abspeichern / Speichern

Wenn du einen neuen Text abspeichern möchtest, klicke in der Menüleiste auf „Datei" und wähle den Unterpunkt „Speichern unter ..." Dann kannst du deiner Datei einen passenden Namen geben und diese anschließend zum Beispiel in einem Ordner ablegen.
Willst du eine bereits erstellte Datei speichern, dann kannst du entweder in der Menüleiste auf „Datei" klicken und den Unterpunkt „Speichern" wählen oder einfach in der Symbolleiste auf die entsprechende Speicher-Schaltfläche klicken.

Datei

Alle Informationen (Daten) mit jeweils ähnlichem Inhalt werden in einem „Speicher" aufbewahrt, damit man sie wieder lesen oder auch verändern kann. Das können zum Beispiel Zeichen, Texte oder Bilder sein. Dateien sind daher die grundlegende Einheit eines Computers zur Speicherung. Ein Computer kann über mehrere tausend solcher Dateien verfügen. Damit du sie schnell findest bzw. mit ihnen arbeiten kannst, ist es sinnvoll, sie in Ordnern zusammenzufassen.

Dateiname

Um Dateien voneinander zu unterscheiden, werden sie mit einem Namen versehen. Damit du aber auch weißt, um welche Art von Datei es sich handelt, erhält jede (getrennt durch einen Punkt) noch eine Drei-Buchstaben-Erweiterung (Dateinamenerweiterung). Ein Word-Dokument hat zum Beispiel die Erweiterung „.doc", eine Nur-Text-Datei „.txt" und eine Webseiten-Datei „.htm".

Drucken

Wenn du einen Text drucken willst, klicke in der Menüleiste auf „Datei" und wähle dann den Unterpunkt „Drucken ..." Es öffnet sich ein Fenster, in dem du weitere Einstellungen vornehmen kannst (zum Beispiel die Anzahl der Druckexemplare festlegen oder bestimmen, welche Seiten du drucken möchtest). Wenn du auf der Symbolleiste die Drucker-Schaltfläche einmal anklickst, wird sofort ein Exemplar komplett ausgedruckt.

Formatieren

Um einen Text in die „richtige Form" zu bringen, bietet das Textverarbeitungsprogramm viele Möglichkeiten. So kannst du die Schriftart, den Zeichenabstand und die Anzahl der Spalten festlegen. Du kannst auch entscheiden, wann du einen Absatz einfügen willst und wie der Text ausgerichtet sein soll oder ob du ihn einrahmen willst. Dazu klickst du in der Menüleiste den Begriff „Format" an, der dich zu weiteren Untermenüs führt. Aber auch über die Symbolleiste ist es dir möglich, bestimmte Formatierungen durchzuführen. Die gesamte Text- und Bildgestaltung eines Textes nennt man Layout.

Menü / Menüleiste

Wenn du eine Schaltfläche (zum Beispiel „Start") oder ein Wort (bei dem Word-Programm zum Beispiel unterhalb der Titelleiste das Wort „Datei") anklickst, öffnet sich ein so genanntes Menü. Oft findest du dort verschiedene Möglichkeiten (Optionen) eingeblendet, aus denen du wählen kannst (welche Handlung du zum Beispiel als Nächstes ausführen möchtest). Wenn du neben dem Menü einen Pfeil siehst, weißt du, dass sich dort noch weitere Untermenüs befinden.

Ordner

In einem Ordner kannst du mehrere Dateien zusammenfassen. Dies erleichtert dir die Suche nach einer bestimmten Datei, aber auch das Arbeiten mit einer ganzen Gruppe von Dateien (wenn du sie zum Beispiel alle gleichzeitig kopieren, an einen anderen Ort verschieben oder sie löschen willst). Ein Ordner kann auch wieder einen oder mehrere Ordner beinhalten (man nennt diese dann Unterordner).

Rechtschreibprüfung / Rechtschreibkorrektur

Wenn du in einem Textverarbeitungsprogramm arbeitest, lassen sich Rechtschreib-, Tipp- und grammatische Fehler leicht erkennen und korrigieren. Dabei hilft dir die Rechtschreibprüfung, die du so einstellen kannst, dass sie dir schon während des Schreibens die jeweiligen Fehler anzeigt (automatische Rechtschreibkorrektur). Aber auch eine Überprüfung nach Beendigung des Schreibens ist möglich.

Schulhomepage

Eine Homepage ist die Startseite (Auftaktseite), mit der sich die Benutzer (zum Beispiel Firmen, Institutionen, Privatpersonen) im Internet vorstellen. Von dort aus gelangt man zumeist zu einer ganzen Reihe weiterer Seiten dieses Benutzers: Die Gesamtheit aller dieser Seiten nennt man Website. Oft gibt es aber auch so genannte Links (Querverweise) zu anderen Seiten. Inzwischen verfügen auch schon viele Schulen über eine eigene Homepage. Sie stellen auf dieser ihre Einrichtung vor, berichten von ihren Aktivitäten, Exkursionen und eventuellen Schulpartnerschaften, geben Tipps zum Lernen und vieles mehr.

Suchmaschine

Diese Webadressen helfen dir bei der Suche nach Informationen im Internet. Du kannst Begriffe, Themen oder Namen eingeben und erhältst dann eine geordnete Übersicht aller Internetseiten, auf denen du etwas zu deinem Suchwort findest. In Deutschland sind besonders Google, Yahoo und Lycos bekannt.

Symbolleiste

Nicht von allen, aber von den wichtigsten Menübefehlen gibt es auch Symbole, die in einer Leiste angeordnet sind (Schaltflächen). So ist es dir zum Beispiel möglich, anstatt in der Menüleiste erst „Datei" und dann „Speichern" zu wählen, einfach in der Symbolleiste die Schaltfläche „Speichern" anzuklicken. So kannst du manchmal einfacher und schneller arbeiten.

Tabelle erstellen

Klicke in der Menüleiste auf „Tabelle" und wähle den Unterpunkt „Tabelle einfügen ..." Es öffnet sich ein Fenster, in dem du zum Beispiel die Spalten- und die Zeilenanzahl deiner Tabelle festlegen kannst. Mithilfe der Standard-Tabstopps gelangst du schnell immer in die gewünschte Spalte.

Tabellenkalkulation (Information)

Mithilfe eines Tabellenkalkulations-Programms (zum Beispiel MS-Excel, StarBase, Lotus) kannst du Zahlen und Text in ein Arbeitsblatt (eine Tabelle) sowie Formeln und Funktionen eingeben und zur Berechnung verwenden. Diese kannst du wiederum graphisch aufbereiten, indem du dir Diagramme erstellst. Außerdem lässt sich die Darstellung einer Tabelle im Layout verändern und du kannst diese ausdrucken.

Textverarbeitungsprogramm

Diese Programme ermöglichen dir das Schreiben und Verändern von Texten im Computer. Der von dir über die Tastatur eingegebene Text wird auf dem Bildschirm angezeigt. Jederzeit kannst du während des Schreibens zum Beispiel Wörter ändern, einen Satz an eine andere Stelle setzen, Text löschen oder an jeder beliebigen Stelle einfügen. Häufig ist auch eine Rechtschreibprüfung möglich.

Thesaurus

Die meisten Textverarbeitungsprogramme enthalten ein Wörterbuch. Mithilfe dieser Wortschatzsammlung (= Thesaurus) kannst du nicht nur die Rechtschreibung überprüfen, sondern dir auch Wörter ähnlicher Bedeutung für einen Text vorschlagen lassen.

Adverbialsatz *der, -sätze:* eine adverbiale Bestimmung, die als Satz formuliert ist (Nebensatz)

Aktiv *das:* Form der Verben, Tatform; z. B. beim Verb „suchen" (er) sucht; ▶Passiv

Argument *das, -e:* Beweis, Beleg, Begründung für eine Aussage. Wenn man seine Meinung in einer ▶Diskussion vertritt, überzeugt man am besten durch Argumentieren.

Artikel *der:* Wortart: Begleiter. Man unterscheidet bestimmte Artikel (der, die, das, dem, den, dessen, deren) und unbestimmte Artikel (ein, eine, einen, einem, eines, einer).

Attribut *das, -e:* Beifügung, nähere Bestimmung eines Nomens (Substantivs). Attribute können dem Nomen (Substantiv) vorangestellt oder nachgestellt sein („das neue Armband der Uhr"). Attribute sind Bestandteile eines Satzglieds, sie sind selbst kein Satzglied. Es gibt auch Attributsätze („das Armband, das zu meiner Uhr passt").

Biografie *die, -en:* Lebensgeschichte eines Menschen, auch: Buch über das Leben eines Menschen

Body-Mass-Index (BMI) *der*: Zusammenhang von Körpergewicht, Größe und Lebensalter; aus dem Englischen: Body = Körper, Mass = Gewicht, Index = Messziffer

bulimisch: Störung des Essverhaltens mit Heißhungeranfällen und anschließendem absichtlichen Erbrechen

Cartoon *der, -s:* gezeichnete oder gemalte Geschichte in Bildern (häufig auch satirisch)

demonstrativ: verdeutlichend, auffallend

Diagnose *die, -n:* Beurteilung des Zustandes von etwas oder von jemandem (z. B. Krankheit). Eine Diagnose ist das Ergebnis einer Untersuchung.

Diagramm *das, -e:* zeichnerische Darstellung von Größenverhältnissen und Zahlenwerten, z. B. Kreisdiagramm, Säulendiagramm, Balkendiagramm, Kurvendiagramm

Diskussion *die, -en:* Erörterung verschiedener Gesichtspunkte und ▶Argumente in einem Gespräch oder in einem Text, Streitgespräch

Drama *das, Dramen:* Schauspiel, eine der drei hauptsächlichen ▶Gattungen, zu denen literarische Texte gehören können

dramatisch: das ▶Drama betreffend, auch: aufregend, spannend

Dramaturg *der, -en:* literarisch-künstlerischer Berater bei Theater, Film und Fernsehen

Du-Botschaft *die, -en:* Äußerung im Gespräch, die den Partner charakterisiert oder ihm etwas unterstellt; ▶Ich-Botschaft

Eigenname *der, -n:* Name einer Person, einer Gruppe oder eines Dinges, z. B. Vornamen, Familiennamen, Name einer Schule oder eines Unternehmens, geographische Namen

Epik *die:* Sammelbezeichnung für die erzählenden Texte, eine der drei hauptsächlichen ▶Gattungen, zu denen literarische Texte gehören können

Essay *der oder das, -s:* kürzere schriftliche Abhandlung zu einer Fragestellung aus Wissenschaft, Kunst oder Gesellschaft

Friedensnobelpreis *der:* hohe Auszeichnung, die von dem schwedischen Chemiker und Industriellen Alfred Nobel gestiftet wurde (Nobelstiftung). Sie wird jedes Jahr für Verdienste um die Erhaltung des Friedens vergeben.

Futur *das:* Zukunftsform der Verben, zusammengesetzte Verbform; z. B. beim Verb „lachen": (ich) werde lachen, (du) wirst lachen, ...

Gattung *die, -en:* Gruppen von Dingen mit gleichen Merkmalen. In der Literatur unterscheidet man zwischen Texten, die zu den Gattungen der ▶Lyrik (Gedichte), der Dramatik (Schauspiele, ▶Drama) und der ▶Epik (Erzähltexte) gehören.

Humorist *der, -en:* Verfasser oder Vortragender humorvoller Dichtungen

Ich-Botschaft *die, -en:* Äußerung darüber, wie man selbst die Situation in einem Gespräch empfindet; ▶Du-Botschaft

Imperativ *der, -e:* Befehlsform der Verben, z. B. beim Verb „kommen": Komm! Kommt!; ▶Indikativ, ▶Konjunktiv

Indikativ *der, -e:* Wirklichkeitsform der Verben; ▶Konjunktiv, ▶Imperativ

Infinitiv *der, -e:* Grundform der Verben (lachen, kommen, lesen)

Kabarett *das, -s:* Form der Kleinkunst: kurze, meist humoristische Darbietung auf der Bühne.
In Songs, Dialogen, ▶Sketchen werden aktuelle Ereignisse und Umstände charakterisiert und kritisiert. Auch: Kleinkunstbühne, auf der Kabaretts aufgeführt werden

Kabarettist *der, -en:* Künstler im Kabarett

Karaoke *das:* Veranstaltung, bei der die Instrumentalversion von Liedern gespielt wird und die Teilnehmer (vor Publikum) den Text singen

Kilojoule *das:* physikalische Maßeinheit für die Energie. Ein Kilojoule entspricht 1000 Joule.

Kohlenhydrat *das, -e:* zucker- oder stärkeartige chemische Verbindung, Hauptbestandteil z. B. von Brot, Kartoffeln, Süßwaren

Kommentar *der, -e:* im Zeitungswesen: Texte, die eine Meinung zu einem Sachverhalt darstellen und begründen oder erläutern. Die Meinungsbildung steht, anders als im ▶Zeitungsbericht, gegenüber der Information im Vordergrund.

Konjunktion *die, -en:* Wortart: Bindewort; Konjunktionen leiten Teilsätze ein. Man unterscheidet unterordnende Konjunktionen, die einen Nebensatz einleiten (dass, obwohl, nachdem, weil, ...), und nebenordnende Konjunktionen, die einen Hauptsatz einleiten (und, aber, sondern, denn).

Konjunktiv *der, -e:* Möglichkeitsform der Verben. Man unterscheidet den Konjunktiv I (z. B. beim Verb „kommen": er komme) und den Konjunktiv II (z. B. beim Verb „lachen": er käme). Man formuliert auch „(er) würde kommen". ▶Indikativ, Imperativ

Konsument *der, -en:* Verbraucher

Lenz *der, -e:* Frühling

Lyrik *die:* Sammelbezeichnung für Gedichte, eine der drei hauptsächlichen ▶Gattungen, zu denen literarische Texte gehören können

lyrisches Ich *das:* viele lyrische Texte (Gedichte, ▶Lyrik) verwenden die Ich-Form. Dieses lyrische Ich ist nicht mit dem Autor identisch. Ein erwachsener Autor kann z. B. im Gedicht ein kindliches Ich sprechen lassen, ein männlicher Autor ein weibliches usw.

Mind-Map *die, -s:* geordnete Darstellung von Einfällen und Wissen zu einem Thema. Man schreibt einen Themenbegriff in die Mitte eines Blattes. Zugehörige Begriffe oder Einfälle werden wie bei einem „Wörterigel" dazugeschrieben und mit Linien verbunden. Für Unterbegriffe werden verzweigende Linien angelegt.

Mobbing *das:* Schikanieren von Klassenkameraden, Arbeitskollegen oder von Mitgliedern in einer anderen Gruppe

Partizip *das, -ien:* Form der Verben, Mittelwort. Man unterscheidet Partizip I (beim Verb „lesen": lesend) und das Partizip II (beim Verb „lesen": gelesen).

Passiv *das:* Form der Verben, Leideform; z. B. beim Verb „suchen": er wird gesucht; ▶Aktiv

Pensionierung *die, -en:* in den Ruhestand versetzt werden

Perfekt *das:* Vergangenheitsform der Verben, zusammengesetzte Verbform; z. B. beim Verb „lachen": ich habe gelacht, du hast gelacht, ...

Personifizierung *die, -en:* *Personifikation* – vermenschlichende Darstellung von Dingen oder Begriffen, z. B. „die liebe Sonne lacht", „Mutter Natur"

Philosoph *der, -en:* Erforscher der Ursprünge des Denkens und Seins: jemand, der nach letzter Klarheit und Wahrheit strebt, Denker

Plusquamperfekt *das:* Vergangenheitsform der Verben, Vorvergangenheit, zusammengesetzte Verbform; z. B. beim Verb „lachen": ich hatte gelacht, du hattest gelacht, ...

Pointe *die, -n:* überraschender, geistreicher und witziger Schlusseffekt in Erzählungen, z. B. die Stelle im Witz, an der man lacht

Portal *das, -e:* prunkvolles Eingangstor, auch: Einstiegsseite zu einem Internet-Auftritt

Porträt *das, -s:* Bild eines Menschen (Gemälde, Foto), übertragen: charakteristische Darstellung von jemandem oder von etwas (Text, Vortrag)

Prädikat *das, -e:* Satzaussage, verbales Satzglied. Das Prädikat kann einteilig („Ich rufe meinen Freund.") oder mehrteilig sein („Ich habe meinen Freund gerufen.").

Präposition *die, -en:* Wortart: Verhältniswort; kann Satzglieder mit Nomen einleiten (z. B. für, neben, nach, wegen)

Präsens *das:* Gegenwartsform der Verben, einfache Verbform; z. B. beim Verb „lachen": ich lache, du lachst, ...

Präteritum *das:* Vergangenheitsform der Verben, einfache Verbform; z. B. beim Verb „lachen": ich lachte, du lachtest, ...

Pronomen *das:* Wortart: Fürwort: Stellvertreter oder Begleiter eines Nomens, z. B. ich, dieser, mein

Protokoll *das, -e:* Niederschrift oder schriftliche Zusammenfassung von einer Aussage, einer Besprechung, einer Unterrichtsstunde usw. Beim Ergebnisprotokoll hält der Protokollant nur das Ergebnis fest, beim Verlaufsprotokoll auch den Weg, auf dem das Ergebnis erreicht wurde.

provozieren: herausfordern, jemanden (durch Äußerungen) zu einer unbedachten Reaktion bringen

Pseudonym *das, -e:* angenommener (nicht der richtige) Name einer Person. Manche Autoren veröffentlichen z. B. ein Buch unter einem Pseudonym, nicht unter ihrem richtigen Namen.

Pyrenäen *die (nur im Plural):* Gebirge in Südwesteuropa an der Grenze zwischen Spanien und Frankreich

Regie *die:* Spielleitung bei Theater, Funk und Film: Ein Regisseur oder eine Regisseurin führt Regie, er/sie gibt den Schauspielern und den anderen Mitwirkenden Anweisungen.

Regisseur Regisseurin ►Regie

Relativpronomen *das:* Wortart: bezügliches Fürwort; leitet einen Nebensatz ein (Relativsatz, Attributsatz) und bezieht sich auf einen Ausdruck im Hauptsatz („Ich suche ein Armband, das zu meiner Uhr passt." Relativpronomen sind z. B. der, die, das, welche, welchen.

Relativsatz *der, -sätze:* Relativsätze sind ►Attribute. Sie sind Nebensätze und werden durch ein ►Relativpronomen eingeleitet.

Requisit *das, -en:* Gegenstand, der für eine Theateraufführung verwendet wird, Zubehörteil

Reim *der, -e:* Gleichklang zweier oder mehrerer Wörter vom letzten betonten Vokal an (z. B.: klingen – singen)
Man unterscheidet z. B.:
a) Paarreim (Schema: aabbcc)
b) Kreuzreim (gekreuzter Reim, Wechselreim) (Schema: abab)
c) umarmender Reim (umschließender Reim) (Schema: abba)

Rhythmus *der, Rhythmen:* gleichmäßige Abfolge von betonten und unbetonten Silben beim Sprechen, wird auch durch Pausen und Satzmelodie beeinflusst. Einen besonders deutlichen Rhythmus haben Abzählverse.

Romantik *die:* eine künstlerische und literarische Strömung in Europa zwischen 1790 und 1830. Vertreter dieser Strömung in der Literatur in Deutschland: Novalis, L. Tieck, Achim v. Arnim, C. Brentano, J. v. Eichendorff, W. Grimm.

Satire *die, -n:* Textform, die durch Übertreibung u. (witziges) Verspotten Kritik an den dargestellten Sachverhalten und Zuständen übt

sentimental: empfindsam, (übertrieben) gefühlsbetont

Sketch *der, -e oder (e)s:* kurze, witzige Bühnenszene mit einer effektvollen ▶Pointe

Sokrates*:* griechischer Philosoph (Denker), vgl. S. 234

Slogan *der, Slogans:* Ein Slogan ist ein kurzer Spruch, der sich leicht einprägt. Slogans werden in der Werbung verwendet. Er kann das Erkennungszeichen einer Marke sein oder die wichtigsten Eigenschaften des Produktes zusammenfassen. Das Wort stammt aus Schottland und heißt ursprünglich „Schlachtruf".

spontan: aus einem plötzlichen Entschluss oder Einfall heraus, ohne lange Planung und Überlegung

Tagesordnung *die, -en:* Sammlung der Besprechungspunkte, die bei einer Besprechung (Konferenz) erörtert werden sollen. Zu Beginn von Besprechungen und Konferenzen verabredet man meist eine Tagesordnung, um zu große Abschweifungen zu vermeiden. (Abkürzung TOP für Tagesordnungspunkt).

Tragödie *die, -n:* tragisches Drama, Trauerspiel

Vergleich, bildlicher (z. B. in Gedichten) *der, -e:* dienen der Veranschaulichung von Eigenschaften oder Vorgängen, z. B.: „Der Morgen erwacht" (Ludwig Tieck), „Noch kühlt der Schlaf mein Auge nicht" (Eduard Mörike)

Zeitungsbericht *der, -e:* informierende Textsorte in Zeitungen. Zeitungsberichte wählen die wichtigsten Informationen zu einem Ereignis, zu einem Sachverhalt oder zu einer Person aus und stellen sie dar. Im Vordergrund steht die Information, nicht die Darstellung einer Meinung wie in ▶Kommentaren.

Zivilcourage *die:* mutiges Verhalten; jemand vertritt gegenüber anderen (Öffentlichkeit, Obrigkeit), was er für richtig hält

Auflösung zur Geschichte *Lügen haben kurze Beine*, S. 150 f.

Kriminalrat Hoflehner hat Franke bei folgenden Lügen ertappt:

1. Franke behauptet, nur ganz kurz im Haus der Schramms gewesen zu sein (Z. 40–42), gibt dann aber an, dass er um 22.00 Uhr ins Haus eingestiegen ist (Z. 57). Er ist also über eineinhalb Stunden im Haus gewesen: von 22.00 Uhr bis 23.35 Uhr (vgl. Z. 19).

2. Franke behauptet, er habe nicht gewusst, dass Schramms nicht zu Hause gewesen seien (Z. 40), sagt aber auf Hoflehners Nachfrage, dass er das schon drei Tage vorher erfahren habe (Z. 54).

3. Franke behauptet, nicht mal bis zur Küche in das Haus vorgedrungen zu sein (Z. 42), will dann aber (Z. 60–65) genau wissen, dass er die Tür vom Kühlschrank in der Küche wieder geschlossen habe.

Textquellenverzeichnis

S. 12: Loriot: Szenen einer Ehe in Wort und Bild von Loriot. Diogenes Verlag, Zürich 1983/1986, S. 23–25. • S. 14: Saarbrücker Zeitung vom 15./16. 08. 1995. • S. 18: Nach: Fliegel, Steffen. 2000. www.wdr.de/radio/wdr2/westzeit/psychologie001108.html (01-04-07). • S. 19: Nach: Petersen, Ann-Britt. Hamburger Abendblatt, erschienen am 25. 08. 2004 in Kultur/ Medien.www.abendblatt.de/daten/2004/08/25332-958.html. • S. 19: Hardt, Ulli: Gespräch über den Einbruch der Wirklichkeit. Aus: Günter Kunert (Hrsg.): Jahrbuch für Lyrik 3. Athenäum Verlag, Königstein/ Taunus 1981, S. 55. • S. 22: Nach Microsoft ® Encarta ® Professional 2002. • S. 23: Erich Kästner: Als ich ein kleiner Junge war. dtv München 2003, s. 43, 55, 83. • S. 23: Das junge Ehepaar ... Aus: Bemmann, Helga:. Humor auf Taille. Verlag der Nationen Berlin, S. 506. • S. 24/25: ... Aus: Bemmann, Helga:. Humor auf Taille. Verlag der Nationen Berlin, S. 419. • S. 27: Nach: Gene Stanfort Gruppenentwicklung im Klassenzimmer und anderswo. Hahner Verlagsgesellschaft, Aachen, 2. Auflage 1991, S. 46 f. • S. 28: Lenz, Siegfried: Eine Liebesgeschichte. Aus: Lenz, Siegfried: So zärtlich war Suleyken. Fischer Taschenbuch, Frankfurt am Main, S. 101 ff. • S. 36: Hiesel, Franz: Sie werfen Steine ins Wasser. Nachlassverwaltung: Wiener Stadt- und Landesbibliothek/Vienna City Library BIS-C 2000 Webserver, Version 1.9.19, Rathaus, A-1082 Wien, Österreich. • S. 40: Brecht, Bertolt: Gesammelte Werke 8 (Gedichte), werksausgabe edition suhrkamp, Suhrkamp Verlag, Frankfurt am Main, 1967, S. 385. • S. 44: Böhme, Michael: Zum Bild: Die Sanduhr. Art(a)michael-boehme.net. • S. 48: Saarbrücker Zeitung vom 9. Februar 2005, S. B5. S. 49: Saarbrücker Zeitung, 9. Februar 2005, Jugend regional, S. B5. • S. 55: Schülergedichte. Aus: www.ostfriesland.de/saaf/faecher/deutsch/gedichte.htm. • S. 59: Keitel, Walter: Sämtliche Werke, 1. Abt. 6. Band. Carl Hanser Verlag München, 1964, S. 287/288, 956. • S. 61: Fritz, Walter Helmut: Greisin. Gesammelte Gedichte. Hoffmann & Campe, Hamburg 1979, S. 132. • S. 82: Mörike, Eduard: In der Frühe. 1828. Aus: Gedichte. Referenzausgabe Gustav Keyßner: Eduard Mörikes Sämtliche Werke. Deutsche Verlagsanstalt. O. J., S. 8. • S. 82: Stünzer, Georg von: Augenzeuge. Gedichte. Christans Verlag, Hamburg 1975, S. 42. • S. 83: Tieck, Ludwig: Zitiert nach Braak, Ivo: Poetik in Stichworten, Kiel, 1972, S. 31. • S. 84: Härtling, Peter: Nachts. Aus: Christoph Buchwald und Ludwig Harig (Hrsg.): Jahrbuch der Lyrik 2001, C.H. Beck Verlag, München 2000, S. 70. • S. 85: Ringelnatz, Joachim: Morgenwonne. Aus: Rheinischer Merkur 11/2005, Spezial Morgengedichte, S. 7. • S. 85: Ohms, Hans Herbert: Abends am Fenster: Aus: Hans-Joachim Gelberg (Hrsg.). Die Stadt der Kinder. Gedichte für Kinder in 13 Bezirken. Beltz & Gelberg, Weinheim/Basel 199, S. 24. • S. 86: Weisenborn, Günther: Zwei Männer. Aus: Wolfgang Weyhrauch (Hrsg.), Tausend Gramm, Sammlungen neuer deutscher Kurzgeschichten. Rowohlt Verlag, Reinbek bei Hamburg 1949. • S. 91: Reding, Josef: Fahrerflucht. Aus: Nennt mich nicht Nigger. Paulus Verlag, Recklinghausen 1964, S. 140 (gekürzt). • S. 95: Mannel, Beatrix: Jule filmreif. Loewe Verlag, Blindlach, 1. Aufl. 2001, S. 26–31, 119/120, 124. • S. 100/102: Nach: Christoph Willing Medienerziehung: Unterrichtsmaterialien zu Beatrix Mannel: Jule filmreif, Loewe Verlag, S. 3, 34. • S. 104: Fontane, Theodor: Sämtliche Werke. Hanser Verlag, München 1964, I. Abteilung, 6. Band, S. 287. • S. 111: Nach: www.stern.de, Heft 29, S. 2004. • S. 112: Aus: Spiegel 40/2004, S. 180. Nach: Kronmeyer-Hausschild et. Al./ „Leitlinien der Arbeitsgemeinschaft Adipositas im Kindes- und Jugendalter. • S. 114: Cramm, Dagmar von: Was Kinder gerne essen. Gräfe & Unzer Verlag, München 1991. • S. 116: www.organspende.de. S. 117: Gesetz über die Spende, Entnahme und Übertragung von Organen (Transplantationsgesetz – TPG) vom 5. November 1997 (BGBL.I S. 2631). • S. 118: Nach: Holch, Christine: Herzen, Nieren, Lebern. In: Chrismon. Das evangelische Magazin. 10/2002, S. 13 ff. • S. 120: Nach: www.organspende-kampagne.de. • S. 122: Nach: www.organspende.de. • S. 125: Nach: Frankfurter Rundschau vom 02. 04. 2005, S. 28. • S. 126: Tinnappel, Friederike: Frankfurter können lustvoll fit werden. Nach: Frankfurter Rundschau vom 02. 04. 2005. • S. 129: Nach: Hahn, Sabine: Zeitung in der Schule. In: Deutsch 2. Kallmeyer bei Friedrich in Velber, 2005, S. 38. • S. 132/133: Nach: Das große Wissen.de Lexikon 2004. GData Software. • S. 134: Nach: Aktionsbündnis Landmine. www.landmine.de/fix/minenopfer.htm. • S. 135: Nach: www.unicef.de/minen_afghanistan.html. • S. 136: Nach: Rebecca Hillauer. Aus: DB mobil 03/2004, S. 12 f. S. • 138: Manz, Hans: Liebeserklärung. Aus: Die Welt der Wörter. Verlag Beltz & Gelberg, Weinheim/Basel, 1991. • S. 140: Brender, Irmela: Anna liebt Jens, Katharina liebte Georg. Aus: Schweigend mit Murmeln spielen. Geschichten von Tag zu Tag. München: Edition Pestum 1988. © Franz Schneider Verlag, S. 54. • S. 142: Walker, Kate: Liebesbriefe. Aus: Bingo: Heute passiert's! Erzählungen. Übersetzt von Andreas Steinhöfel. dtv, München 1998, S. 177. • S. 146: Rohrbach, Carmen: Heiratsmarkt in Marokko. Auszüge. Aus: Bunter Hund, Nr. 70. Beltz & Gelberg, 2005. • S. 149: Nach: Patenschaft für hungernde Kinder e.V. und HOPE e.V. Klappentext: Sauerländer Verlag 2002, übersetzt von Jacqueline Csuss. • S. 150: Ecke, Wolfgang: Lügen haben kurze Beine. Aus: Das Gesicht an der Scheibe. Otto Maier Verlag, Ravensburg 1972. • S. 152: Weissenberger, Hans: Aus: Die WELT vom 26. 04. 1978. • S. 156: Welsh, Renate: Aus: Menschengeschichten. Hrsg. von Hans-Joachim Gelberg. Beltz & Gelberg, Weinheim 1975, S. 234. • S. 154: Hebel, Johann Peter: Der betrogene Krämer. Aus: Projekt Gutenberg.de. www.gutenberg.spiegel.de/hebel/hausfreu/kraemer.htm. • S. 178: Manz, Hans: Satzzeichen unter sich. Aus: Die Welt der Wörter. Beltz & Gelberg, Weinheim 2001. • S. 196: Interview mit Wangara Maathai. Auszug. Nach: Spiegel ONLINE 2004. • S. 210: Täuber, Erika: Drei Wünsche. Aus: www.Weihnachtsstadt.de/Geschichten/Sagen/Drei Wuensche.htm.

Bildquellenverzeichnis

Cover: Avenue Images GmbH(Brand X Pictures/RF/ob Melnychuk), Hamburg. • S. 11: Picture-Alliance (Klaus Franke), Frankfurt. • S. 12: Diogenes, Zürich. • S. 13.1: aus: Loriot, Das Frühstücksei (c) 2003 Diogenes Verlag AG Zürich. • S. 13.2: Diogenes, Zürich. • S. 14.4: Schiefer, Guido, Köln. • S. 14.2: Picture-Alliance (dpa), Frankfurt. • S. 14.3: plainpicture (Kuttig, S.), Hamburg. • S. 14.1: Picture-Alliance, Frankfurt. • S. 19: AKG, Berlin/(c) The Munch Museum/The Munch Ellingsen Group/VG Bild-Kunst, Bonn 2005. • S. 20.1: ullstein bild (dpa), Berlin. • S. 20.2–6: C. Dressler Verlag, Hamburg. • S. 20.13: Cinetext, Frankfurt. • S. 22: ullstein bild, Berlin. • S. 24: C. Dressler Verlag, Hamburg. • S. 31: Klett-Archiv (Beate Bahnert), Stuttgart. • S. 42.1: Corbis/Francis G. Mayer/(c) Art Institute of Chicago. • S. 44.1: Michael Böhme, Konstanz. • S. 47.1: AKG, Berlin. • S. 47.2: AKG, Berlin/(c) VG Bild-Kunst, Bonn 2005. • S. 48.1–4: Picture-Alliance, Frankfurt. • S. 50.1: Okapia (Dr. med. J. P. Müller), Frankfurt. • S. 60.1/2: Picture-Alliance, Frankfurt. • S. 61: Picture-Alliance (Armin Weigel), Frankfurt. • S. 62.1: ImagePoint, Zürich. • S. 66: Bananastock RF (RF), Watlington/Oxon. • S. 68/69/86.1: Picture-Alliance, Frankfurt. • S. 100: Gondrom (Erol Gurian), Bindlach. • S. 102.1: Picture-Alliance (dpa-Film Senator), Frankfurt. • S. 102.2: Rolf Baumgartner, Berlin/RTL Television GmbH. • S. 102.3: Kai Schulz, Köln/RTL Television GmbH. • S. 102.4: Picture-Alliance (SAT.1_Noreen_Flynn), Frankfurt. • S. 109: YPScollection.de (Peter Neumann), Hamburg. • S. 116: Superbild (B.S.I.P.), Unterhaching/München. • S. 117: Keystone (Volkmar Schulz), Hamburg. • S. 121.1: Bilderberg (Walter Schiesswohl), Hamburg. • S. 121.2: Picture-Alliance (ZB/Jan-Peter Kasper), Frankfurt. • S. 124: Burkhard Vollmers, Babenhausen • S. 127: Georg Kumpfmüller, Frankfurt. • S. 131.1: Bibliographisches Institut & F. A. Brockhaus AG • S. 131.2: Fidibus. Wörterbuch Deutsch. Ernst Klett Schulbuchverlag Leipzig GmbH, Leipzig 2005, 2. Auflage • S. 131.3: Bibliographisches Institut & F. A. Brockhaus AG • S. 131.4: Das große Gesundheitslexikon, Bertelsmann (Wissen Media Verlag) 2005. • S 131.5: Lexikon der Autoren und Werke. Geschichte der deutschen Literatur. Ernst Klett Schulbuchverlag Leipzig GmbH, Leipzig 2004. 1. Auflage • S. 131.6: Lutz Röhrich, Lexikon der sprichwörtlichen Redensarten, HERDER spektrum Bd. 5400, © Verlag Herder, Freiburg im Breisgau, 3. Auflage 2006 • S. 134.1: Picture-Alliance (dpa - Bildarchiv), Frankfurt. • S. 134.2: Picture-Alliance (dpa/Tim Brakemeier), Frankfurt. • S. 136: Fischer Taschenbuchverlag, Frankfurt. • S. 135: UNICEF Deutschland (R. Tarneden), Koeln. • S. 146/147/148:Carmen Rohrbach, Hofstetten. • S. 149.1: Das Fotoarchiv (Andreas Riedmiller), Essen. • S. 149.2: Bali Rai: Bloß (k)eine Heirat (c) 2005 Rowohlt Taschenbuch Verlag. • S. 168: Picture-Alliance (KPA), Frankfurt. • S. 170: defd (Globalpictures), Hamburg. • S. 172.1: Picture-Alliance (Reinhard Dirscherl/OKAPIA), Frankfurt. • S. 172.2: Picture-Alliance (Siegfried Sammer), Frankfurt. • S. 172.3: Picture-Alliance (Horst Pfeiffer), Frankfurt. • S. 184:(c) by Sony Computer Entertainment. • S. 185.1: defd, Hamburg. • S. 185.2: Picture-Alliance (dpa-Film Warner), Frankfurt. • S. 186: Cinetext (Cinetext Bildarchiv), Frankfurt. • S. 187.1: Picture-Alliance (gms), Frankfurt. • S. 187.2: defd, Hamburg. • S. 189.1: Cinetext (Richter), Frankfurt. • S. 189.2: kpa, Köln. • S. 190.1: Deutsche Lufthansa AG, Frankfurt. • S. 190.2: PUBLICIS Berlin GmbH/easyJet.com. • S. 190.3: Condor (Typo Wenz Artwork GmbH), Oberursel. • S. 196.1: ullstein bild, Berlin. • S. 198.1: Picture-Alliance (Pressebild), Frankfurt. • S. 198.2: ullstein bild (ullstein - iT), Berlin. • S. 198.3: ullstein bild (ullstein - AP), Berlin. • S. 198.4: Picture-Alliance (Abaca Laurent Zabulon), Frankfurt. • S. 199.4/5: Manfred Gottschall, Chemnitz. • S. 199.1–3: Gerd Aretz, Wuppertal. • S. 200.1: Picture-Alliance (Dean, Francis), Frankfurt. • S. 201.2: Picture-Alliance (Soeren Stache), Frankfurt. • S. 202: Bilderberg (Eberhard Grames), Hamburg. • S. 204: Okapia (NAS/Tom McHugh), Frankfurt. • S. 206: Picture-Alliance (dpa/Patzelt), Frankfurt.

Nicht in allen Fällen war es uns möglich, den Rechteinhaber ausfindig zu machen. Berechtigte Ansprüche werden selbstverständlich im Rahmen der üblichen Vereinbarungen abgegolten.

Kulissenmaler (Scenic Artist): er bemalt die Oberflächen aller Kulissen.

Statisten: Darsteller die keine tragenden Rollen spielen. Sie haben die Aufgabe, für ein glaubwürdiges Hintergrundbild zu sorgen.

Tischler (Carpenter): baut Möbel, Kulissen und Hintergründe.

Friseur (Hair Stylist): Er ist für die Frisuren (Perücken) der Darsteller verantwortlich.

Garderobiere (Wardrobe Supervisor): Arbeitet eng mit dem Kostümbildner zusammen, sorgt für die passende Kleidung der Darsteller.

Requisiteur (Property Master): sorgt für die Requisiten am Drehort.

Feuerwerker (Pyrotechnical Specialist): Er ist für pyrotechnische Effekte verantwortlich (vorgetäuschte Explosionen und Feuereffekte) und muss zugleich auf entsprechende Sicherheit achten.

Kostümbildner (Costum Designer): Der Kostümbildner entwirft die Kleidung für die Darsteller. Er arbeitet eng mit Frisör und Maskenbildner zusammen.